Politik und Wirtschaft

Einführungsphase

Unterrichtswerk für die Oberstufe

bearbeitet von: Sabrina Giesendorf, Kersten Ringe, Martina Tschirner
mit Beiträgen von: Anita Hitzler, Stephan Podes, Thomas Volkert

C.C. Buchner Verlag · Bamberg

Hessen

Politik und Wirtschaft Hessen

Einführungsphase

Bearbeitet von Sabrina Giesendorf, Kersten Ringe und Martina Tschirner
mit Beiträgen von Anita Hitzler, Stephan Podes und Thomas Volkert

Zu diesem Lehrwerk sind erhältlich:
• Lehrerbegleitmaterialien auf CD-ROM (BN 72033)

Weitere Materialien finden Sie unter www.ccbuchner.de

Dieser Titel ist auch als digitale Ausgabe unter www.ccbuchner.de erhältlich.

1. Auflage, 3. Druck 2018
Alle Drucke dieser Auflage sind, weil untereinander unverändert, nebeneinander benutzbar.

Redaktion: Stephanie Gebhardt
Grafische Gestaltung: HOCHVIER GmbH & Co. KG, Bamberg
Umschlag: tiff.any GmbH, Berlin
Druck und Bindung: creo Druck & Medienservice GmbH, Bamberg

www.ccbuchner.de

ISBN 978-3-661-72023-4

ZUR BENUTZUNG DER LEHR- UND ARBEITSBÜCHER

Unsere Oberstufenreihe **Kolleg Politik und Wirtschaft** geht in die nächste Generation. In den neu bearbeiteten Titeln tragen wir verstärkt der sich durchsetzenden **Kompetenzorientierung** Rechnung. Ziel der Bände bleibt es, den Schülerinnen und Schülern Anregungen zur selbstständigen Arbeit zu geben und den Unterrichtenden Hilfen für einen methoden- und handlungsorientierten Unterricht anzubieten.

Zum Aufbau der Kapitel

Der Kapitelaufbau folgt dem Doppelseiten- bzw. 4-Seiten-Prinzip. Dieser Aufbau erleichtert die Strukturierung der Unterrichtsstunden.

Einführung	Jedes Kapitel beginnt mit einem Problemaufriss, einer Lernstandserhebung und der Formulierung der im Kapitelverlauf zu erwerbenden Kompetenzen.
Basiskonzepte	Jedem Großkapitel werden entsprechende Basiskonzepte vorangestellt und diese durch Fachkategorien und Leitfragen konkretisiert.
Materialien	Die Materialienseiten sind multiperspektivisch angelegt und vertiefen zentrale Themenaspekte. Sie ermöglichen einen vielseitigen und kompetenzorientierten Unterricht. In Infokästen und in der Randspalte werden zentrale Begriffe und wichtige Zusatzinformationen knapp erklärt, um eine genaue fachwissenschaftliche Verwendung zu erleichtern. Die Darstellung aktueller Kontroversen fördert die Urteilskompetenz der Schüler.
Aufgaben	Jede Themeneinheit schließt mit Aufgaben ab, die gezielt auf die Probleme und Zusammenhänge vorangegangener Lernsequenzen eingehen. Angebote in der Randspalte zum Helfen **H** und Fordern **F** unterstützen die Binnendifferenzierung des Unterrichts, methodische Hinweise **M** fördern die Handlungsorientierung.
Methoden	Methodenseiten nehmen für das jeweilige Thema zentrale Fachmethoden und Arbeitsweisen auf und stärken so die Methodenkompetenz.
Kompetenzen ausbilden	Zusätzlich können an konkreten Aufgabenstellungen die Kompetenzen „Analysieren", „Handeln" und „Urteilen" schrittweise erlernt werden.
Zusammenfassungen	Orientierungswissen am Ende der Unterkapitel sichert das erworbene Wissen und ermöglicht eine Wiederholung zentraler Inhalte.
Kompetenzen anwenden	Kompetenzseiten runden die Kapitel ab und wenden die am Kapitelbeginn formulierten Kompetenzen mit komplexen Aufgabenstellungen an.

Das **Register** dient dem Auffinden zentraler **Begriffe** und ermöglicht Querverbindungen innerhalb der einzelnen Themengebiete.
Aufgrund der besseren Lesbarkeit wird im Folgenden darauf verzichtet, immer beide Geschlechter anzusprechen („Bürgerinnen und Bürger"...), auch wenn selbstverständlich beide gemeint sind.

1   LEBEN IN EINER SICH WANDELNDEN GESELLSCHAFT **6**

1.1   Was ist Gesellschaft? **8**

1.2   Demografischer Wandel **10**

1.2.1   Altersstruktur und Geburtenentwicklung 10

1.2.2   Kinderwunsch und Altersglück 12

1.2.3   Migration 14

1.2.4   Demografie – Schwarzmalen mit Zahlen? 17

1.3   Ursachen und Dimensionen des gesellschaftlichen Wandels **22**

1.3.1   Von der Agrar- zur Informationsgesellschaft 22

1.3.2   Werte- und Normenwandel 26

1.3.3   Technische Entwicklung als Motor des gesellschaftlichen Wandels 28

     Kompetenzen ausbilden: Texte strukturiert zusammenfassen (Analysekompetenz I) 30

1.3.4   Globale Entwicklungen 32

1.4   Soziale Ungleichheit: Rückt die Gesellschaft auseinander? **36**

1.4.1   Was versteht man unter sozialer Ungleichheit? 36

1.4.2   Armut in der Wohlstandsgesellschaft – Eine Dimension sozialer Ungleichheit ... 39

     Methode: Statistiken analysieren 42

1.5   Strukturmodelle der Gesellschaft **46**

1.5.1   Gesellschaftsmodelle im Wandel der Zeit 46

1.5.2   Gesellschaftsmodelle im Vergleich 48

2   HERAUSFORDERUNGEN DES SOZIALEN WANDELS FÜR DIE POLITIK **54**

2.1   Pluralisierung der Lebensformen als Beispiel des sozialen Wandels **56**

2.1.1   Differenzierung privater Lebensformen 56

2.1.2   Familienpolitik: Das Betreuungsgeld in der Diskussion 60

2.2   Gesellschaftlicher Wandel am Beispiel des Geschlechterverhältnisses **66**

2.2.1   Etappen der Frauenbewegung 66

2.2.2   Gleichberechtigung – eine gesellschaftliche Realität? 68

2.2.3   Ist gesellschaftlicher Wandel politisch steuerbar? – Kontroversen um die Geschlechterquote 71

     Kompetenzen ausbilden: Mit Sach- und Werturteilen Stellung nehmen (Urteilskompetenz I) ... 74

2.3   Integration als gesellschaftliche und politische Herausforderung **80**

2.3.1   Migration – ein Normalfall der Geschichte 80

2.3.2   Integration – was heißt das? 83

2.3.3   Integrationspolitik – Pflicht zur Integration? 87

     Methode: Eine Erkundung planen, durchführen und auswerten 90

3   HINEINWACHSEN IN DIE GESELLSCHAFT – SOZIALISATION **94**

3.1   Sozialisation von Jugendlichen **96**

3.1.1   Sozialisation – wer oder was prägt uns? 96

3.1.2   Das „Ich" in der (Social-Media-)Gruppe 100

3.2   Kann die Politik den Sozialisationsprozess beeinflussen? – Das Beispiel Bildungspolitik ... **106**

3.2.1   Folgen der Bildungsexpansion 106

3.2.2   Gibt es einen sozialen Filter? 108

3.2.3   Wie müsste Bildungspolitik gestaltet werden, um allen gleiche Chancen zu ermöglichen? 110

Über QR-Codes können in verschiedenen Kapiteln digitale Inhalte direkt angesteuert werden. Diese können außerdem über die Eingabe von Mediencodes im Suchfeld auf www.ccbuchner.de aufgerufen werden.
Beispiel: 72023-01

4 **WIRTSCHAFTSWACHSTUM, LEBENSQUALITÄT UND UMWELTSCHUTZ – EIN KONFLIKT?** **114**

4.1 **(Wie) Können Wirtschaftswachstum und Umweltschutz sinnvoll vereinbart werden?** **116**

4.1.1 Soll ein Chemiewerk in Weinstadt gebaut werden? – Ein Planspiel 116

Kompetenzen ausbilden: Im Planspiel Konflikte erfahren und Entscheidungen simulieren (Handlungskompetenz I) 118

4.1.2 Versagt der Markt beim Umweltschutz? 121

Kompetenzen ausbilden: Beispiel des Operators „analysieren" (Analysekompetenz II) 122

4.2 **Wirtschaftswachstum = Wohlstandsmehrung = Lebensqualität?** **128**

4.2.1 Was verspricht man sich vom Wirtschaftswachstum? 128

4.2.2 Wie dient das Bruttoinlandsprodukt als Wirtschaftsindikator? 132

4.2.3 Ist das BIP ein sinnvoller Indikator für Lebensqualität? 134

5 **ÖKOLOGISCHE ENTWICKLUNGEN UND IHRE FOLGEN** **140**

5.1 **Klimawandel – ein komplexes politisches Problem?** **142**

5.1.1 Klimawandel – Entstehung, Ursachen und Folgen 142

5.1.2 Internationale Klima- und Umweltpolitik – Möglichkeiten und Grenzen 146

Methode: Karikaturen analysieren und interpretieren 148

5.1.3 Internationale Klima- und Umweltpolitik – Rückblick und Ausblick 153

5.1.4 Aktuelle Entwicklungen – eine Annäherung? 156

5.2 **EU-Klimapolitik** **162**

5.2.1 Europäische Klima- und Umweltpolitik: der Emissionshandel 162

5.2.2 Der Emissionshandel in der Praxis 164

5.2.3 Markt und Preisbildung – wie entsteht der Preis? 166

5.2.4 Theoretischer Hintergrund – wie lässt sich der Emissionshandel verorten? 170

6 **ÖKOLOGISCHE MOBILITÄT: HERAUSFORDERUNGEN FÜR NATIONALE UMWELTPOLITIK UND AUFGABE JEDES EINZELNEN** **174**

6.1 **Autofahrernation Deutschland umweltfreundlich wandeln? Nationale und kommunale Verkehrspolitik** **176**

6.1.1 Deutsche Mobilität als Problem?! 176

6.1.2 Peak-Oil - (nicht nur) das Ende des Verbrennungsmotors? 179

6.1.3 Elektroautos – zentraler Baustein der Mobilitätswende? 181

6.1.4 Mobilitätswende staatlich flankieren? Der Konflikt um Subventionen 183

Kompetenzen ausbilden: Sachverhalte, Thesen und Problemstellungen kategorien- und kriteriengeleitet beurteilen (Urteilskompetenz II) 186

6.1.5 Umweltfreundlichen Verkehr in der Gemeinde fördern? 190

6.2 **Wirtschaftlich rationales Handeln? Modelle und Folgen menschlichen Entscheidungsverhaltens** **194**

6.2.1 Wie lässt sich der Autokauf ökonomisch erklären? 194

6.2.2 Sparen, Konsumieren, Investieren – was ist gesamtwirtschaftlich wünschenswert? 198

Methode: Der Wirtschaftskreislauf – drei Modelle 202

Erläuterungen zu den Operatoren 206

Methodenglossar 211

Register 222

Bildnachweis 224

Leben in einer sich wandelnden Gesellschaft

Aus dem Mund älterer Menschen hört man oft, wie schnell sich die Dinge in unserer Gesellschaft verändern und wie schwierig es für viele von ihnen ist, da mitzuhalten. Vor allem in IT-Dingen wird das sichtbar. Für junge Menschen ist das in der Regel kein Problem: Sie wachsen mit den technischen Neuerungen und deren regelmäßig auf dem Markt erscheinenden Nachfolgeprodukten auf und finden sogar Spaß daran, die jeweils neuen „Features" auszuprobieren.

Gesellschaftlicher Wandel meint aber nicht nur technische Veränderungen, sondern auch solche in unseren Beziehungsformen, Lebensstilen, Arbeitsverhältnissen und in weiteren Bereichen unserer Gesellschaft, die in diesem Kapitel besprochen werden.

KOMPETENZEN

Am Ende dieses Kapitels sollten Sie Folgendes wissen und können:

... den Wandel der Gesellschaft nachvollziehen können.

... Ursachen für diesen Wandel und mögliche Folgen kennen.

... an einem Beispiel aktuelle Herausforderungen und Lösungsansätze der Gesellschaftspolitik beurteilen.

Was wissen und können Sie schon?

1. Beschreiben Sie anhand der Bildercollage den Wandel in den dargestellten gesellschaftlichen Bereichen und definieren Sie den Begriff *Gesellschaft*.
2. Die Wissenschaft zur Erforschung der Gesellschaft wird *Soziologie* genannt. Entwickeln Sie Ideen, wie die Gesellschaft und deren Entwicklung erforscht werden kann.
3. Überlegen Sie, für wen die Analyse der Gesellschaft interessant sein könnte.

1.1   Was ist Gesellschaft?

M 1 ● Ist Gesellschaft sichtbar?

M 2 ● Gesellschaft als die Welt des Menschen

Wenige Erfahrungen prägen unser alltägliches Leben mit einer solchen Selbstverständlichkeit wie die Tatsache, dass wir in Gesellschaft leben. Alle haben Auffassungen, wie eine Gesellschaft ist und wie sie sein sollte. Wir üben Kritik oder haben Erwartungen an Gesellschaft. Und dennoch: Wer könnte spontan die Frage, was Gesellschaft ist, präzise beantworten? Gesellschaft ist allgegenwärtig und doch ist sie schwer greifbar. Wir erfahren sie als Normalität, zugleich aber als etwas Unübersichtliches, als hartnäckige Gewohnheit, als Herausforderung, bisweilen auch als Ärgernis oder als Zwang. Wir fühlen uns manchmal als Teil von Gesellschaft, manchmal aber auch fremd ihr gegenüber. Doch Gesellschaft hat keine greifbare Gestalt, und es ist nicht leicht zu sagen, was genau Gesellschaft ausmacht und wo sie ihren Ort hat.

Thomas Schwietring, Was ist Gesellschaft? Einführung in soziologische Grundbegriffe, Bonn 2011, S. 19

M 3 ● Gesellschaft als Erfahrung

Gesellschaft ist die Erfahrung, von anderen Menschen umstellt zu sein. Diese Erfahrung wird mit uns geboren und stellt den Zusammenhang her zu allem, was wir sonst noch erfahren, uns selbst und die Natur eingeschlossen. Auch diese Erfahrungen werden uns nämlich von anderen Leuten vermittelt und zubereitet. [...] Ein überwältigender Teil unserer Gedanken, Sorgen, Hoffnungen und Pläne – als Kind wie als sogenannter Erwachsener – kreist um andere Menschen, einzelne und Gruppen. Immer und überall grenzen wir an Andere, und diese Anderen grenzen immer und überall an uns. Gesellschaft ist eine lebenslängliche Erfahrung und dazu eine der gewichtigsten, lange noch bevor wir beginnen darüber nachzudenken.

Peter L. Berger, Brigitte Berger, Wir und die Gesellschaft – Eine Einführung in die Soziologie – entwickelt an der Alltagserfahrung, Reinbek 1977, S. 11, (Übersetzung: Monika Plessner)

Soziologie

Eine Wissenschaft, die sich mit der Erforschung des sozialen Verhaltens beschäftigt und das Zusammenleben der Menschen untersucht.

M 4 ● Gesellschaft als Tatsache

Bloße Zufallswahrscheinlichkeit vermag unser Verhalten zu anderen und zu uns selbst schwerlich erklären. Wir gehorchen Gesetzen, gehen zur Wahl, heiraten, besu-
5 chen Schulen und Universitäten, haben einen Beruf und sind Mitglied einer Kirche; wir sorgen für unsere Kinder [...]. Keinen Schritt können wir gehen, keinen Satz sprechen, ohne dass zwischen uns und die
10 Welt ein Drittes tritt, das uns an die Welt bindet und diese beiden so konkreten Abstraktionen vermittelt: die Gesellschaft. Die Tatsache der Gesellschaft ist ärgerlich, weil wir ihr nicht entweichen können. [...]. Für jede Position, die ein Mensch haben kann, 15 sei es eine Geschlechts- oder Alters-, Familien- oder Berufs-, National- oder Klassenposition oder von anderer Art, kennt „die Gesellschaft" Attribute und Verhaltensweisen, denen der Träger solcher Positionen 20 sich gegenübersieht und zu denen er sich stellen muss.

Ralf Dahrendorf, Homo Sociologicus, 15. Aufl. Opladen 1977, S. 17 ff.

M 5 ● Gesellschaft als Geschehen

Eine erste Möglichkeit, die Frage „Was ist Gesellschaft?" zu beantworten, besteht darin, den Begriff Gesellschaft von anderen Begriffen zu unterscheiden und ihn so
5 genauer zu bestimmen. Dabei ist zu beachten, dass man den Begriff Gesellschaft auf verschiedenen Ebenen verwenden kann. Auf der allgemeinsten Ebene bezeichnet er [...] menschliches Zusammenleben. [...]
10 Man kann den Begriff Gesellschaft aber auch in konkreteren Bedeutungen verwenden, etwa indem man verschiedene Arten von Gesellschaft unterscheidet und eine davon als „Gesellschaft" und eine andere
15 als „Gemeinschaft" bezeichnet. Und man kann das Substantiv „Gesellschaft" als solches infrage stellen [...]. Wenn aber „Ge- sellschaft" der Name für das praktische Zusammenleben sein soll, dann wäre es doch vielleicht treffender von „Vergesell- 20 schaftung" zu sprechen, um deutlich zu machen, dass es um ein lebendiges Verhältnis und nicht um einen festen Gegenstand geht. [...]
Betrachtet man Gesellschaft als etwas Be- 25 stehendes, fällt der Blick beispielsweise auf strukturelle Merkmale wie soziale Schichten, soziale Rollen oder Institutionen. Geht man hingegen von Vergesellschaftung als einem unablässigen Geschehen aus, zeich- 30 net sich ein lebendigeres Bild des Sozialen als Handeln und Interagieren.

Thomas Schwietring, Was ist Gesellschaft? Einführung in soziologische Grundbegriffe, Bonn 2011, S. 24 f.

Als **Gemeinschaft** werden Gruppen von Menschen bezeichnet, die in besonderer Verbundenheit zueinander stehen und über ein ausgeprägtes „Wir-Gefühl" verfügen. Gemeinschaften sind in ihrer Größe überschaubar und werden als natürliche oder ursprüngliche Form des Zusammenlebens bezeichnet.

Aufgaben

1 Ist Gesellschaft sichtbar? Stellen Sie sich vor, Sie sollten den Einband für ein Buch zum Thema „Gesellschaft" gestalten. Wie sollte dieser aussehen? Skizzieren Sie Ihre Idee. (M 1)

2 Erläutern Sie die Begriffe, die Schwietring mit dem Begriff der Gesellschaft assoziiert. (M 2)

3 Erarbeiten Sie (arbeitsteilig) die drei Definitionen der Gesellschaft (M 3 – M 5) und stellen Sie Unterschiede und Gemeinsamkeiten heraus. Entwickeln Sie Ihre eigene Definition von Gesellschaft.

4 Unterscheiden Sie zwischen Gesellschaft und Gemeinschaft.

5 Diskutieren Sie, ob man immer nur in einer Gesellschaft lebt.

1.2   Demografischer Wandel

Basiskonzept	Kategorie	Leitfragen
Wandel	Gewordenheit Transformation	· Was ist der demografische Wandel? · Wie ist er zu erklären? · Wie könnten zukünftige Entwicklungen aussehen?

1.2.1   Altersstruktur und Geburtenentwicklung

M 1 ● Altersaufbau der Bevölkerung

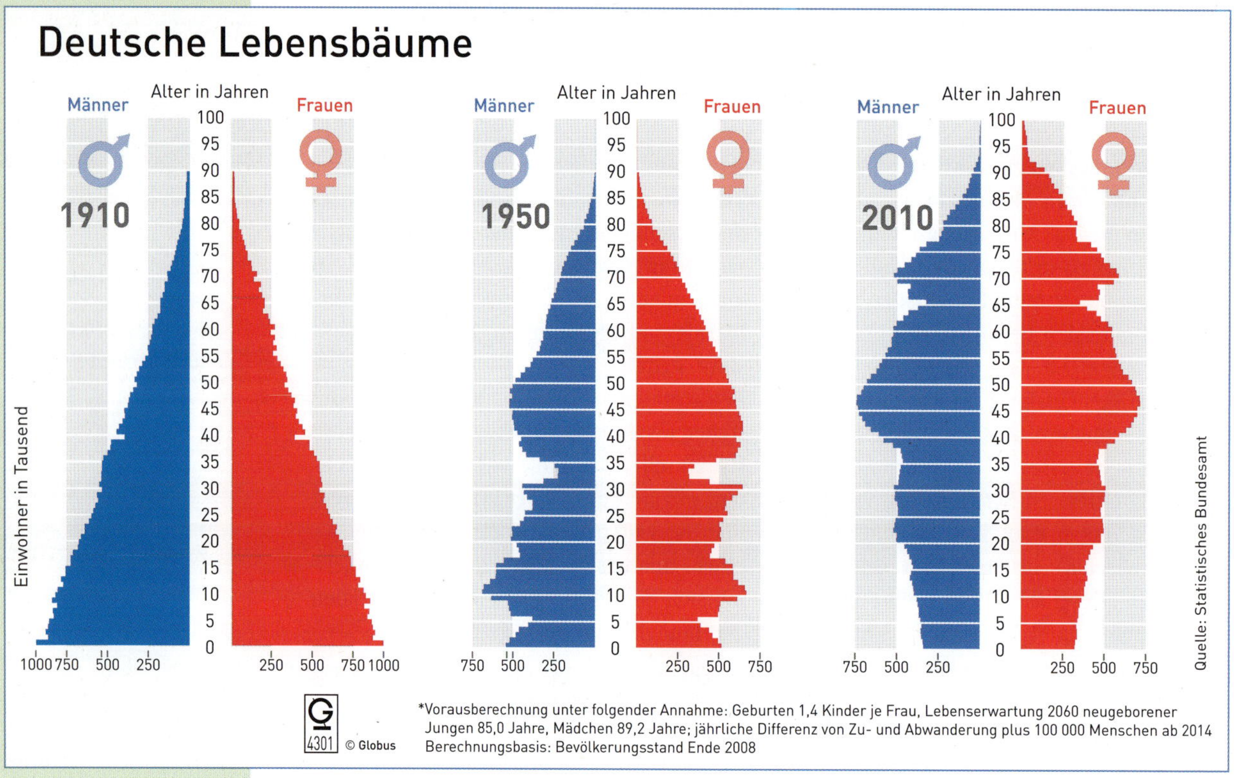

Deutsche Lebensbäume

Männer	Alter in Jahren	Frauen

1910

Einwohner in Tausend

1000 750   500   250   250   500   750 1000

Männer	Alter in Jahren	Frauen

1950

750   500   250   250   500   750

Männer	Alter in Jahren	Frauen

2010

750   500   250   250   500   750

Quelle: Statistisches Bundesamt

*Vorausberechnung unter folgender Annahme: Geburten 1,4 Kinder je Frau, Lebenserwartung 2060 neugeborener Jungen 85,0 Jahre, Mädchen 89,2 Jahre; jährliche Differenz von Zu- und Abwanderung plus 100 000 Menschen ab 2014 Berechnungsbasis: Bevölkerungsstand Ende 2008

4301 © Globus

M 2 ● Geburtenentwicklung

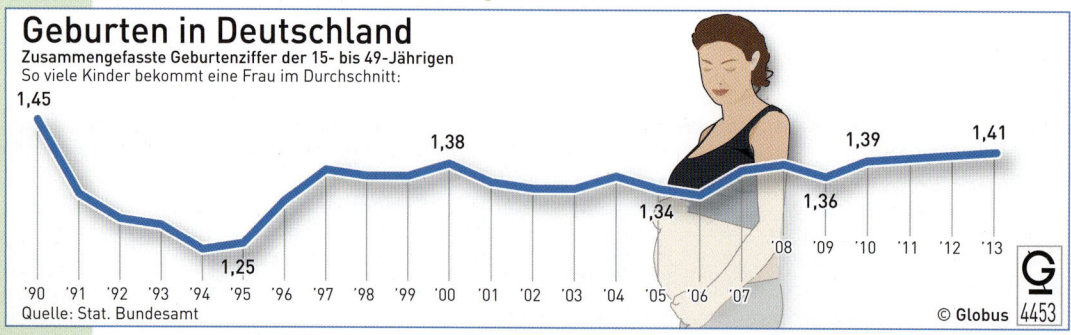

Geburten in Deutschland
Zusammengefasste Geburtenziffer der 15- bis 49-Jährigen
So viele Kinder bekommt eine Frau im Durchschnitt:

1,45

1,38

1,34

1,39   1,41

1,25

1,36

'90 '91 '92 '93 '94 '95 '96 '97 '98 '99 '00 '01 '02 '03 '04 '05 '06 '07 '08 '09 '10 '11 '12 '13

Quelle: Stat. Bundesamt

© Globus 4453

M 3 ● Lebenserwartung

1901/10	1924/26	1932/34[2]	1949/51	1960/62	1970/72	1980/82	1991/93	2008/10	2012/13
48,3[1,3]/44,8[4]	58,8/56,0	62,8/59,9	68,5/64,6	72,4/66,9	73,8/67,4	76,9/70,2	79/72,5	82,59/77,51	83/78

[1] Durchschnitt in Jahren [2] bis 1932/34 Deutsches Reich, ab 1949/51 Westdeutschland, ab 1991/93 Gesamtdeutschland [3] Frauen [4] Männer Datenquelle: Statistisches Bundesamt

M 4 ● Deutschland „schrumpft" – aber nicht überall gleich

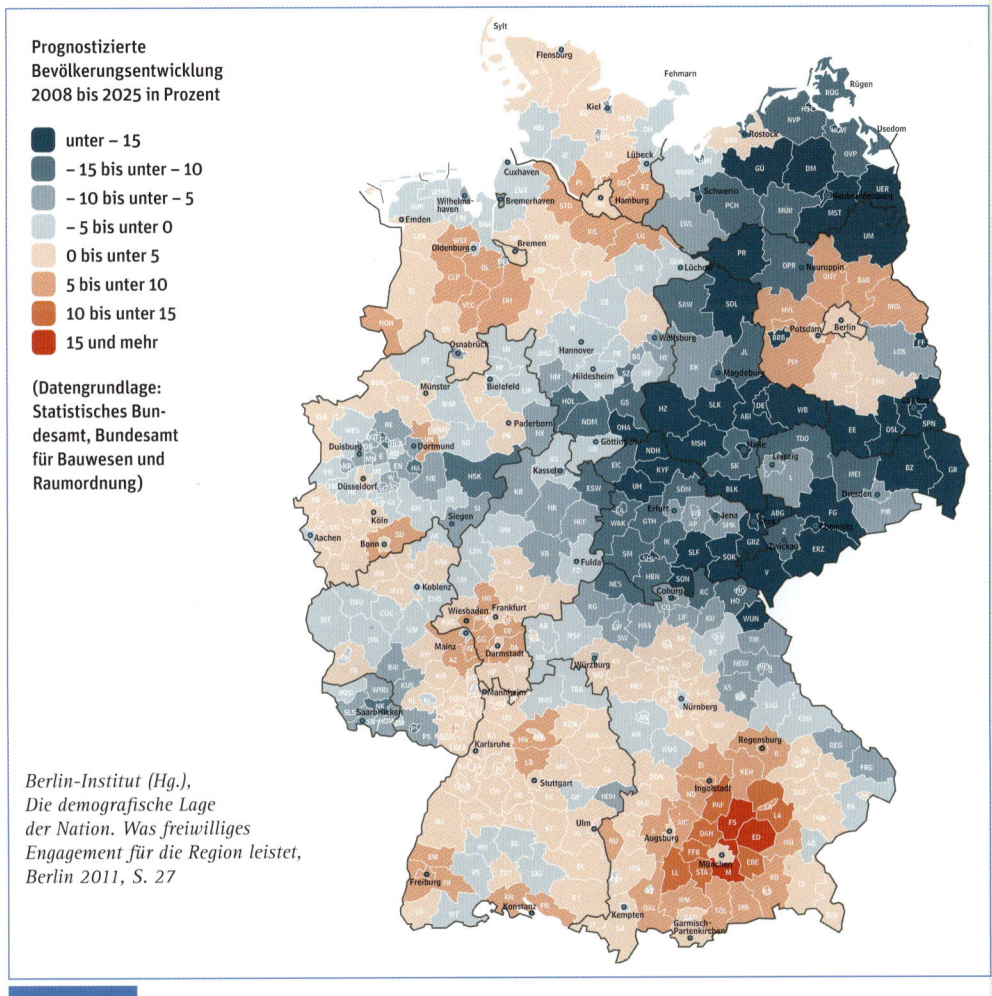

Prognostizierte Bevölkerungsentwicklung 2008 bis 2025 in Prozent

- unter – 15
- – 15 bis unter – 10
- – 10 bis unter – 5
- – 5 bis unter 0
- 0 bis unter 5
- 5 bis unter 10
- 10 bis unter 15
- 15 und mehr

(Datengrundlage: Statistisches Bundesamt, Bundesamt für Bauwesen und Raumordnung)

Berlin-Institut (Hg.), Die demografische Lage der Nation. Was freiwilliges Engagement für die Region leistet, Berlin 2011, S. 27

Aufgaben

1. Analysieren Sie aus M 1 – M 3 die Geburten- und Altersentwicklung in Deutschland.

2. Skizzieren Sie eine Bevölkerungspyramide des Jahres 2060 und geben Sie ihr und den Formen aus M 1 einprägsame Namen. Überprüfen Sie Ihre Prognosen anhand des dynamischen Modells des Statistischen Bundesamtes.

3. Ermitteln Sie mögliche Ursachen für den demografischen Wandel in Deutschland sowie die regional ungleiche Bevölkerungsentwicklung. Erkunden Sie schließlich mithilfe der Ergebnisse die demografische Situation Ihrer Heimatregion, -stadt oder -gemeinde. (M 4)

🅗 zu Aufgaben 2 und 3
www.destatis.de

1.2.2 Kinderwunsch und Altersglück

M 5 ● Das ganz normale Chaos

Mai	Kristin	Paolo	Michael	Mama	Papa
1. Dienstag					
2. Mittwoch			15.30 Gitarre	Projektsitzung	Sonder-
3. Donnerstag	9.00 Kinderarzt			Hamburg	urlaub
4. Freitag					
5. Samstag			KiGa-Ausflug		
6. Sonntag					
7. Montag		Hockeytraining ◄			Fahrdienst
8. Dienstag				10.30 Schule	
9. Mittwoch	15.00 Kinderge-		15.30 Gitarre	(Sprechstunde wg. Michael)	
10. Donnerstag	burtstag bei Paul	Auto besorgen → Hannes!			Teambesprechung
11. Freitag				Paolo krank!	
12. Samstag				20.30 Kino mit Freunden	
13. Sonntag					
14. Montag		Hockeytraining ◄		Fahrdienst	
15. Dienstag					Sabine wg.
16. Mittwoch			15.30 Gitarre		Babysitting!!!
17. Donnerstag	14.00 Schnupper-			Geschäftsessen FeBa	
18. Freitag	tag Ballettschule	Kein KiGa!	Schulflohmarkt ◄	Sachen	11.22 Oma vom

M 6 ● Mütterdämmerung

Aus einer Untersuchung zum Thema „weiblicher Kinderwunsch":

Besonders belastend ist [...] der „Perfektionszwang", dem sich fast alle Befragten
5 ausgesetzt sehen: Obwohl fast 80 Prozent der Mütter Gelassenheit als ihr großes Ziel beschreiben, fühlen sich nur 44 Prozent wirklich entspannt – viel zu sehr ist ihr Alltag geprägt von der „Zerrissenheit zwischen
10 liebender Mutter und attraktiver beziehungsweise erfolgreicher Frau", stellt die Untersuchung fest [...]. Das Problem ist also nicht nur, den Mittelweg zwischen [Karrierefrau] und überfürsorglicher Glucke zu fin-
15 den – sondern auch, sich permanent dafür rechtfertigen zu müssen, diesen Weg gewählt zu haben.
Oft wird der größte Druck dabei allerdings gar nicht so sehr von außen aufgebaut.
20 Sondern es sind vor allem Mütter, die andere Mütter verurteilen. So stellen die Kölner Forscher eine tiefe Kluft zwischen den „Vollzeitmamas" und den „arbeitenden Müttern" fest, wie sie bei jedem Schulfest zu beobachten ist: Am lautesten lachen die 25 Hausfrauen über die Mütter, die bloß gekauften Kuchen mitbringen – und am geringschätzigsten schauen die berufstätigen Mütter auf die Selberbäckerinnen. [...]
Schwanger zu werden ist demnach aber 30 auch mit ganz anderen Ängsten verbunden: So räumt gut die Hälfte der Befragten ein, dass seit der Geburt ihres Kindes dieses im Mittelpunkt stehe und die Partnerschaft in den Hintergrund gerückt sei. Auch Geld- 35 sorgen wurden genannt [...]. Daneben treibt viele Frauen die Sorge um, vom Vater des Kindes verlassen zu werden.

Charlotte Frank, Mütterdämmerung, Süddeutsche Zeitung, 25.11.2010, S. 10

M 7 ● Die jungen Alten kommen

Die Alten werden in Zukunft noch älter. In der Öffentlichkeit hat diese erfreuliche Entwicklung zu einigen Fehleinschätzungen geführt. Sie sind hauptsächlich auf ein ver-
5 zerrtes Bild des Alterns zurückzuführen: Das einer senilen Bevölkerung, deren Alte für die Gemeinschaft vornehmlich eine Bürde sind. Symbolhaft haben sich dafür Begriffe wie „Vergreisung" oder „Überalte-
10 rung" der Gesellschaft in der medialen Debatte breit gemacht, verbunden mit den Assoziationen von Krankheit, Schwäche und egoistischem Altersstarrsinn.
Die Diskussion leidet unter einem systema-
15 tischen Denkfehler: der „Ceteris-Paribus-Logik", also der irrigen Annahme, dass sich nur ein Parameter ändert, alles andere aber so bleibt, wie es ist. Es wird zwar allgemein akzeptiert, dass wir sehr viel älter werden.
20 Es wird aber ignoriert, dass wir auch sehr viel gesünder altern als früher. Tatsächlich verändert sich das Alter beträchtlich und ist gleichzeitig von uns selbst veränderbar. Es ist plastisch.
25 Es gibt begründete Hoffnung, dass sich die Lebensspanne, innerhalb derer wir noch gesund, leistungs- und arbeitsfähig sind, genauso schnell erweitert wie die Lebenserwartung steigt. Grob gesprochen ist damit
30 ein heute 50-Jähriger so fit wie noch 1970 ein 40-Jähriger oder ein 65-Jähriger so gesund wie ein damals 55-Jähriger. Das Alter wird also immer aktiver und agiler, und Alte können (und wollen) gesellschaftlich mehr
35 Verantwortung übernehmen als früher. [...]
Wieso dürfen wir so optimistisch sein? In der Tat ist wissenschaftlich noch nicht ge-

klärt, wie genau sich Alterskrankheiten und funktionale Behinderungen im Licht der steigenden Lebenserwartung entwi- 40 ckeln. Es steht außer Frage, dass der Körper zum Ende des Lebens hin abbaut. Wir alle altern, und manche sind schon in frühem Alter von körperlichem Leid betroffen. Aber der große Trend ist ein anderer. Es 45 scheint realistisch, davon auszugehen, dass der Anteil der kranken und schwachen Jahre am Lebensende im Verhältnis zur gesamten Lebenszeit immer kleiner wird. [...] Ständige Fortschritte in der Medizin haben 50 dazu geführt, dass viele Alte heute zwar in den Augen der Gesundheitsstatistik krank, aber durchaus fit sind. So lässt sich etwa mit einem Schrittmacher trotz Herzschwierigkeiten noch sehr lange und gut leben. 55 Und künstliche Gelenke halten immer mehr Rentnerinnen und Rentner mobil, obwohl ihr Knie oder ihre Hüfte eigentlich verschlissen sind. Für medikamentöse und andere medizinische Behandlungsformen 60 gelten ähnliche Effekte. Anders ist nicht zu erklären, wieso die Mortalität so eindeutig sinkt, während die Häufigkeit vieler Krankheiten steigt.
Es ist wahrscheinlich, dass sich der Alte- 65 rungsprozess auch in Zukunft weiter aufschiebt; die Voraussetzungen dafür werden immer besser: Die Medizin wird sich weiter entwickeln und das Streben nach gesünderer Ernährung und Lebensweise lag selten 70 so sehr im Trend wie heute.

Björn Schwentker, James W. Vaupel, Eine neue Kultur des Wandels, in: APuZ, 10-11/2011, S. 7 ff.

Ceteris-Paribus-Logik

(lat.) „Alles andere bleibt gleich"-Logik. In den Erfahrungswissenschaften gebräuchliche Annahme, dass man die Wirkung einer bestimmten Variablen nur dann eindeutig bestimmen könne, wenn man alle anderen Variablen konstant hält, um deren Einfluss auf das Ergebnis auszuschalten.

Aufgaben

1. Erarbeiten Sie die Belastungsfaktoren, die den Wunsch nach eigenen Kindern beeinflussen können. (M 6 – M 7)
2. Analysieren Sie, wie sich das Älterwerden im 21. Jahrhundert verändern wird. (M 7)
3. Die soziale Welt ist ein vernetztes System. Diskutieren Sie, wie die beschriebenen demografischen Veränderungen sich auf andere gesellschaftliche Bereiche auswirken.
4. Erkunden Sie Ihre Kommune und dokumentieren Sie die Spuren des demografischen Wandels in Form einer Fotoreportage.

H zu Aufgabe 1
Befragen Sie Eltern verschiedener Generationen nach ihren Erfahrungen und Motiven, eine Familie zu gründen.

1.2.3 Migration

M 8 ● Migranten fördern Entwicklung

Indischer IT-Experte im Rechenzentrum eines Softwareunternehmens in Baden-Württemberg

Arbeiter aus Portugal an einer Brückenbaustelle in der Nähe von Erfurt

EU Blue Card

Nachweis über den legalen Aufenthalt von Angehörigen aus Drittstaaten. Sie soll insbesondere hochqualifizierten Arbeitnehmern den Aufenthalt in der EU ermöglichen.

Die weltweit eine Milliarde Migranten helfen nach einer neuen UN-Studie Armut zu senken und tragen zur wirtschaftlichen Entwicklung zahlreicher Länder bei. Mig-
5 ranten schickten im Jahr mehr als 300 Milliarden Dollar an Angehörige in ihren Heimatländern, heißt es in dem Bericht. Das war viermal so viel wie die gesamte Entwicklungshilfe, die im Jahr 2007 gewährt
10 wurde. In vielen ärmeren Ländern machen diese Überweisungen einen erheblichen Teil der Verbraucherausgaben aus. Die Gastländer profitierten von den Steuern der Migranten, wachsender Produktivität
15 und oft auch innovativen Ideen, die die Migranten mitbrächten. Nach dem Bericht ziehen die meisten Migranten im eigenen Land um – knapp 740 Millionen. Knapp 200 Millionen ziehen in benachbarte Ent-
20 wicklungsländer. Nur 70 Millionen Einwohner armer Länder versuchen ihr Glück in den reichen Ländern. [...] Der massive

Zustrom von Migranten hat in den vergangenen Jahren in Europa weder zur Verdrängung von einheimischen Arbeitern 25 noch zu steigender Arbeitslosigkeit geführt, zeigt der Bericht. Unter dem Titel „Barrieren überwinden: Migration und menschliche Entwicklung" fordert der Bericht die Zielländer dazu auf, Maßnahmen 30 gegen die Diskriminierung von Migranten zu ergreifen. Das Bewusstsein für Migrantenrechte müsse geschärft werden, um Fremdenfeindlichkeit zu bekämpfen, hieß es. [...] Im Zuge der Finanzkrise sei es drin- 35 gend notwendig, eine Reform der Zuwanderungspolitik voranzutreiben, hieß es in dem Bericht weiter. Angesichts der immer stärker schrumpfenden und alternden Bevölkerung könne Europa von einer solchen 40 Reform nur profitieren.

dpa, Migranten fördern Entwicklung vieler Länder, www.zeit.de, 5.10.2009

Ausländer und Personen mit Migrationshintergrund

Ausländer ist jeder, der im Sinne des Grundgesetzes (Artikel 116, Absatz 1) kein Deutscher ist. Von den rund sieben Millionen in Deutschland lebenden Ausländern wurde jeder fünfte in Deutschland geboren. Seit 2005 erheben das Statistische Bundesamt und die Statistischen Landesämter auch Daten zu Menschen mit Migrationshintergrund, wozu folgende Personengruppen zählen: zugewanderte Ausländer, in Deutschland geborene Ausländer, eingebürgerte Ausländer, Spätaussiedler, Kinder mit zumindest einem Elternteil, der eines der genannten Merkmale erfüllt.

Personen mit Migrationshintergrund müssen keine eigene Migrationserfahrung haben. Die meisten von ihnen leben seit ihrer Geburt in Deutschland. Nach dieser Definition lebten im Jahr 2013 rund 16,5 Millionen Menschen mit Migrationshintergrund in Deutschland; das ist fast ein Fünftel der Gesamtbevölkerung.

Nach: www.integration-in-deutschland.de, 24.9.2012, Zahlen aktualisiert

M 9 ● Voraussetzungen einer gelungenen Zuwanderungspolitik

Die Bevölkerung Deutschlands nimmt ab und das durchschnittliche Alter der Bevölkerung steigt. Kann eine verstärkte Zuwanderung diesen Prozess aufhalten? Neben
5 der Geburtenrate und der Zahl der Sterbefälle beeinflusst auch die Einwanderung die demografische Entwicklung. Durch die Zuwanderung aus dem Ausland ist in den vergangenen Jahrzehnten die Bevölke-
10 rungszahl in Deutschland angestiegen. Seit 1954 sind jährlich durchschnittlich 125.000 Personen mehr nach Deutschland gekommen als weggezogen sind: Menschen mit ausländischer Staatsangehörigkeit, aber
15 auch Deutschstämmige aus Ost- und Südosteuropa. Die Einwanderer sind durchschnittlich jünger als die ansässige Bevölkerung. Daraus ergibt sich ein Verjüngungseffekt für die Gesamtbevölke-
20 rung. Die Zuwanderung hat somit das Altern der Gesellschaft verlangsamt.
Doch die Wanderungsgewinne können die sinkenden Geburtenzahlen in Deutschland nicht dauerhaft ausgleichen. Selbst bei ei-
25 ner jährlichen Zuwanderung von 200.000 bis 300.000 Personen wird die Bevölkerung abnehmen. [...]
Ein Blick in die Vergangenheit zeigt, dass Wanderungsbewegungen Schwankungen unterworfen sind. Wie viele Menschen ein- 30 wandern, hängt oft von wirtschaftlichen und politischen Faktoren ab.
Die Vereinten Nationen haben fünf Szenarien entwickelt, die mit unterschiedlichen Zahlenspielen untersuchen, wie das Altern 35 der Gesellschaft zu vermeiden sein könnte. Demnach sähen die Prognosen bis 2050 für Deutschland nur dann positiv aus, wenn eine „Bestanderhaltungsmigration" von 18 Millionen Zuwanderern bis zum Jahr 2050 40 erreicht würde. Das entspräche einer jährlichen Nettozuwanderung von 324.000 Menschen. Doch selbst damit wäre das Arbeitskräftepotenzial nicht auf heutigem Niveau zu erhalten. Die dafür benötigte 45 Zahl von Zuwanderern läge so hoch, dass selbst die Vereinten Nationen dieses Szenario als unrealistisch bezeichnen.
Die Folge einer Zuwanderungsbewegung, die beinahe doppelt so hoch sein müsste 50 wie die heutige gesamte Bevölkerungszahl, wäre nicht zuletzt mit einem massiven Integrationsproblem verbunden. Zudem müssten sich die Einwanderer überwiegend aus jungen Frauen mit einem überdurch- 55 schnittlichen Geburtenverhalten zusammensetzen. Und woher sollen diese Einwanderer kommen? Da die meisten

EU-Länder – auch die jungen Mitgliedstaa-
60 ten in Osteuropa – eine ähnliche demogra
fische Entwicklung vorweisen, sind auch
sie selbst auf Zuwanderung angewiesen.
Hunderte Millionen Menschen müssten
dann von außerhalb der europäischen
65 Grenzen einwandern.

Eine verstärkte Zuwanderung kann also
einerseits den Rückgang der Bevölkerung
abschwächen. Andererseits kann die Integration der Zuwanderer nur gelingen, wenn
deren Lebensunterhalt gesichert ist (z.B. Ar- 70
beitsplätze) und wenn die Integrationsbe-
reitschaft auf beiden Seiten vorhanden ist.

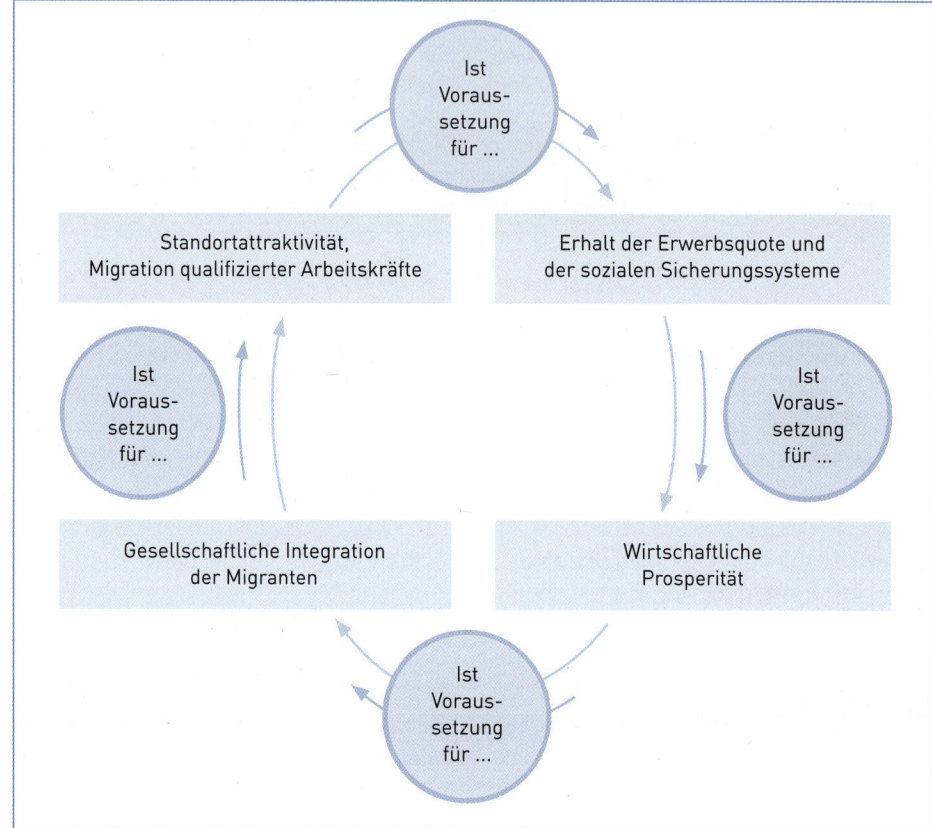

Judith Ernst-Schmidt, Karin Schröder, kann Zuwanderung die demografische Entwicklung umkehren, in: Politik &
Unterricht, Heft 1-2 – 2007, S. 58-62

Aufgaben

❶ Analysieren Sie die Argumentation der Vereinten Nationen (M 8) und erläutern Sie die
im Schaubild (M 9) dargestellten Zusammenhänge.

❷ Entwerfen Sie ein Thesenpapier, das die in Teilen der Bevölkerung noch immer
vorhandenen Vorurteile entkräftet, Zuwanderung sei eine Ursache für hohe Arbeits-
losenzahlen und mit einem Verlust an Lebensqualität für die einheimische Bevölkerung
verbunden. (M 8, M 9)

❸ Entwickeln Sie einen Maßnahmenkatalog, mit dessen Hilfe sich die bevölkerungs-
politischen Effekte einer geregelten Zuwanderung optimieren ließen. (M 8, M 9)

🅗 zu Aufgabe 3
Erörtern Sie
Gefahren, die aus
einer vorrangig am
nationalen Nutzen
orientierten
Zuwanderungspolitik
erwachsen können.

1.2.4 Demografie – Schwarzmalen mit Zahlen?

M 10 ● Die Sicht des Karikaturisten

Karikatur: Jan Tomaschoff / Baaske Cartoons

Info

Demografie

Die Demografie (gr. démos „Volk" und graphé „Beschreibung") ist die wissenschaftliche Disziplin, die sich statistisch mit der Entwicklung von Bevölkerungen und deren strukturellen Eigenarten beschäftigt. Ihre Kernaufgaben liegen in der Beschreibung der Geburtenzahl (Fertilität) sowie der Sterblichkeit (Mortalität) in einer Gesellschaft und der sie betreffenden Wanderungsbewegungen (Migration). Aus den gewonnenen Erkenntnissen entwickelt die Demografie verallgemeinernde Beschreibungs- und Erklärungsmodelle.

Umstritten ist die Bevölkerungswissenschaft vor allem dort, wo sie Aussagen über zukünftige Entwicklungen (Prognosen) trifft. So können selbst komplexe Modelle mit wohl begründeten Annahmen nie alle Faktoren erfassen, die auf die künftige Entwicklung einer Bevölkerung einwirken. Viele Prognosen seien, so die Kritiker, nur Fortschreibungen aktueller Trends oder beruhten auf mehr oder weniger unausgesprochenen Vermutungen bzw. Vorannahmen ihrer Verfasser.

Auch sollte immer kritisch reflektiert werden, welchem Zweck eine Prognose dient, wer ihr Auftraggeber ist und ob mit ihrer Veröffentlichung nicht vielleicht eine bestimmte politische Absicht verfolgt oder einer Ideologie das Wort geredet wird. Schließlich täuscht gerade die Arbeit mit Zahlenmaterial Objektivität und wissenschaftliche Exaktheit vor, die in Wirklichkeit gar nicht gegeben ist.

Autorentext

M 11 ● Albtraum Demografie

Demografie und Fachkräftemangel

Es heißt, dass es heute und auch künftig zu wenige Jugendliche gebe. Doch die heutigen Fachkräfte sind die Ausgebildeten der vergangenen Jahrzehnte. Und dort haben Verantwortliche Fehler begangen. Zwischen 1990 und 2005 wurde Hunderttausenden Jugendlichen die Ausbildung verweigert. [...] Sogar noch 2009 wurden Ausbildungsplätze reduziert und fertig Ausgebildete entlassen – wegen der Finanzkrise. Auch in den Hochschulen wird viel vorhandenes Potential verschenkt. Zulassungsbeschränkungen halten vom Studium ab, überfüllte Hochschulen schwächen Qualität, Kreativität und individuelle Entwicklung. Wer aber heute Bewerbern das Masterstudium verwehrt, der sollte in zehn Jahren keine Krokodilstränen über fehlende studierte Fachkräfte vergießen.

Gerd Bosbach, Warum wir positiv in die Zukunft blicken können, Süddeutsche Zeitung, 2.1.2012, S. 2

Demografie gilt als Zukunftsthema. Dabei ist die Angst vor der demografischen Entwicklung viel älter, als man ahnt.
„Sozialstaat ist in der Sackgasse – wer zahlt
5 morgen die Renten?", fragte zum Beispiel 1959 die österreichische Neue Tageszeitung. Konrad Adenauer prophezeite 1953 angesichts der damaligen Bevölkerungsentwicklung: „Dann sterben wir ja aus." [...]
10 Die Beobachtungen zur alternden Gesellschaft waren in der Tat auch schon damals korrekt [...] – doch die Katastrophe ist ausgeblieben. Offenbar war die demografische Entwicklung nicht der bestimmende Faktor
15 des letzten Jahrhunderts. Wichtiger waren die enorme Entwicklung der Produktivität, die zunehmende Gesundheit der Älteren, die Wanderungen in einer mobilen Welt, die Zunahme der Bildung.
20 Doch dieser Blick in die Vergangenheit der Demografie ist nicht erwünscht. Denn wer ihn kennt, glaubt nicht mehr so leicht, dass soziale Einschnitte wie die Rente mit 67 oder Abstriche bei der Rentenhöhe, die Er-
25 höhung der Krankenkassenbeiträge oder auch der angebliche Fachkräftemangel wirklich überwiegend demografische Gründe haben. [...] Selbst wenn die Produktivitätssteigerung je Arbeitnehmer jährlich nur
30 ein Prozent beträgt, könnte jeder Beschäftigte im Jahre 2060 dreißig Prozent Rentenbeitrag zahlen und gleichzeitig noch sein verbleibendes Einkommen um über

vierzig Prozent steigern, nach Abzug der Preissteigerung. Vorausgesetzt ist aller- 35 dings, dass die erhöhte Produktivität auch ausgezahlt wird, die Verteilung zwischen Arbeitnehmer und Arbeitgeber sich nicht zugunsten der Arbeitgeber ändert. Auch bei der Finanzierung der Renten ist das 40 Hauptproblem also nicht die demografische Entwicklung. Die Umverteilung zugunsten der Unternehmer wirkt viel stärker. [...] Bürger, Politiker, Journalisten sollten kritischer mit den Zukunftsprogno- 45 sen umgehen, die uns da vorgelegt werden. Die Prognostiker kennen die Zukunft auch nicht, sie rechnen Daten hoch. Leider manchmal mit versteckten und sogar dubiosen Annahmen. Was also wird bestim- 50 mend sein für die Zukunft des Landes und unseres Wohlstands? Neben der Bildung und der Verteilung des produzierten Reichtums beeinflussen sicherlich die Umweltschäden und die Finanzmärkte unsere Ent- 55 wicklung. Dass Arbeitslosigkeit und niedrige Löhne zu Löchern in den sozialen Systemen führen, ist ebenfalls augenscheinlich. Bei all diesen wichtigen Themen scheinen die Regierenden in Wirt- 60 schaft und Politik aber nicht recht weiterzukommen. Vielleicht hören wir ja deshalb so viel über die angebliche demografische Bedrohung.

Gerd Bosbach, Warum wir positiv in die Zukunft blicken können, Süddeutsche Zeitung, 2.1.2012, S. 2

Aufgaben

1 Sammeln Sie in der Gruppe mögliche Aufgabenbereiche der Demografie und die Reichweite ihrer Erkenntnisse.

2 Analysieren Sie die Probleme, die sich aus der öffentlichen Diskussion von Bevölkerungsprognosen ergeben können (M 10, M 11). Gehen Sie in diesem Zusammenhang der Frage nach, ob eine Gesellschaft ohne Demografie zukunftsfähig wäre.

3 Suchen Sie weitere Beispiele, anhand derer sich der Missbrauch demografischer Aussagen zu parteipolitischen bzw. ideologischen Zwecken belegen lässt.

4 In M 7 wurde auf einen Denkfehler („Ceteris-Paribus-Logik") hingewiesen, der zu einer übertrieben dramatischen Darstellung des Alterungsprozesses unserer Gesellschaft führe. Überprüfen Sie, ob die Ceteris-paribus-Logik auch hinter der „Mär der unbezahlbaren Renten" steckt. (M 7, M 11)

„Die Deutschen sterben aus!" „Deutschland vergreist!" „Altenrepublik Deutschland" – seit etlichen Jahren weisen diese und ähnliche Schlagzeilen periodisch wiederkehrend auf ein Problem hin, das unsere Gesellschaft in den kommenden Jahrzehnten dauerhaft beschäftigen wird: auf einen tiefgreifenden **demografischen Wandel**, der viele Bereiche der deutschen Gesellschaft erfassen wird.

Horrorszenarien und nüchterne Fakten
M 1

Das natürliche Wachstum der deutschen Bevölkerung ist seit rund vierzig Jahren negativ. Die Demografen des Statistischen Bundesamts gehen davon aus, dass die **insgesamt rückläufige Geburtenzahl** künftig weiter zurückgehen wird. Die für die Bestandserhaltung der Gesellschaft notwendige Zahl von 2,1 Kindern pro gebärfähiger Frau wird somit auf unabsehbare Zeit nicht mehr erreicht werden. Faktisch beläuft sich die Geburtenzahl gegenwärtig (Stand: 2010) auf gerade einmal 1,39 Kinder.

Geburtenentwicklung
M 2

Trotz kontinuierlich steigender Lebenserwartung wird auch die Zahl der Sterbefälle zunehmen, da die geburtenstarken Jahrgänge allmählich ins hohe Alter kommen. Rechnet man diese Faktoren zusammen, ist mit einem **Bevölkerungsrückgang** von derzeit rund 82 Millionen Menschen auf 65 bis 70 Millionen Menschen bis zum Jahr 2060 zu rechnen. Auch die **Altersstruktur** wird sich gravierend verschieben. 2008 setzte sich die Bevölkerung noch zu 20 Prozent aus über 65-Jährigen zusammen; 2060 wird deren Anteil auf rund 34 Prozent gestiegen sein. Außerdem werden doppelt so viele 70-Jährige in Deutschland leben wie Kinder geboren werden. Jeder Siebente wird dann 80 Jahre oder älter sein.

Altersaufbau
M 1 – M 3

Die prognostizierte Bevölkerungsentwicklung gestaltet sich **regional sehr unterschiedlich**: Während man für den Osten Deutschlands („neue" Bundesländer) von einem Bevölkerungsrückgang von 15 Prozent und mehr ausgeht (Ausnahme: Großraum Berlin), nimmt man an, dass die Bevölkerungsentwicklung in den westdeutschen Ballungsgebieten stagniert bzw. sogar positiv ist.

Regionale Unterschiede
M 4

Die Demografie beschreibt und erklärt die **Entwicklung von Bevölkerungen**. Ihre **statistischen Modelle** versuchen dabei auch, künftige Entwicklungen möglichst genau vorherzusagen. Das ist keine einfache Aufgabe, da sich der demografische Wandel nur im Wechselspiel mit anderen gesellschaftlichen Veränderungen verstehen lässt.

Demografischer Wandel als komplexes Bedingungsgefüge
M 1, M 2

Die beschriebene Alters- und Geburtenentwicklung hat weit reichende Folgen für unsere Gesellschaft. So wird sich das Bild vieler Kommunen in den nächsten Jahrzehnten deutlich verändern, da **mehr Einrichtungen für ältere Menschen** geschaffen und deren Bedürfnisse stärker berücksichtigt werden müssen.

Folgen im Alltag
M 4

Arbeitsmigration
M 7

Seit 2011 sind für die 2004 beigetretenen neuen EU-Staaten die letzten Zuzugshindernisse gefallen. Die wirtschaftliche Krisensituation in einigen Ländern Südeuropas wird zu einem vorübergehenden **Anstieg der Arbeitsmigration** beitragen. Es ist aber fraglich, ob dieser Trend mittel- bis langfristig anhält. Um die Bevölkerungszahl einigermaßen stabil zu halten, bedürfte es eines jährlichen Zuwanderungssaldos von etwa 300.000 Personen. Davon gehen selbst optimistische Prognosen nicht aus, weshalb der demografische Effekt des Faktors Migration nicht allzu hoch eingeschätzt wird. Der prognostizierte **Schrumpfungs- und Alterungsprozess** der deutschen Gesellschaft kann somit allenfalls **abgemildert**, nicht aber umgekehrt werden.

Deutschland als Einwanderungsland
M 8, M 9

Deutschland ist längst zum **Einwanderungsland** geworden. Es ist aber politisch noch immer umstritten, in welchem Ausmaß Immigration gefördert werden sollte. Während die einen vor den Folgen (unkontrollierter) Zuwanderung warnen und häufig vermeintliche **Integrationsprobleme** von Menschen aus anderen Kulturkreisen anführen, plädieren andere für gezielte **Anreize und Fördermaßnahmen**, um hoch qualifizierte Arbeitnehmer ins Land zu holen und dem sich abzeichnenden **Fachkräftemangel** entgegenzuwirken.

Angst vor der Zukunft?
M 11

Ob sich die demografische Entwicklung wirklich so gestalten wird, wie von vielen Bevölkerungswissenschaftlern prognostiziert, wird **kontrovers diskutiert**, weil die Prognosen Trends und Entwicklungen einfach in die Zukunft fortschreiben. Deshalb sehen manche Wissenschaftler eher gelassen in die Zukunft und empfinden die Bevölkerungsentwicklung nicht als eine Bedrohung.

„Modellbaukasten"

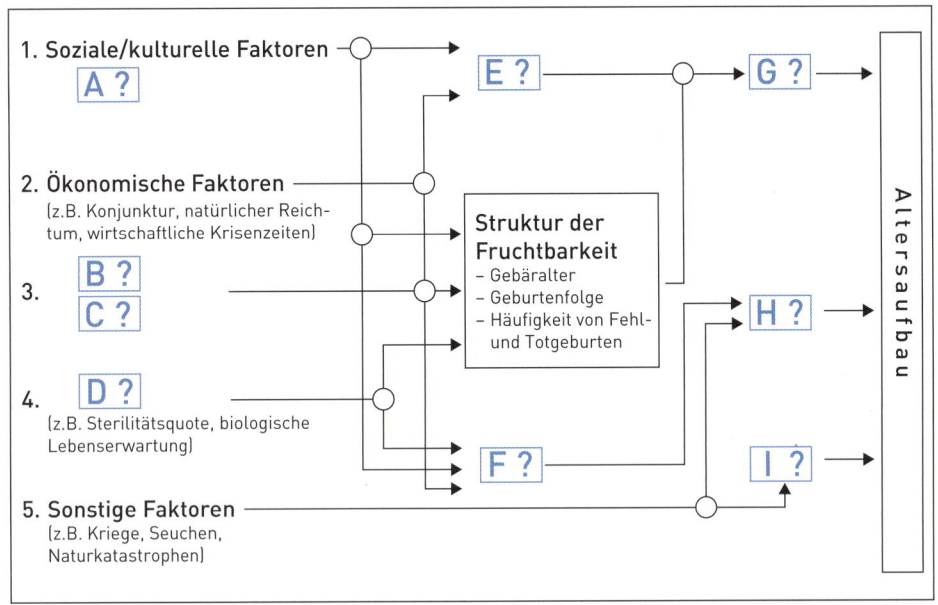

Nach: H. Sahner, Sozialstruktur und Lebenslagen in der Bundesrepublik Deutschland, in: Oscar W. Gabriel/Everhard Holtmann (Hg.): Handbuch Politisches System der Bundesrepublik Deutschland, München 2007, S. 57

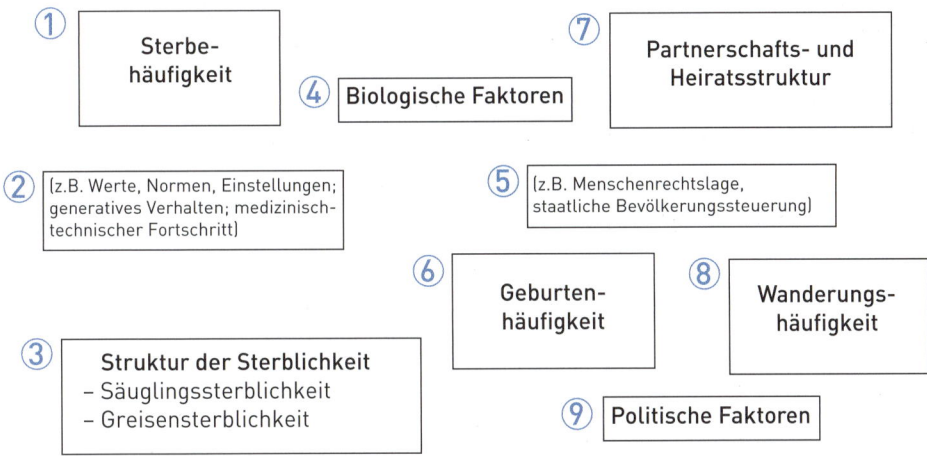

Aufgaben

1 Welche Faktoren beeinflussen den Altersaufbau einer Gesellschaft? Setzen Sie die fehlenden „Bauelemente" an der passenden Stelle ein.

2 Veranschaulichen Sie die im Modell hergestellten Zusammenhänge durch geeignete Beispiele aus der sozialen Wirklichkeit.

3 Diskutieren Sie Sinnhaftigkeit und Aussagekraft derartiger Modelle bzw. deren grafischer Veranschaulichung.

1.3 Ursachen und Dimensionen des gesellschaftlichen Wandels

Basiskonzept	Kategorie	Leitfragen
Wandel	Gewordenheit Transformation	· Wie hat sich die moderne Industriegesellschaft entwickelt? · Was versteht man unter Modernisierung? · Welche Bedeutung haben die technische Entwicklung und die Globalisierung? · Wie haben sich Werte und Normen im Zuge des gesellschaftlichen Wandels verändert?

1.3.1 Von der Agrar- zur Informationsgesellschaft

M 1 ● Vom Drei-Sektoren- zum Vier-Sektoren-Modell: Die zentrale Bedeutung von Information

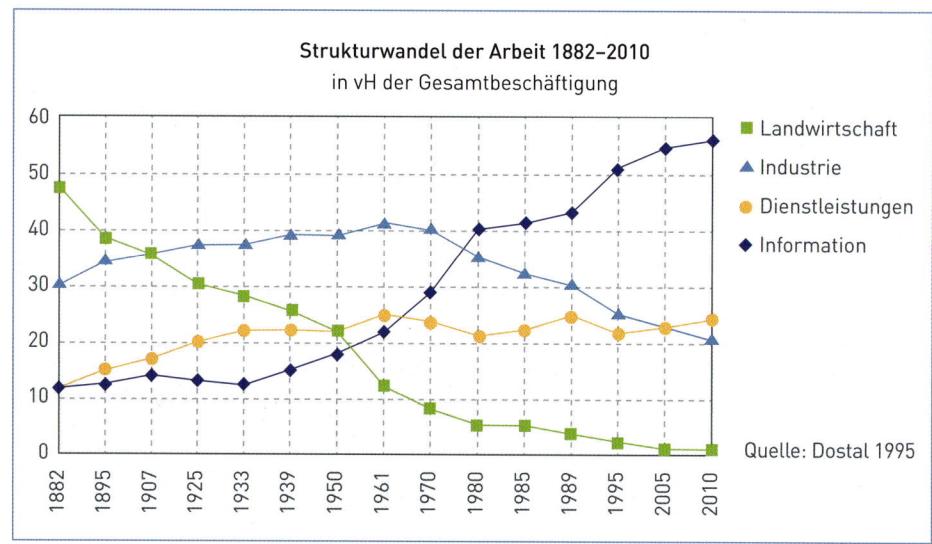

Strukturwandel der Arbeit 1882–2010
in vH der Gesamtbeschäftigung

■ Landwirtschaft
▲ Industrie
● Dienstleistungen
◆ Information

Quelle: Dostal 1995

M 2 ● Die Entstehung der Industriegesellschaft – sozioökonomischer Wandel im 19. Jahrhundert

Die gegenwärtige Sozialstruktur lässt sich besser verstehen, wenn man weiß, wie sie entstanden ist. Wichtige Grundlagen der modernen Gesellschaft bildeten sich bereits
5 im 19. Jahrhundert. [...] Der französische Sozialreformer und Soziologe Henri de Saint-Simon (1760 – 1825) charakterisierte zu Beginn des 19. Jahrhunderts die damals heraufziehende Gesellschaft der Zukunft
10 als „Industriegesellschaft". Auch heute noch wird die Gesellschaft der Bundesrepublik, wie auch andere Gesellschaften in einem ähnlichen Entwicklungsstadium, gern als „moderne Industriegesellschaft"
15 bezeichnet – ein Hinweis darauf, dass wichtige Elemente der Sozialstruktur, die sich im Laufe des 19. Jahrhunderts entfalteten, weiterhin von grundlegender Bedeutung sind. Als namengebendes, wesentliches Merkmal der neuen Gesellschaftsform 20

betrachtete Saint-Simon die industrielle Produktionsweise: Technisches Wissen wird methodisch-systematisch auf die Gü-terproduktion angewendet und erhöht da-
25 durch in hohem Maß deren Präzision und Effizienz. Der Begriff „Industriegesell-schaft" bringt zum Ausdruck, dass Verän-derungen in der Produktionsweise – auf der Basis von technologischen Verände-
30 rungen – den Kern des sozialen Wandels ausmachen und dass der technisch-ökono-mische Wandel auch auf andere Bereiche der Gesellschaft ausstrahlt und weitere so-ziale, kulturelle und politische Verände-
35 rungen nach sich zieht. Die Umwälzungen, die sich mit dem Vorgang der Industriali-sierung verbanden, wurden von dem briti-schen Historiker Arnold Toynbee gegen Ende des 19. Jahrhunderts mit dem Etikett „industrielle Revolution" versehen. Auch 40 dieser Begriff setzte sich schnell durch und wird heute noch gern verwendet. Er soll deutlich machen, dass sich die technologi-schen, wirtschaftlichen und sozialen Ent-wicklungen, die mit dem Vordringen der 45 industriellen Produktionsweise verkoppelt waren, mit einer besonders hohen Ge-schwindigkeit und Radikalität vollzogen.

Rainer Geißler, Die Sozialstruktur Deutschlands, 6. Aufl., Wiesbaden 2014, S. 5 ff.

M 3 ● Von der Agrargesellschaft zur Wissensgesellschaft – Veränderungen des Gesamtsystems

	Vormoderne Agrargesellschaft	Moderne Industriegesellschaft	Moderne post-industrielle (Wissens- und Dienstleistungs-) Gesellschaft
Bevölkerung	Heiratsbeschrän-kungen; maximale Anzahl von Geburten in Ehen; hohe Sterblichkeit; geringe Bevölke-rungsvermehrung	Erster demografischer Übergang: wenige Gebur-ten, längere Lebenserwar-tung, „sparsame" Bevölke-rungsweise; sporadische Außenwanderungen; geringe Bevölkerungsver-mehrung	Zweiter demografischer Übergang: Geburtende-fizit; Alterung; systematische Zuwan-derung
Haushalte	Das „ganze Haus" dominiert; Arbeiten und Wohnen am gleichen Ort	Zwei-Generationen-Kernfa-milie dominiert. Urbanisie-rung; Trennung von Arbeiten und Wohnen; Männer erwerbstätig, Frauen im Haushalt	Weniger und spätere Heiraten; spätere Geburten; geringe Stabi-lität von Ehen; mehr Frauen sind erwerbstä-tig; Pluralisierung von Lebensformen
Bildung	...	...	...
Erwerbstätigkeit	...	...	...

Nach: Stefan Hradil, Die Sozialstruktur Deutschlands im internationalen Vergleich, 2. Aufl., Wiesbaden 2006, S. 30

M 4 ● Merkmale des Modernisierungsprozesses

Modernisierung (deutet) auf die Kombina-tion von **Differenzierung, Rationalisie-rung, Individualisierung** und **Domestizie-rung**. [...]
5 Der Prozess der strukturellen **Differenzie-rung** lässt sich anhand der Unterschiede zwischen traditionellen und modernen Fürsorgeeinrichtungen verdeutlichen. Im Spätmittelalter war das städtische Spital ein völlig undifferenziertes Auffangzent- 10 rum für diejenigen, die sich am Rande der Gesellschaft befanden. So bot das Spital

eigener Zusammensetzung. Als Folge von Differenzierung verselbstständigen sich allerlei Aktivitäten und Funktionen und bilden auf sie hin orientierte Institutionen und Organisationen. Die neuen differenzierten Einheiten spezialisieren sich immer weiter in der Erfüllung bestimmter Funktionen.
Hans van der Loo, Willem van Reijen, Modernisierung. Projekt und Paradox, übersetzt von Marga Baumer, München 1997, S. 32 – 35

Rationalisierung

bedeutet Ordnen und Systematisieren der Wirklichkeit, um sie vorhersehbar und beherrschbar zu machen. Rationalisierung impliziert, dass unser Denken und Handeln immer mehr der Berechnung, Begründbarkeit und Beherrschung unterliegt.
ebd.

Individualisierung

verweist auf die wachsende Bedeutung des Individuums, das sich aus der Kollektivität seiner unmittelbaren Umgebung herauslöst.
ebd.

Domestizierung

schließlich bezieht sich auf das Maß, in dem Individuen sich ihren biologischen und natürlichen Begrenzungen entziehen konnten. Kennzeichnend für Modernisierung ist die enorme Beherrschung biologischer und natürlicher Prozesse.
ebd.

sowohl körperlich wie geistig Behinderten und auch unterstützungsbedürftigen Wit-
15　wen, Waisen und allerlei fahrendem Volk Unterschlupf. Die Versorgung erfolgte durch Ordensleute oder religiös motivierte Laien. Die traditionelle Fürsorge war durch persönliche Abhängigkeit charakterisiert.
20　Seit dem 18. Jahrhundert wurde das städtische Spital von der strukturellen Differenzierung erfasst: Es entstanden Krankenanstalten, Einrichtungen für Geisteskranke, Waisenhäuser, Armenhäuser und Gefäng-
25　nisse. Die Pflege, Behandlung und Beherrschung – man erkennt, dass sich auch die Interventionsaktivitäten differenzieren – erfolgte nicht mehr auf freiwilliger Basis, sondern kam in die Hände von dazu spezi-
30　ell ausgebildeten Fachkräften. Die frühere persönliche Abhängigkeit wandelte sich im Laufe der Modernisierung zu formeller und bürokratischer Abhängigkeit. Das frühere städtische Spital verzweigte sich nicht nur
35　in verschiedene eigenständige soziale Einheiten, sondern der Prozess struktureller Differenzierung setzte sich auch innerhalb dieser Einheiten fort [...].
Rationalisierung [...] Rationales Handeln
40　heißt wohl überlegtes Handeln: Wir suchen Methoden und Mittel, die im Ergebnis effizient und effektiv sind. All unser Denken und Handeln ist von dem Gedanken erfüllt, die uns umgebende Wirklichkeit beherrsch-
45　bar zu machen. Ein konkretes Beispiel ist die Art, wie wir mit der neuen Seuche Aids umgehen. Nicht im Entferntesten denken wir daran, dass es sich dabei um die Rache von Gott oder Dämonen handelt und dass die
50　Krankheit erst nach ausgedehnten Versöhnungsritualen verschwinden wird. Stattdessen setzen wir unsere ganze Hoffnung auf die medizinische Wissenschaft und zahllose hoch spezialisierte Forscher suchen nach ei-
55　nem Mittel gegen die Erreger. Um die Ansteckungsgefahr so gering wie möglich zu halten, appellieren wir obendrein an das „rationale Verhalten" der Menschen. [...]
Individualisierung ist eine Folge des Um-
60　stands, dass Menschen es mit mehreren, oft

in weitem räumlichen Abstand voneinander verstreuten sozialen Einheiten zu tun haben. Der Anspruch, den jede einzelne Einheit auf die Loyalität des Individuums erhebt, verringert sich dadurch. Infolge der　65
Zugehörigkeit zu unterschiedlichen Einheiten erlangt das Individuum hinsichtlich jeder dieser Einheiten eine gewisse persönliche Unabhängigkeit. In vormodernen Gesellschaften neigen die Menschen dazu,　70
sich selbst vor allem als Teil des Kollektivs zu verstehen. Soweit das Phänomen des aus der Kollektivität herausgelösten Menschen hier in Erscheinung trat, handelte es sich um Ausnahmen. Der Prozess der Indi-　75
vidualisierung und die Entwicklung der dazu notwendigen Mentalität des Individualismus setzten mit der Renaissance ein. In dieser Zeit entstand ein neues Weltbild, in dem der Mensch sich selbst als Mittel-　80
punkt und Ursprung seiner eigenen Handlungen definierte.
Domestizierung [...] In der vormodernen Gesellschaft war das Handeln vor allem von der menschlichen Konstitution und　85
der natürlichen Umwelt abhängig. [...] Als Folge von drei technischen und kulturellen Umwälzungen - der Zähmung des Feuers, der Einführung des Ackerbaus und der umfänglichen Nutzung lebender Energie - hat　90
sich die Beherrschung der Naturkräfte enorm gesteigert. Schließlich bezieht sich Domestizierung auch auf die Zähmung des „Tiers in uns": Ein wesentlicher Aspekt der Modernisierung liegt darin, dass der　95
Mensch gelernt hat, seine biologischen Triebe und Impulse besser zu beherrschen. Die vier Dimensionen von Modernisierung, wir betonen es nochmals, sind eng miteinander verwoben. Differenzierung, Rationa-　100
lisierung, Individualisierung und Domestizierung treten in jedem konkreten Modernisierungsprozess in einer bestimmten Kombination auf. Oft bedingen sie sich auch gegenseitig.　　　　　　　　　　　105

Hans van der Loo, Willem van Reijen, Modernisierung. Projekt und Paradox, übersetzt von Marga Baumer, München, 1997, S. 32 - 35

M 5 ● Strukturwandel in der Karikatur

Karikatur: Thomas Plaßmann / Baaske Cartoons

Aufgaben

1. Überprüfen Sie, ob die Prognose aus dem Jahr 1995 in M 1 eingetreten ist.

2. Erklären Sie in Gruppen anhand des Materials M 2, M 3 und Ihrem Wissen aus anderen Fächern die Auswirkungen der Entwicklung von der Agrargesellschaft hin zur modernen postindustriellen Gesellschaft auf die Bereiche „Bildung" und „Erwerbstätigkeit". Stellen Sie Ihre Ergebnisse in der Klasse vor.

3. Eine weitere Erklärung der gesellschaftlichen Entwicklung finden sie in M 4: Erarbeiten Sie sich den Modernisierungsprozess, indem Sie die einzelnen Aspekte an einem Subsystem der Sozialstruktur nachweisen.

4. Wählen Sie ein Subsystem aus und geben Sie eine Prognose ab: Wie wird das gesellschaftliche Zusammenleben und -arbeiten in 100 Jahren aussehen?

5. Analysieren Sie die Karikatur M 5.

1.3.2 Werte- und Normenwandel

M 6 ● Wertewandel – karikiert

Karikatur: Thomas Plaßmann / Baaske Cartoons

M 7 ● Vom Wertecocktail zur Sinnsuche

»Ich tue, was mir gefällt«: Der Erlebniskonsument betrachtet die *Welt als Speisekarte* und stellt sich ein individuelles Menü zusammen: Er wählt, kauft, trennt sich oder
5 wirft weg, ist also *unberechenbar* in seinen Erlebniswünschen und *instabil* in seiner Beziehung zur sozialen Umwelt. Der multioptionale Erlebniskonsument wünscht sich grenzenlose Möglichkeitssteigerungen,
10 was ihn zum Auswählen geradezu verurteilt, ob er es will oder nicht, ob er es kann oder nicht. Wer diese *Selektionsfähigkeit* nicht besitzt oder erlernt, droht selbst zum Opfer der herbeigesehnten Angebotsexplo-
15 sion zu werden, weil Maßstäbe, Richtungen und Orientierungen fehlen. Und immer mehr schwanken zwischen **Wertpluralismus und Wertrelativismus**, zwischen einem großen Entfaltungsspielraum und
20 einer wachsenden persönlichen Verunsicherung. Das Wandeln durch den Supermarkt der Moral zwingt vor allem die jun-

ge Generation zum Bauen und Basteln einer *Do-It-Yourself-Ethik*, die in traditioneller Sichtweise wie *Moral-Surfing* oder 25 *Neo-Opportunismus* erscheint. Der jungen Generation, die mit der **Wertevielfalt** aufwachsen, souverän durch die **Werteflut** waten und sich ihren **Wertecocktail** selber mixen muss, bereitet die Unübersichtlich- 30 keit offensichtlich wenig Kopfzerbrechen: »Ihr großer Freundeskreis ist für sie da und doch fühlt sie sich diesen Freunden gegenüber nicht verpflichtet. Oft ist sie unzuverlässig und lässt Verabredungen und Termi- 35 ne einfach platzen. Wären Pünktlichkeit und Disziplin noch allgemeingültige Werte, würde sie schon längst allein dastehen. Doch ihre Freunde mögen ihre chaotische Art.« Aus der Sicht der Erwachsenengene- 40 ration muss dieses Leben chaotisch erscheinen. Für Jugendliche hingegen ist ein solches Verhalten *weder beliebig noch ziellos* - wohl aber bindungs- und verpflich-

45 tungslos. Eher sind sie hin- und hergerissen zwischen

- Flucht aus der Verbindlichkeit *und* Sehnsucht nach Bindung sowie
- Abschied von sozialen Verpflichtungen
50 *und* Suche nach eigenen verpflichtenden Lebenskonzepten.

Mit diesen Spannungen und Widersprüchen können sie offensichtlich ganz gut leben, solange jedenfalls, wie sie nicht aus
55 dem *inneren Gleichgewicht* geraten. Denn wer sich immer nur pragmatisch auf Zeit bindet und wie im Geschäftsleben auf *temporäre Allianzen* schwört, kann schnell aus dem Tritt geraten, wenn Partner ihre Ver-

abredungen nicht mehr einhalten oder 60 ohne Angabe von Gründen ihre Kontakte abbrechen. Dann gerät die Balance des Lebens ins Wanken, aus Bindungslosigkeit wird Orientierungslosigkeit und die Sehnsucht nach *intakten sozialen Beziehungen* 65 („wie in der Familie") sowie nach Halt und Geborgenheit wird stärker. Nicht Werteverfall, sondern Wertevielfalt [...] kennzeichnet die Zukunft. [...] Die Grenzen zwischen Wertevielfalt und Optionenflut werden 70 fließend, während gleichzeitig die Wahlfreiheit zum Wahlzwang wird.

Horst W. Opaschowski, Deutschland 2030. Wie wir in Zukunft leben, Gütersloh 2009, S. 574 – 575

Prosperität
Aufschwung

Hedonismus
Freude am Genuss

Authentizität
Echtheit; Wahrhaftigkeit

M 8 ● Wie haben sich Werte zwischen 1950 und 2000 verändert?

50er Vorrang der Wirtschaft	60er Wirtschaftswachstum	70er Alternative zum genormten Leben	80er Schneller, höher, weiter	90er Neue Unübersichtlichkeit	2010er Digital Nativs
• Recht und Ordnung • Leistung und Disziplin • Leben, um zu arbeiten • Pflichtgefühl	• Prosperität • Materieller Wohlstand • Soziale Sicherheit • Aufsteigen • Prestige • Konsumieren	• Unabhängigkeit • Selbstverwirklichung • Alternative Lebensbewegung • Konsumkritik • Soziale Bewegung, Frieden, Ökologie, Frauen, Psychoboom	• Hedonismus • Ich-Bezogenheit • Erlebnisorientierung • Oberflächlichkeit • Selbstdarstellung	• Individualismus • Beziehung / Kommunikation • Authentizität • Prosperität • Realismus • Flexibilität	• Mobilität • Kommunikation / Erreichbarkeit • Soziale Netzwerke • Abschottung • Internet
Aufbau und Erhalten	Haben und Zeigen	Sein und Selbstbestimmung	Genießen und Exponieren	Sein, Haben und Genießen	Haben, Teilen, Berichten, Austauschen
Traditionelle Werte	Materielle Werte	Postmaterielle Werte		Postmoderne Werte	
Trend zu Individualisierung und Pluralisierung					

Gesellschaft für Innovative Marktforschung, Delphi-Studie 2001, Heidelberg 2001 (aktualisiert)

Aufgaben

1 Erklären Sie, ob in M 6 ein gesellschaftlicher Wertewandel erkennbar ist.

2 Beschreiben Sie in eigenen Worten die Begriffe „multioptionaler Erlebniskonsument", „Wertepluralismus" und „Werterelativismus". (M 7, M 8)

Ⓗ zu Aufgabe 1
Beziehen Sie Ihre eigenen Erfahrungen (Erziehung, Umgangsformen, etc.) in Ihre Erklärung mit ein.

1.3.3 Technische Entwicklungen als Motor des gesellschaftlichen Wandels

M 9 ● Digitale Revolution?

Karikatur: Martin Guhl

Es ist ein Paradox: Nie zuvor in der Geschichte gab es mehr Informationen, nie zuvor hatten mehr Menschen rund um die Erde günstiger und müheloser Zugang zu
5 Wissen, Bildung und Kommunikation. Ein Traum wurde Wirklichkeit. Von einem „riesigen dynamischen Ökosystem des Wissens" schwärmt Wikipedia-Gründer Jimmy Wales. „Wer braucht noch ein Gedächtnis,
10 wo es doch Google gibt?", jubelt das Fachblatt „Wired". Und fast alle können daran teilhaben: 65 Prozent der Deutschen ab 14 Jahren sind online, vor zehn Jahren waren es rund 10 Prozent. Weltweit ist die Zahl der
15 Internet-Nutzer auf etwa 1,4 Milliarden gestiegen – noch nie hat sich ein Massenmedium so schnell ausgebreitet. Dank preisgünstiger Flatrates sind immer mehr Menschen ständig online, dank Blackberry
20 und iPhone müssen sie auch außerhalb ihrer vier Wände nicht aufs Netz verzichten. [...] Wie kein anderes Medium hat das Internet nicht nur das Leben der Menschen verändert, seine Bedürfnisse und sein Verhalten, es hat auch die Wirtschaft umgekrempelt
25 und ganze Branchen, etwa die Musikindustrie, in Bedrängnis gebracht. Neue Giganten sind entstanden, allen voran das Suchmaschinenunternehmen Google, das den Markt für Online-Werbung dominiert und in immer neue Bereiche vordringt.
30 All diese Veränderungen vollziehen sich in einer Geschwindigkeit, die einzigartig ist. Sie bringen den Menschen so viele Vorteile, dass die nur langsam merken, dass es
35 auch Nachteile gibt. Das größte Problem des Internets ist die Kehrseite seines größten Vorteils – das Überangebot an Informationen. Suchmaschinen liefern zwar Millionen Treffer auf alle möglichen Fra-
40 gen und sortieren sie hierarchisch quasi nach ihrer Beliebtheit im Netz – sozusagen Relevanz durch Plebiszit. Kritische Vernunft jedoch hat Google in seinen Algorithmen noch nicht eingeführt. „In der In-
45 formationsgesellschaft denkt keiner mehr

nach. Wir erwarteten, dass wir Papier aus unserem Leben verbannen, stattdessen haben wir die Gedanken verbannt": [...] Wandel ist nichts Fremdes in der Kommunikationsgeschichte, ebenso wenig wie die Kritik daran. Jedes neue Medium sorgte irgendwo für schwere Bedenken, manchmal für Untergangsstimmung. Schon Sokrates regte sich über die neumodische Unsitte auf, Philosophie in Schriftform zu betreiben. Er war überzeugt, dass Weisheit nur im Dialog zu finden sei. [...] Mit dieser Haltung geht es quer durch die Jahrhunderte. Von Schriftrollen zum gebundenen Buch, von der Einführung des Papiers und zur Druckerpresse: Jedes Mal staunte die Menschheit, und oft erschrak sie auch in Sorge, dass etwas verlorengehen könnte. [...] Fotos, Telegraf, Telefon, Radio, Film, Fernsehen, Internet: Je rasanter der Wandel, desto größer, so scheint es, ist auch das Unbehagen. [...]

Der Wandel der Wissensgesellschaft im Zeitalter des Internets lässt sich besonders anschaulich in der Bibliothek der Harvard-Universität, der weltweit größten ihrer Art, beobachten. [...] Robert Darnton ist Direktor der Harvard-Bibliothek, er ist Experte für französische Aufklärung und die Geschichte des Buchs [...]. Die größte Erfindung der Menschheitsgeschichte, wichtiger noch als das Rad, ist für ihn die Einführung des Kodex – also des gebundenen Buchs – als Nachfolger der Schriftrolle. „Man kann darin blättern, nach vorn und nach hinten springen, ich finde es schwer zu glauben, dass diese Einrichtung verschwinden könnte", sagt er. [...] Tatsächlich aber summen in den Kellern von Widener Hall täglich die Scanner. Mehrere Dutzend Mitar-

beiter digitalisieren dort unten fortwährend jahrhundertealte Texte, historische Fotos und Zeichnungen. [...] Mehr als 15 Millionen Schriften lagern in seinen rund 90 Fachbibliotheken. Sie alle zu digitalisieren würde wahrscheinlich Jahrzehnte dauern. Nicht einmal Harvard, eine der finanziell am besten ausgestatteten Universitäten der Welt, kann das aus eigener Kraft schaffen. An dieser Stelle kommt Google ins Spiel. Mehrmals pro Woche fahren Mitarbeiter des Unternehmens in Harvard vor, um Bücher zu entleihen, in ihren ein paar Meilen entfernten Kopierbetrieb zu transportieren und sie dort zu digitalisieren. Und das machen sie nicht nur in Harvard, sondern auch in Stanford, Oxford, der Bayerischen Staatsbibliothek in München und einer wachsenden Zahl weiterer Institutionen. Die größte Buchsammlung der Menschheit soll so entstehen, von Aristoteles bis Goethe, Shakespeare und Oscar Wilde. Google Book Search hat großes Potential. Es könnte beide Seiten zusammenbringen, Web-Enthusiasten und Kulturkritiker, die den Untergang der Buchkultur befürchten. Wissen würde endgültig demokratisiert und überall auf der Welt jedem zur Verfügung stehen, der Zugang zum Internet hat. [...] Bibliothekare sehen noch eine ganz andere Gefahr: den Fortschritt der Speichermedien. Die Hälfte aller vor dem Zweiten Weltkrieg gedrehten Filme sind für immer verloren, auf Floppy Disks, Mikrofilm oder Kassetten gespeicherte Daten sind schon jetzt oft nur noch schwer auffindbar. Papier und Pergament dagegen haben sich über die Jahrhunderte hinweg gut gehalten.

Frank Hornig, Martin U. Müller, Susanne Weingarten, Die Daten-Sucht, www.spiegel.de, 11.8.2008

Aufgaben

1 Fassen Sie die wesentlichen Aussagen von M 9 strukturiert zusammen.

2 Beschreiben Sie den Einfluss der geschilderten Entwicklung auf die verschiedenen gesellschaftlichen Bereiche und wie dadurch der soziale Wandel befördert wird.

3 Diskutieren Sie die Vor- und Nachteile von Google Book Search.

4 Nehmen Sie Stellung zum Begriff „digitale Revolution". Ist er Ihrer Meinung nach berechtigt?

H zu Aufgabe 1
Unterteilen Sie M 9 in sinnvolle Abschnitte und geben Sie jedem Abschnitt eine passende Überschrift.

KOMPETENZEN AUSBILDEN

Texte strukturiert zusammenfassen (Analysekompetenz I)

A) Aufgabenstellung (vgl. S. 29, Aufgabe 1)

Thema	Wandel der Wissensgesellschaft sowie damit verbundene Chancen und Risiken.
Aufgabe	Fassen Sie die wesentlichen Aussagen des Textes strukturiert zusammen.
Operator	Zusammenfassen (AFB I-II): ausgehend von einem Einleitungssatz die wesentlichen Aussagen eines Textes in strukturierter und komprimierter Form unter Verwendung der Fachsprache herausstellen.

B) Hinweise zur Bearbeitung der Aufgabe

Verständnis der Aufgabe sichern

In der Zusammenfassung geht es darum, den Leser über wesentliche Inhalte eines Textes zu informieren. Der Operator zusammenfassen verlangt konkret ausgehend von einem Einleitungssatz die **wesentlichen Aussagen** eines Textes **komprimiert und strukturiert darzulegen**.

Vorbereitende Arbeitsschritte
- Gliedern Sie den Text in sinnvolle Abschnitte und geben Sie jedem Abschnitt eine passende Überschrift, die zentrale Inhalte wiedergibt (vgl. H in Randspalte, S. 29).
- Überlegen Sie auch für jeden Abschnitt, welche Funktion dieser hat, um die (Argumentations-)Struktur des Textes zu erfassen (z.B. Formulierung der Fragestellung, Argument, Einschränkung, Kritik, Veranschaulichung, Fazit, Forderung, ...).
- Benennen Sie nun das zentrale Thema des Textes.

Lösungsvorschlag

Zeilen	Zentrale Inhalte	Funktion des Abschnitts
Z. 1–31	• Immer mehr Menschen hätten dank des Internets leichten und schnellen Zugang zu immer mehr Informationen. • Das Internet habe damit sowohl das Leben der Menschen als auch die Struktur der Wirtschaft verändert.	• Darstellung einer Entwicklung (,die von vielen positiv wahrgenommen wird) = Einführung in das Thema
Z. 32–49	• Die Entwicklung habe derart viele Vorteile, dass die durchaus vorhandenen Nachteile kaum bemerkt würden. • Größtes Problem des Internets sei das Überangebot der durch Suchmaschinen gelieferten Informationen, die jedoch nicht kritisch geprüft und durchdacht würden → Gefahr: Verlust des Denkens	• Kritik (an der ungefilterten Informationsflut und dem daraus resultierenden Verlust des Denkens)
Z. 49–68	•	•
...	•	•
Thema	**Wandel der Wissensgesellschaft und die damit verbundene Chancen und Risiken**	

<u>Die Zusammenfassung inhaltlich strukturieren und formulieren</u>

- Formulieren Sie einen Einleitungssatz: In dem (Textsorte) (Titel) von (Autor) aus dem Jahr (Erscheinungsjahr) geht es um … (Thema).
- Fassen Sie im Hauptteil wesentliche Inhalte der einzelnen Sinnabschnitte (häufig entsprechen diese den Absätzen des Textes) zusammen. Achten Sie dabei darauf
  - eigene Worte zu verwenden und nicht die Sprache des Textes zu übernehmen,
  - sachlich zu formulieren und umgangssprachliche Ausdrücke zu vermeiden,
  - im Präsens (bei Vorzeitigkeit im Perfekt) zu formulieren,
  - indirekte Rede und/oder den Konjunktiv (I) zu verwenden, um zu verdeutlichen, dass es sich um die Aussagen des Autors, nicht um Ihre Aussagen handelt,
  - treffende Formulierungen zu verwenden, um den Text gut zu strukturieren und Zusammenhänge zwischen einzelnen Sätzen oder Absätzen zu verdeutlichen. Nutzen Sie dafür gezielt treffende Konjunktionen (z.B. denn, weil, nachdem, bevor, folglich, …). Besonders hilfreich sind dabei sog. Redeverben, die die Funktion einer Aussage verdeutlichen, z.B.:

> Der Autor
> - wirft (im ersten Abschnitt die Frage) auf/ stellt die Frage,
> - problematisiert …
> - kritisiert …, behauptet, …
> - verdeutlicht seine Behauptung …/ führt seine Kritik genauer aus …
> - veranschaulicht seine Behauptung, indem …/ gibt Beispiele für …
> - kommt zu dem Schluss …/
> - appelliert/ fordert/
> - vertritt die Position
> (Vermeiden Sie die Formulierung: Der Autor sagt/ schreibt …)

Indirekte Rede, z.B.: Der Autor stellt fest, dass immer mehr Menschen Zugang zu Wissen und Bildung haben (Indikativ) oder hätten (Konjunktiv). **Konjunktiv:** Immer mehr Menschen hätten (Konjunktiv) Zugang zu Wissen und Bildung.

C) Lösungsvorschlag

In dem Artikel „Die Daten-Sucht" *(Titel)*, verfasst von Frank Hornig u.a. *(Autor)* und online erschienen 2008 auf der Internetseite „spiegel.de" *(Quelle)*, geht es um den Wandel der Wissensgesellschaft im Zuge des Internets und damit verbundene Chancen und Risiken *(Thema)*.

Im ersten Abschnitt stellt der Autor eine von vielen als sehr positiv wahrgenommene Entwicklung dar *(Funktion)*: Immer mehr Menschen hätten dank des Internets und seiner rasanten Verbreitung leichten und schnellen Zugang zu immer mehr Informationen. Dies habe nicht nur das Leben der Menschen, sondern auch die Struktur der Wirtschaft verändert, sodass neue dominante Unternehmen entstanden seien, wie z.B. das Suchmaschinenunternehmen google. *(Inhalte)*

Diese Entwicklung kritisiert der Autor im zweiten Abschnitt *(Funktion)*, da sie nicht nur Vorteile, sondern auch Gefahren mit sich bringe. Das größte Problem sieht er in dem durch die Suchmaschinen gelieferten Überangebot an Informationen, die jedoch nicht kritisch geprüft würden. Entsprechend konstatiert er vermindertes kritisches Nachdenken. *(Inhalte)*

[…]

1.3.4 Globale Entwicklungen

M 10 ● Atomkraft in Japan und in der Welt

Demonstranten fordern das Ende der Atomenergie. März 2011

Ein Kind bei einer Messung von radioaktiver Strahlung nach der Nuklearkatastrophe in Fukushima / Japan im März 2011

M 11 ● Terrorangriff auf das World-Trade-Center

Verstärkte Polizeipräsenz an öffentlich stark frequentierten Plätzen

Terror-Angriff auf die Twin-Towers in NY

M 12 ● Wirtschaftliche Globalisierung

Aktivisten der Occupy-Bewegung machen auf die negativen Auswirkungen der Globalisierung aufmerksam.

Warenhandel 2012 in Milliarden Dollar

→ interregionale Handelsströme (ab 50 Mrd. Dollar)
↻ intraregionaler Handel (innerhalb der jeweiligen Region)

Russland/GUS 149
Europa 4 383
Nordamerika 1 151
Nah-ost 116
Asien/Pazifik 3 012
Lateinamerika 202
Afrika 81

430 · 245 · 127 · 121 · 148 · 260 · 128 · 208 · 211 · 240 · 118 · 217 · 74 · 75 · 124 · 187 · 160 · 177 · 172 · 196

Quelle: World Trade Organization © Globus 6280

Wirtschaftliche Verflechtungen weltweit

M 13 ● Klimawandel

Kinder spielen auf einem Platz im Inselstaat Tuvalu, der vom Meerwasser überflutet wurde. Tuvalu liegt im Südwesten des Pazifischen Ozeans, östlich von Papua-Neuguinea. Der Inselstaat ist nur 26 Quadratkilometer groß und ragt durchschnittlich nur zwei Meter aus dem Wasser. Durch den steigenden Meeresspiegel, der auf den globalen Klimawandel zurückzuführen ist, kämpfen die Bewohner mit verseuchtem Trinkwasser, dem Ausfall von Ernten und Überschwemmungen.

1979

2006

Der globale Klimawandel führt zur Erderwärmung und damit zum Schmelzen der Gletscher und Pole.

Aufgaben

1. Die Materialien in M 10 – M 13 deuten auf globale Ereignisse, die von außen den Wandel der Sozialstruktur einer Gesellschaft verursachen und befördern können. Schildern Sie die jeweiligen zum Teil umstrittenen Hintergründe der Ereignisse und beurteilen Sie die entsprechenden Folgen für den gesellschaftlichen Wandel (national + international).

2. Suchen Sie vergleichbare globale Ereignisse und erklären deren jeweiliges Potenzial für gesellschaftliche Veränderungen.

F zu Aufgabe 1
Stellen Sie ein globales Ereignis aus M 10 – M 13 in einem Kurzreferat vor.

Von der Agrar- zur Informationsgesellschaft
M 1 – M 3

Waren im letzten Drittel des **19. Jh.** noch ca. 50% der Beschäftigten in der **Landwirtschaft** tätig, so sind es aktuell noch 1,6%. Umgekehrt proportional entwickelte sich die Beschäftigung im Informationssektor, indem **heutzutage** mehr als 50 % der Beschäftigten tätig sind. **(Informatisierung der Arbeitswelt)**

Die Modernisierungstheorie als ein Erklärungsversuch
M 4

Die **Modernisierungstheorie** verknüpft mittelfristige Entwicklungen mit langfristigen Tendenzen. Als Schlüsselbegriffe nennen ihre Verfechter auf einer sehr abstrakten Ebene u.a. folgende Dimensionen, die sich gegenseitig bedingen: **Differenzierung**: Die Gesellschaft versteht sich nicht mehr als homogenes Ganzes, sondern gliedert sich weiter auf. **Rationalisierung**: Denken und Handeln orientieren sich an Berechenbarkeit mit dem Ziel höherer Effizienz und Beherrschbarkeit der Welt. **Individualisierung**: Der Einzelne kann sich zunehmend aus den traditionellen sozialen Einheiten und aus herkömmlichen Erwartungen lösen. **Domestizierung**: Der Mensch kann sich immer mehr den biologischen und natürlichen Bedingungen und Begrenzungen entziehen und versucht, sie selbst zu beeinflussen.

Ursachen und Einflussfaktoren für den sozialen Wandel
M 10 – M 13

Naturkatastrophen

Durch die globale und digitale Vernetzung aller Länder der Erde bleiben Ereignisse und Entwicklungen in einem Land nicht unbemerkt. So treffen auch Naturkatastrophen nicht nur das jeweilige Land, sondern auch andere Länder und Staaten, die auf irgendeine Art und Weise (wirtschaftlich, sozial, kulturell, historisch, …) mit dem Land und dem Schicksal der Menschen dort verbunden sind.

Terrorismus

Terroristische Gruppierungen können ob ihrer weltweiten Vernetzung und Aktivitäten überall terroristische Anschläge planen und durchführen. Darauf müssen alle Länder dieser Erde reagieren. Die Konsequenz daraus ist ein permanentes Ausloten zwischen unnötigen Übergriffen und nötigen Einschränkungen des Staates auf die Freiheiten der Zivilbevölkerung.

Globalisierung und Wirtschaftkrisen

Die Vorteile der Globalisierung sind mehr als offensichtlich: Wir haben jederzeit Zugriff auf Produkte aus aller Welt und das zu meist erschwinglichen Preisen. Aber auch die Nachteile dieser Entwicklung, z.B. die wirtschaftlichen Probleme eines Landes, bleiben in der Regel nicht vor Ort, sondern haben das Potenzial, ganze Erdteile zu betreffen.

Klimawandel

Seit der Mitte des 19. Jahrhunderts wird ein Anstieg der Jahresdurchschnittstemperatur in der erdnahen Atmosphäre und den Weltmeeren verzeichnet. Als Folgen werden das Schmelzen der Gletscher und Pole, der steigende Meeresspiegel, eine Verschiebung von Klima- und Vegetationszonen und die Veränderung der Lebensräume für Menschen und Tiere angesehen. Dazu kommen Wetterextreme wie Überschwemmungen, Hitze- und Dürreperioden. Experten gehen davon aus, dass es in den kommenden Jahren zum deutlichen Anstieg der klimabedingten Migration kommen wird. 2014 gewährte der Staat Neuseeland erstmals „Klima-Asyl" und erkannte die Klimaveränderungen somit als Ursache für Asyl an.

„Die Jugend von heute … !?

… interessiert sich nicht für Politik und will nur Spaß zu haben."

… engagiert sich nicht, für nichts und niemanden."

… ist verwöhnt und denkt nur ans Geldausgeben."

… kümmert sich nicht um die ältere Generation."

Wertorientierungen: Pragmatisch, aber nicht angepasst
Jugendliche im Alter von 12 bis 25 Jahren (Angaben in %) erachten es als wichtig, …

	2010	2002
Gute Freunde haben	97	95
Gutes Familienleben führen	92	85
Eigenverantwortlich leben und handeln	90	85
Phantasie und Kreativität entwickeln	79	83
Fleißig und ehrgeizig sein	83	76
Das Leben in vollen Zügen genießen	78	72
Hohen Lebensstandard haben	69	63
Eigene Bedürfnisse durchsetzen	55	59
Sozial Benachteiligten helfen	58	55
An Gott glauben	37	38
Das tun, was die anderen auch tun	14	16

Quelle: 16. Shell Jugendstudie, Stand: 2010

Aufgaben

1 Die Äußerungen zur „Jugend von heute" werden von Generation zu Generation weiter getragen und bringen scheinbar die Werthaltung der jeweiligen Jugend zum Ausdruck. Klären Sie, inwieweit diese Äußerungen berechtigt sind.

2 Finden Sie Erklärungsansätze für auffällige Entwicklungen, die in der Grafik sichtbar werden.

3 In einer Studie des Forums Demographischer Wandel und der Bertelsmann Stiftung im Jahre 2009 zum Thema „Der demographische Wandel als gesellschaftliche Herausforderung" wurde von den interviewten Bundesbürgern beginnend mit den 1980er Jahren und verstärkt in den 1990ern bis heute ein „drastischer Werteverfall" festgestellt. Halten Sie diese Feststellung für gerechtfertigt?

1.4   Soziale Ungleichheit: Rückt die Gesellschaft auseinander?

Basiskonzept	Kategorie	Leitfragen
Wandel	Gewordenheit Transformation Instabilitäten	· Was ist soziale Ungleichheit? · Welche Formen sozialer Ungleichheit gibt es? · Wann gilt jemand als arm?

1.4.1   Was versteht man unter sozialer Ungleichheit?

M 1 ● Gleich, ungleich oder anders?

M 2 ● Wie wird aus Ungleichheit soziale Ungleichheit?

Als **gesellschaftlich relevante Ressourcen** gelten heutzutage materielle Ressourcen wie das Einkommen, aber auch nichtmaterielle wie Bildung, problemloser Zugang zu gesundheitlicher Versorgung, ein gesundes Wohn- und Arbeitsumfeld usw.

Geht man davon aus, dass spezifische Kombinationen aus Aussehen, Wesenszügen, Interessen etc. je einzigartige Individuen ausmachen, dann sind zunächst ein-
5 mal alle Menschen ungleich. Im nächsten Schritt sind Gruppen mit z. B. ähnlichen Interessen und Werten denkbar, bei denen bestimmte andere Merkmale eher untypisch sind. Beispielsweise schauen regel-
10 mäßige Opernbesucher vielleicht eher nicht actionreiche Vorabendserien. Hier kommt bereits ein soziales Moment von Zugehörigkeit und Abgrenzung hinein: Es gibt Menschen, die sich in diesen Hinsichten
15 ähnlich sind und mit denen man wahr-
scheinlicher in (näheren) Kontakt kommt als mit anderen. Dennoch wäre in diesem Szenario noch keine soziale Ungleichheit im soziologischen Sinne gegeben, wenn die Unterschiedlichkeit keinerlei hierarchi-
20 sche Bedeutung hätte. Soziale Ungleichheit liegt dann vor, wenn die Unterschiede mit relativ stabiler Besser- oder Schlechterstellung verbunden sind, wenn es verschiedene Möglichkeiten der Teilhabe an Gesell-
25 schaft und der Verfügung über gesellschaftlich relevante Ressourcen [...] gibt.

Nicole Burzan, Soziale Ungleichheiten. Klassen und Schichten, in: Steffen Mau / Nadine M. Schöneck (Hg.), Handwörterbuch zur Gesellschaft Deutschlands, Bonn 2014, S. 774

M 3 ● Formen sozialer Ungleichheit

„Verteilungsungleichheit" meint die ungleiche Verteilung einer wertvollen Ressource (z.B. des Einkommens) bzw. einer (un-)vorteilhaften Lebensbedingung innerhalb der Bevölkerung insgesamt. Mit „Chancenungleichheit" bezeichnet man die ungleichen Möglichkeiten bestimmter Bevölkerungsgruppen (zum Beispiel von Frauen oder Migranten), an vorteilhafte oder nachteilige Stellen innerhalb solcher Verteilungen zu gelangen (zum Beispiel höhere Einkommen zu erzielen). Chancenungleichheiten und Verteilungsungleichheiten verändern sich häufig unabhängig voneinander. So ist zum Beispiel die Verteilung der Einkommen in Deutschland in letzter Zeit ungleicher geworden. Die Einkommenschancen von Frauen haben sich dagegen denen der Männer angeglichen. In vielen Fällen bergen Chancenungleichheiten, so die geringen Bildungschancen von Migrantenkindern oder die schlechten Aufstiegschancen von Frauen, mindestens so viel gesellschaftspolitischen Zündstoff wie Verteilungsungleichheiten, wie etwa wachsende Armut und zunehmender Reichtum.

Chancenungleichheiten bestehen insbesondere zwischen: Bildungs- und Berufsgruppen, Familien und kinderlosen Haushalten, Bewohnern unterschiedlicher Regionen, den Geschlechtern, Altersgruppen und ethnischen Gruppierungen. Damit sind zugleich die wichtigsten Determinanten sozialer Ungleichheit benannt. Einige von ihnen sind individuell erworben, andere gesellschaftlich zugeschrieben: Bildungsgrade, Berufe, Familien- und Lebensformen sind für die Einzelnen mehr oder minder frei wählbar. Das Geschlecht, das Alter, soziale Herkunft oder die ethnische Zugehörigkeit sind für die Einzelnen in der Regel nicht veränderbar. Darauf beruhende Chancenungleichheiten (beispielsweise die Benachteiligung von Frauen) gelten in modernen Gesellschaften als illegitim und werden stark kritisiert.

Stefan Hradil, Soziale Ungleichheit, in: Ders. (Hg.),
Deutsche Verhältnisse. Eine Sozialkunde, Bonn 2012

M 4 ● Vermögensverteilung in Deutschland: Reiche werden reicher, Arme werden mehr

In keinem anderen Euro-Land ist das Vermögen so ungleich verteilt wie in Deutschland. Die Schere zwischen denen, die viel Geld besitzen und denen, die gar keines haben, wird dabei immer größer, wie die […] Erhebung des Deutschen Instituts für Wirtschaftsforschung (DIW) zeigt. Das reichste Prozent der Bevölkerung besitzt demnach ein persönliches Vermögen im Wert von mindestens 800.000 Euro. Dagegen verfügt gut ein Fünftel aller Erwachsenen über gar kein Vermögen. Bei rund sieben Prozent seien die Schulden größer als der Besitz.

Studienautor Markus Grabka geht davon aus, dass seine Ergebnisse dabei nur einen Teil der Realität abbilden. Die Wirklichkeit sehe noch verheerender aus, sagt er. Man müsse davon ausgehen, dass die Stichprobe das Ausmaß der Vermögensungleichheit unterschätzt, weil ganz besonders Vermögende wie Multimillionäre oder Milliardäre fehlten. Der sogenannte Gini-Koeffizient […] liegt in Deutschland bei 0,78. […] Zum Vergleich: In Frankreich liegt der Wert bei 0,68, in Italien bei 0,61.

Drastisch ist es für Arbeitslose bergab gegangen. Lag das durchschnittliche Nettovermögen 2002 noch bei etwa 30.000 Euro, sind es zehn Jahre später nur noch 18.000 Euro. „Das ist die einzige soziale Gruppe, die in den letzten zehn Jahren signifikant Vermögen eingebüßt hat", sagt Grabka, der die Ursache in den Hartz-IV-

Gini-Koeffizient

Nach dem italienischen Statistiker Corrado Gini benannt ist der „Gini-Koeffizient" eine statistische Maßzahl, mit der sich die Einkommenskonzentration in einer Zahl zwischen 1 und 0 ausdrücken lässt. Je höher der Wert, desto größer ist die Vermögenungleichheit. Liegt der Gini-Koeffizient bei null, so haben alle Menschen das gleiche Vermögen. Wenn er allerdings bei eins liegt, so besitzt der reichste Mensch im Land alles.

35 Gesetzen sieht. Bevor Arbeitslosengeld II ausgezahlt wird, muss in Deutschland der größte Teil des privaten Vermögens aufgebraucht sein. Die Folge: Fast zwei Drittel der Menschen ohne Arbeit hatten im Jahr 40 2012 unter dem Strich kein Vermögen oder sogar Schulden.

Der Paritätische Wohlfahrtsverband warnte vor einer Gefährdung des sozialen Friedens in Deutschland. „Die Vermögensschere in 45 Deutschland ist nicht nur ungerecht und unsozial, sondern geradezu obszön", sagte Hauptgeschäftsführer Ulrich Schneider. Die Reichen würden immer reicher und die Armen immer mehr. Er forderte die Bundesregierung zu einem rigorosen steuerpo- 50 litischen Kurswechsel auf. „Die große Koalition darf die Augen vor der drastischen Vermögensungleichheit in der Bundesrepublik nicht länger verschließen.

dpa, sdo, www.zeit.de, 24.4.2014

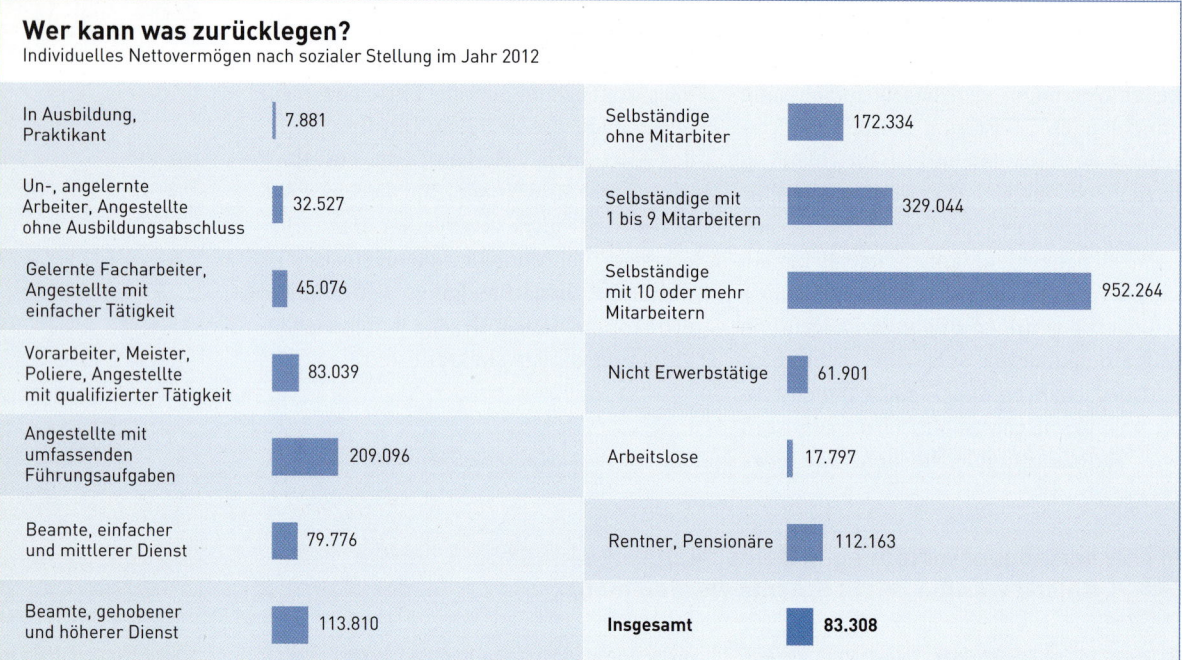

Wer kann was zurücklegen?
Individuelles Nettovermögen nach sozialer Stellung im Jahr 2012

In Ausbildung, Praktikant	7.881	Selbständige ohne Mitarbiter	172.334
Un-, angelernte Arbeiter, Angestellte ohne Ausbildungsabschluss	32.527	Selbständige mit 1 bis 9 Mitarbeitern	329.044
Gelernte Facharbeiter, Angestellte mit einfacher Tätigkeit	45.076	Selbständige mit 10 oder mehr Mitarbeitern	952.264
Vorarbeiter, Meister, Poliere, Angestellte mit qualifizierter Tätigkeit	83.039	Nicht Erwerbstätige	61.901
Angestellte mit umfassenden Führungsaufgaben	209.096	Arbeitslose	17.797
Beamte, einfacher und mittlerer Dienst	79.776	Rentner, Pensionäre	112.163
Beamte, gehobener und höherer Dienst	113.810	**Insgesamt**	**83.308**

Autorengrafik, Zahlen nach: DIW Wochenbericht Vermögensverteilung, Heft 9, 2014, S. 161

Aufgaben

❶ Erläutern Sie den Unterschied zwischen Ungleichheit und sozialer Ungleichheit. (M 1, M 2)

❷ Die Möglichkeiten an der Gesellschaft teilhaben bzw. über Ressourcen verfügen zu können, fallen je nach Zeitpunkt und Gesellschaft unterschiedlich aus. Erläutern Sie dies an (historischen) Beispielen.

❸ Erklären Sie die Begriffe Chancen- und Verteilungsungleichheit. (M 3)

❹ Diskutieren Sie, ob soziale Ungleichheit mit Ungerechtigkeit gleichgesetzt werden kann. (M 3)

❺ Erörtern Sie, inwiefern man in Deutschland von Verteilungsungleichheit ausgehen kann. (M 3, M 4)

❻ Der Artikel M 4 hat auf ZEIT Online ein großes Echo hervorgerufen. Recherchieren Sie einige der Kommentare und verfassen Sie einen eigenen Blogeintrag.

1.4.2 Armut in der Wohlstandsgesellschaft – eine Dimension sozialer Ungleichheit

M 5 ● Armut in Deutschland

Karikatur: Klaus Stuttmann, 2014

M 6 ● Absolute und relative Armut

Dass Ungleichheit nicht nur eine Frage der objektiven Höhe des Einkommens und der Lebensumstände ist, sondern auch des Vergleichs und der Bewertung, zeigt sich 5 besonders deutlich an der Schwierigkeit, die Grenzen zur Armut zu bestimmen. Arm ist sicherlich jemand, der nicht genug zu essen oder kein Dach über dem Kopf hat. Aber Armut ist auch davon abhängig, ab 10 wann man in der Gesellschaft, in der man lebt, als arm gilt.

In manchen Gesellschaften mag man sich nicht mehr arm fühlen, sobald man eine eigene Lehmhütte mit zwei Zimmern, ei-15 nen gut funktionierenden Brunnen, eine kleine Herde Ziegen und eine Grundschule im Dorf besitzt. In einer anderen Gesell-schaft lebt man am unteren Rand, wenn man über kein Auto verfügt, die Kinder ge-brauchte Kleidung tragen müssen und kein 20 elektronisches Spielzeug geschenkt be-kommen. Wo Armut beginnt, hängt also vom Wohlstand der umgebenden Gesell-schaft ab: Armut beginnt, wenn man nicht am üblichen sozialen Leben teilnehmen 25 kann. Man hungert zwar nicht, hat aber kein Geld, um soziale Kontakte zu pflegen. Dabei ist besonders zu bedenken, dass in modernen Gesellschaften praktisch alle so-zialen Kontakte und Aktivitäten, ob Inter-30 net, Kino, Sport oder Kneipe, mit finanziel-len Aufwendungen verbunden sind.

Thomas Schwietring: Was ist Gesellschaft? Einführung in soziologische Grundbegriffe, Bonn 2011, S. 191 f.

Jemand gilt als **absolut arm**, wenn er am physischen Existenzmi-nimum lebt. Die Weltbank legt dieses bei einem Einkommen von weniger als einem Dollar pro Tag an.

Relativ arm ist, wer am Rand des soziokulturel-len Existenzminimums lebt, also in seiner Teilhabe an den materiellen, kulturellen und sozialen Möglich-keiten der Gesellschaft stark eingeschränkt ist.

M 7 ● Wie lassen sich Armut und Reichtum messen?

Ausgangspunkt der Messung von Ungleichheit, Armut und Reichtum ist damit das verfügbare Jahreseinkommen eines Haushaltes. Dabei handelt es sich um das 5 Einkommen, über welches ein Haushalt nach Abzug von Steuern und Sozialabgaben und zuzüglich aller öffentlichen und privaten Transfers verfügt. Insofern die Datenlage es zulässt, wird außerdem der 10 geschätzte Mietwert selbst genutzten Wohneigentums hinzuaddiert. Anschließend wurden die verfügbaren Haushaltseinkommen [...] bedarfsgewichtet, um Haushalte unterschiedlicher Größe und Al- 15 tersstruktur auf einen gemeinsamen Nenner zu bringen. [Dazu] weist [man] der ersten erwachsenen Person in dem Haushalt den Wert 1 zu. Jede weitere Person ab 14 Jahren erhält ein Bedarfsgewicht von 0,5, 20 um die Vorteile des gemeinsamen Wirtschaftens zu berücksichtigen. Bei Kindern

unter 14 Jahren wird ein geringerer Bedarf angenommen, weshalb ihnen ein Gewicht von 0,3 zugedacht wird. Die bedarfsgewichteten verfügbaren Pro-Kopf-Einkom- 25 men (Äquivalenzeinkommen) erhält man, indem das verfügbare Jahreseinkommen des Haushaltes durch die Summe der Bedarfsgewichte geteilt wird. Bei einem Haushalt, der aus zwei Erwachsenen und 30 zwei Kindern unter 14 Jahren besteht und über ein verfügbares Einkommen von 2.100 EUR verfügt, beträgt das bedarfsgewichtete Einkommen also 1.000 EUR. Dieses Äquivalenzeinkommen, welches allen 35 weiteren Analysen zugrunde liegt, wird jeder einzelnen Person im Haushalt zugewiesen.

Dorothes Spannagel, Eric Seils, Armut in Deutschland wächst –Reichtum auch. WSI-Verteilungsbericht 2014, in: WSI-Mitteilungen 8/2014, S. 211

M 8 ● Entwicklung der relativen Einkommensarmut (60% des Äquivalenzeinkommens)

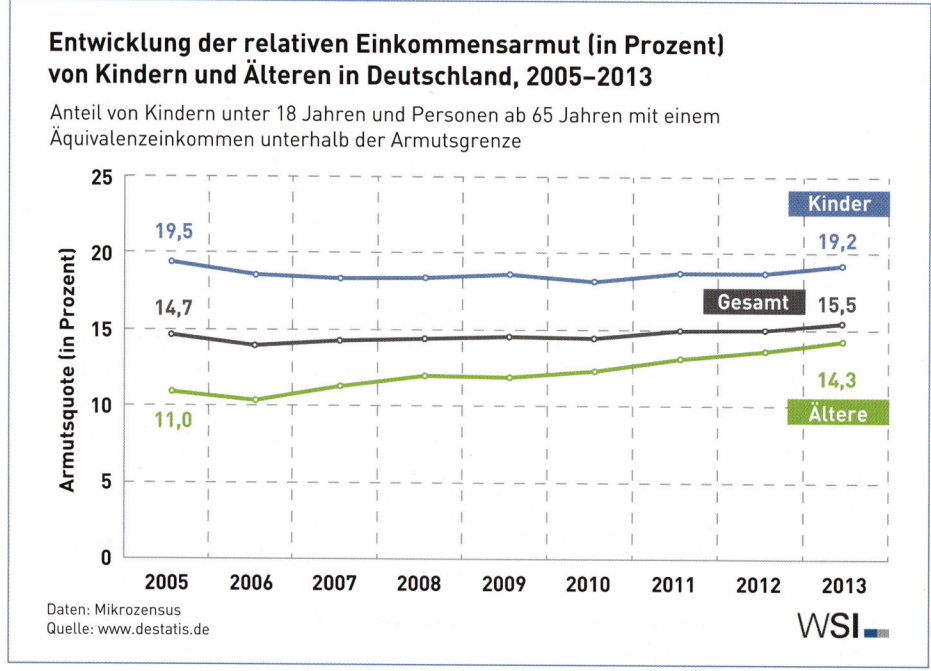

Entwicklung der relativen Einkommensarmut (in Prozent) von Kindern und Älteren in Deutschland, 2005–2013

Anteil von Kindern unter 18 Jahren und Personen ab 65 Jahren mit einem Äquivalenzeinkommen unterhalb der Armutsgrenze

Daten: Mikrozensus
Quelle: www.destatis.de

WSI

Medianeinkommen

Neben dem Äquivalenzeinkommen kann man auch das Medianeinkommen (mittleres Einkommen) als Grundlage zur Berechnung heranziehen. Es ist das Einkommen derjenigen Person, die genau in der Mitte stünde, wenn sich alle Personen in Deutschland mit ihren Einkommen in einer Reihe aufstellen würden. Personen auf der einen Seite dieser mittleren Person würden mehr als das Medianeinkommen dieser Person verdienen; Personen auf der anderen Seite würden weniger als das Medianeinkommen dieser Person verdienen. In den EU-Staaten gelten 60% des Medianeinkommens als Armutsgrenze. 2012 lag das jährliche Medianeinkommen in Deutschland bei 19.595 Euro (netto).

Als armutsgefährdet gilt in Deutschland, wer weniger als 60% des Äquivalenzeinkommens hat.

M 9 ● Auswirkungen der Armut auf Kinder und Jugendliche

Nach: Hock/Holz/Wüstendörfer 2000, www.caritas.de

M 10 ● Wer ist besonders armutsgefährdet?

Nach: Informationen zur politischen Bildung, Sozialer Wandel in Deutschland, 2014, S. 35

Aufgaben

1. Interpretieren Sie die Karikatur. (M 5)

2. Wann ist Ihrer Meinung nach ein Mensch arm? Orientieren Sie sich dazu an den in der Karikatur abgebildeten Typen: Eine Frau mit Kind mittleren Alters, ein Mann mittleren Alters usw. (M 6, M 7)

3. Erklären Sie, weshalb Armut auch immer eine stark subjektive Komponente hat: Weshalb kann sich von zwei Menschen mit gleich niedrigem Einkommen einer arm fühlen, der andere hingegen nicht. (M 7)

4. Analysieren Sie die Entwicklung der Armut und stellen Sie Hypothesen auf, weshalb Kinder und Ältere von der Armut besonders betroffen sind.

5. Erläutern Sie die unmittelbaren und die langfristigen Auswirkungen von Armut am Beispiel der Kinderarmut. (M 9, M 10)

6. Diskutieren Sie, inwieweit die Überschrift dieses Kapitels berechtigt ist.

METHODE

Statistiken analysieren

Darstellungsformen

Eine Statistik ist die systematische Sammlung und Ordnung von Informationen in Form von Zahlen. Diese Zahlen werden entweder in Tabellen oder optisch aufbereitet als Diagramme und Schaubilder ausgewertet und dargestellt. Es gibt verschiedene Arten von Diagrammen, die für unterschiedliche Zwecke geeignet sind:

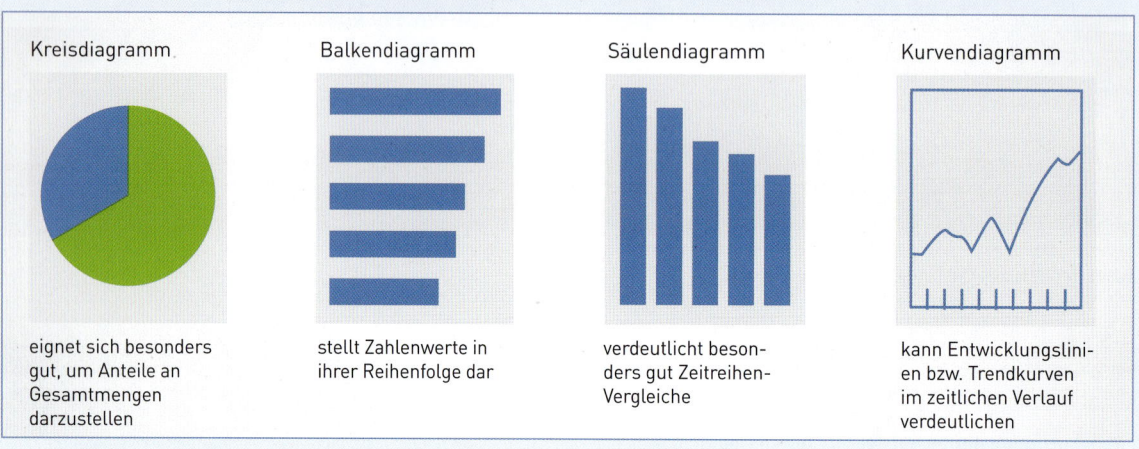

Kreisdiagramm

eignet sich besonders gut, um Anteile an Gesamtmengen darzustellen

Balkendiagramm

stellt Zahlenwerte in ihrer Reihenfolge dar

Säulendiagramm

verdeutlicht besonders gut Zeitreihen-Vergleiche

Kurvendiagramm

kann Entwicklungslinien bzw. Trendkurven im zeitlichen Verlauf verdeutlichen

Schema der vier gebräuchlichsten Diagrammformen

Schritte zur Analyse von Diagrammen:

1. Einordnen und Beschreiben
- Wer hat in wessen Auftrag die Statistik erstellt?
- Wie wurden die Werte ermittelt?
- Ist die Erhebung repräsentativ?
- Welches Thema wird behandelt (Diagrammüber- oder -unterschrift)?
- Was wird in Beziehung zueinander gesetzt?
- Müssen Begriffe geklärt werden?
- Welche Kriterien des Vergleichs werden verwendet?
- Welche Hinweise erhalten Sie aus der Form der Darstellung (Kreis-, Säulendiagramm etc.)?
- Welche Zahlenarten werden verwendet (absolut/relativ, Prozent- oder Indexzahlen)?
- Wie genau sind die Zahlenwerte (gerundet, geschätzt, vorläufig, „k.A." = „keine Angabe", d.h. Zahlen sind nicht verfügbar)?
- Auf welchen Zeitraum bezieht sich die Statistik? (Achten Sie hier nicht nur auf die dargestellten Zeiträume, sondern auch auf den Zeitpunkt der Diagrammerstellung!)
- Wie sind die Achsen eingeteilt (Zeitsprünge, Maßeinheiten, Verzerrungen durch ungeeignete Gruppenbildung u. a.)?

2. Deuten
- Benennen Sie Minimal- und Maximalwerte.
- Beschreiben Sie Häufigkeitsverteilungen und zeitliche Entwicklungen (gleichmäßig, sprunghaft).
- Werden Verlaufsphasen deutlich (Zu- und Abnahme, Stagnation)?
- Prüfen Sie, ob sich die dargestellten Zahlen vergleichen lassen.
- Zeigen Sie Zusammenhänge auf.
- Leiten Sie Entwicklungstendenzen und Arbeitshypothesen ab.

3. Bewerten
- Ist eine Vergleichbarkeit mit anderen Materialien möglich?
- Entspricht das statistische Material dem unterstellten Aussagewert?
- Ist die gewählte grafische Darstellung geeignet?
- Wurden bei relativen Zahlenangaben die Bezugswerte genannt?

METHODE

Beispielhafte Analyse

1 Beschreibung (Überschrift): Das Diagramm stellt die Entwicklung der Einkommensverteilung anhand des Gini-Koeffizienten und der Armutsrisikoquote in Deutschland im Zeitraum von 1984 bis 2010 dar. Die Angaben erfolgen in Prozent.

2 Beschreibung (Diagramm): Dargestellt wird die Entwicklung in zwei Kurven. Im Kurvendiagramm sind auf der Horizontalen die Jahre von 1984 bis 2010 abgetragen, die linke Vertikale gibt die Werte für den Gini-Koeffizienten zwischen 0,22 und 0,30 an, die rechte Vertikale zeigt mit Zahlen zwischen 8 und 16 die Prozentpunkte für die Armutsrisikoquote an.

Entwicklung des Gini-Koeffizienten und der Armutsrisikoquote in Deutschland

in Prozent

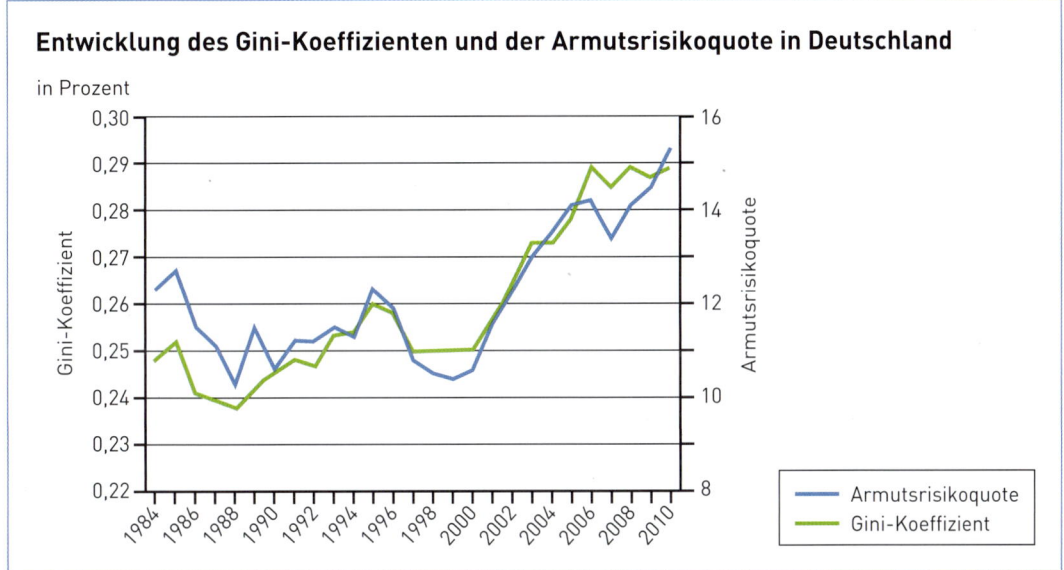

Quelle: SOEPv27, Personen in Privathaushalten, ab 1992 Deutschland insgesamt, retrospektiv erhobene verfügbare Haushaltseinkommen des Vorjahres inklusive dem Mietwert selbstgenutzten Wohneigentums bedarfsgewichtet mit der modifizierten OECD-Äquivalenzskala.

3 Beschreibung (Quelle): Die Daten beziehen sich auf den Datensatz SOEPv27. Neben dem Gini-Koeffizienten wird auch die Armutsrisikoquote, die angibt, wie viel Prozent der Menschen weniger als 60% des Medians der bedarfsgewichteten Haushaltsnettoeinkommen haben, ausgewiesen.

4 Hintergrundrecherche: Hinter der Abkürzung verbirgt sich die Datenerhebung des sogenannten „Sozio-ökonomischen Panels 27", die vom Deutschen Institut für Wirtschaftsforschung (DIW) in Berlin regelmäßig veröffentlicht wird. Das SOEP ist eine repräsentative Wiederholungsbefragung von über 12.000 Privathaushalten. Die Befragung wird jährlich immer bei denselben Personen und Familien („Panel") durchgeführt, die dazu zufällig ausgewählt wurden.

5 Bewertung: Beide Indikatoren verdeutlichen, dass die „Schere zwischen Arm und Reich" in Deutschland auseinander gegangen ist. Die Wahl der Indikatoren und auch die Form der Darstellung machen dies auf besondere Weise deutlich.

6 Beschreibung und Deutung (Kurvenverlauf): Mitte der 1980er Jahre lag der Wert der Armutsrisikoquote bei wenig mehr als 12%, zur Beginn der 1990er Jahre, zur Zeit der Wiedervereinigung, sank er sogar auf rund 11%, um in der Mitte der 1990er Jahre wieder auf mehr als 12% anzusteigen. Ursächlich dürfte hier die deutliche Verschlechterung der wirtschaftlichen Lage nach der Wiedervereinigung sein. Danach reduzierte sich das Armutsrisiko auf etwas mehr als 10%. Seit der Jahrtausendwende nimmt das Armutsrisiko aber wieder deutlich zu und lag 2010 schließlich bei mehr als 15%.

Die Entwicklung des Gini-Koeffizienten macht deutlich, dass die Ungleichheit der verfügbaren Haushaltseinkommen zwischen 1984 und der Jahrtausendwende nur um 0,02 Punkte schwankte und damit relativ stabil war. Seither nimmt die Ungleichheit deutlich zu. 2010 erreicht der Gini-Koeffizient mit knapp 0,29 einen bisherigen Höchststand.

Beide Verläufe lassen sich in zwei Phasen unterteilen: Eine Phase relativer Stabilität bis zur Jahrtausendwende und eine Phase der deutlichen Zunahme des Armutsrisikos bzw. der Ungleichheit nach der Jahrtausendwende, die durch die relativ gute Konjunktur kurz vor der Finanzmarktkrise kurz unterbrochen wurde.

Ungleichheit
M 1, M 2

Auch wenn alle Menschen gleich sind, leben sie dennoch unter sehr ungleichen Umständen. Deshalb ist Ungleichheit auch ein **Strukturmerkmal von Gesellschaft**. Ungleichheit wird aber individuell erfahren. Ungleichheit wird zu **sozialer Ungleichheit,** wenn damit eine **Besser- oder Schlechterstellung** und die **unterschiedliche Teilhabe an der Gesellschaft** verbunden ist.

Soziale Ungleichheit
M 3, M 4

Die Soziologen haben sich auf keine einheitliche Definition von sozialer Ungleichheit einigen können. Soziale Ungleichheit ist eine Frage der Verteilung von wertvollen Gütern (Ressourcen), worunter man in modernen Gesellschaften Vermögen, Bildung und auch die Möglichkeit zur Erwerbstätigkeit versteht, und Lebenschancen. Man unterscheidet unterschiedliche Formen sozialer Ungleichheit: **Verteilungsungleichheit** beschreibt die ungleiche Verteilung von wichtigen Ressourcen, also Vermögen oder auch Lebensbedingungen. **Chancenungleichheit** liegt dann vor, wenn bestimmte Gruppen innerhalb der Gesellschaft nicht dieselben Möglichkeiten haben die gleiche Stellung zu erlangen wie andere. Sie zeigt sich in vielen Bereichen der Gesellschaft. So besteht z. B. zwischen Bewohnern unterschiedlicher Regionen in Deutschland keine Chancengleichheit. Anders als in anderen modernen westlichen Gesellschaften sind die Vermögen in Deutschland sehr ungleich verteilt. Man spricht davon, dass sich die Schere zwischen Arm und Reich immer weiter öffnet, was sich letztlich ungünstig auf den Zusammenhalt der Gesellschaft auswirken könnte.

Armut und Reichtum
M 5 – M 10

Die Grenze zur Armut zu bestimmen, ist äußerst schwierig, da die objektive Höhe des Einkommens darüber wenig Aussagen zulässt. Entscheidend ist, ab wann man innerhalb der Gesellschaft, in der man lebt, als arm gilt. Deshalb unterscheidet man zwischen **absoluter und relativer Armut**. Armut ist in Deutschland immer relative Armut, die für die Betroffenen neben einem geringen Einkommen nur eine eingeschränkte Teilhabe am kulturellen und sozialen Leben bedeutet und in der Regel mit einem erhöhten Krankheitsrisiko und einer kürzeren Lebenserwartung verbunden ist. Als besonders armutsgefährdet gelten in Deutschland Arbeitslose und Einelternfamilien.

Sozial Schwächere haben weniger Einfluss bei Wahlen

Je prekärer die soziale Situation in einem Stadtviertel, desto niedriger die Wahlbeteiligung - das ist das Ergebnis einer Studie der Bertelsmann-Stiftung zur Bundestags-
5 wahl 2013. Arbeitslosigkeit und Bildungsstand spielen dabei eine große Rolle. Und das Gefälle zwischen den sozialen Schichten wächst.

Sozial Schwächere gehen weniger wählen
10 und haben somit unverhältnismäßig wenig Einfluss auf das Wahlergebnis. Das ist das Ergebnis einer Analyse der Bundestagswahl 2013 im Auftrag der Bertelsmann Stiftung [...]. Demnach kommen die 17
15 Millionen Nichtwähler überdurchschnittlich oft aus prekären Milieus, also Schichten mit hoher Arbeitslosigkeit und geringerer Bildung.

„Arbeitslosigkeit, Bildungsstand und Kauf-
20 kraft haben nachweislich maßgeblichen Einfluss auf die Wahlbeteiligung", sagte Jörg Dräger vom Stiftungsvorstand. Die Studie, erstellt von dem Politologen Armin Schäfer vom Max-Planck-Institut für Ge-
25 sellschaftsforschung und dem Meinungsforschungsinstitut infratest-dimap, bezeichnet die diesjährige Wahl daher als „sozial prekär".

Für die Studie analysierten die Forscher
30 das Wahlverhalten in 28 deutschen Großstädten und zusätzlich 640 Stimmbezirken, die repräsentativ für Deutschland sind und auch für die Prognosen am Wahltag genutzt wurden. Dabei wurde auch ermittelt,
35 wo die Nichtwähler wohnen. Das Ergebnis: „Je prekärer die soziale Situation in einem Stadtviertel, desto niedriger die Wahlbeteiligung."

In Köln ermittelten sie den größten Unterschied in der Wahlbeteiligung zwischen 40 den einzelnen Stadtvierteln. In Köln-Chorweiler gingen lediglich 42,5 Prozent der Bewohner wählen, in Köln-Hahnwald hingegen 88,7 Prozent. Hier zeigte sich auch der stärkste statistische Zusammenhang 45 zwischen Wahlbeteiligung und Arbeitslosigkeit: In Chorweiler beträgt die Arbeitslosenquote mehr als 19 Prozent, in Hahnwald liegt sie bei nur einem Prozent.

In den übrigen untersuchten Städten von 50 Aachen bis Wuppertal kommen die Forscher zu ähnlichen Ergebnissen - unabhängig davon ob in West- oder Ostdeutschland. Dabei ist die soziale Spaltung nicht nur ein Problem in Städten. Die Ergebnisse 55 der 640 analysierten Stimmbezirke zeigen, dass auch in den ländlichen Gebieten die Wahlbeteiligung stark an den Sozialstatus gekoppelt ist.

„Noch nie war das Gefälle in der Wahlbe- 60 teiligung so groß wie bei den beiden letzten Bundestagswahlen 2009 und 2013", sagte Dräger. Bei der Bundestagswahl 1998 lagen bundesweit die Stimmbezirke mit der jeweils höchsten und niedrigsten Beteili- 65 gung 19,1 Prozentpunkte auseinander. 2013 betrug diese Differenz bereits 29,5 Prozentpunkte. „Die Ungleichheit der Wahlbeteiligung hat sich in den vergangenen vier Jahrzehnten verdreifacht." 70

abr mit dpa Annette Berger, www.deutschlandradio-kultur.de,
12.12.2013

Aufgaben

1 Erarbeiten Sie die im Text vorgestellten Ergebnisse der Studie der Bertelsmann Stiftung.

2 Erklären Sie diese Entwicklung auf dem Hintergrund Ihrer Erkenntnisse aus diesem Kapitel.

3 Diskutieren Sie mögliche Folgen für die Demokratie, die sich aus den Ergebnissen ableiten lassen.

1.5   Strukturmodelle der Gesellschaft

Basiskonzept	Kategorie	Leitfragen
Wandel	Gewordenheit	· Welche Modelle zur Beschreibung der Gesellschaft gibt es?
		· Wie haben sich diese Modelle im Laufe der historischen Entwicklung verändert?

1.5.1   Gesellschaftsmodelle im Wandel der Zeit

M 1 ● Ein Gespräch, das so nie stattfand …

Klassenmodell

Entstanden in der
2. Hälfte des 19. Jh.;
Hauptvertreter:
Karl Marx;
Grundprinzip: Zwischen
besitzenden und
besitzlosen Klassen
entsteht ein Klassenkampf.

Schichtmodell

Entstanden in
den 1930ern;
Hauptvertreter:
Ralf Dahrendorf,
Rainer Geißler;
Grundprinzip: Einteilung der Gesellschaft
in vertikale Schichten,
je nach Einkommen,
Beruf, Prestige.

Soziale Milieus

Entstanden in den
1980ern;
Hauptvertreter: SINUS
Markt- und Sozialforschung GmbH
(Geschäftsführer:
Berthold Bodo Flaig);
Grundprinzip: Einteilung
der Gesellschaft nach
vertikalen und horizontalen (Werteorientierung, Interessen)
Merkmalen, ermittelt
in repräsentativen
Interviews.

Marx: Im Jahr 2011 setzte in einigen Städten rund um den Globus die „Occupy-Bewegung" ein. Meine Herren, das ist ein deutlicher Hinweis darauf, dass rund 130 Jahre
5 nach meinem Tod ein Klassenkampf vorherrscht, so wie ich ihn vorausgesagt habe.
Geißler: Nicht ganz, alter Freund. Sie erklärten in Ihrer **Klassentheorie** die soziale Ungleichheit mit der Stellung des Men
10 schen im Produktionssystem: Zwischen den *Produktionsmittelbesitzern*, den sogenannten Kapitalisten, und denen, die lediglich Ihre Arbeitsleistung anbieten können, den Arbeitern und *Proletariern*, sollte Ihrer
15 Prognose nach der Klassenkonflikt entstehen. Die heutigen Protestbewegungen richten sich aber nicht vornehmlich gegen Eigentümer von Firmen, sondern vor allem gegen Spitzenmanager und eine zu ban
20 ken- und wirtschaftsfreundliche Politik.
Flaig: Seit den 1970ern dominiert nämlich, anders als zu Ihrer Zeit, der tertiäre Sektor in Deutschland. Damit einher ging die Entwicklung, dass nicht mehr nur Besitz, sondern zunehmend auch Bildung und Wissen

Karl Marx
(1818-1883),
deutscher
Philosoph und
Gesellschaftstheoretiker; mit
Friedrich Engels
einflussreichster
Theoretiker des
Sozialismus /
Kommunismus
(Marxismus)

die Schlüssel zu Elitepositionen sind. 25
Geißler: Dem wird auch das **Modell der Sozialen Schichtung** gerecht, wonach der Beruf des Haushaltsvorstandes und damit verbunden Macht, Einkommen und Qualifikationen die soziale Stellung des Men 30
schen bestimmen. Zudem habe ich unter anderem mit dem Anbau an das „Dahrendorfsche Häuschen", in das die Bevölkerung mit Migrationshintergrund eingefügt wurde, auch noch die Faktoren „Prestige" 35
und „Mentalitäten" mitberücksichtigt.
Flaig: Hier muss ich einhaken, denn ich halte es für überholt, die soziale Stellung einer Familie zu stark am Beruf des Vaters zu messen. In Zeiten der Pluralisierung der 40
Lebens- und Familienformen müssen insgesamt die horizontalen Einteilungsmerkmale viel stärker gewichtet werden. Schauen wir uns mal exemplarisch zwei Milieus der sogenannten Unterschicht an: Sowohl 45
das traditionelle als auch das hedonistische Milieu würden demnach in einem klassischen Schichtmodell als Einheit gesehen werden. Deren Geschmäcker, Ver-

Rainer Geißler
(*1939), Soziologe
an der Universität
Siegen, entwickelte im Jahr
2000 in Anlehnung an Ralf
Dahrendorfs
Hausmodell von
1965 ein differenzierteres Modell
der sozialen
Schichtung der
westdeutschen
Gesellschaft.

haltensweisen, Freizeitgestaltung, Werteorientierung und Interessen sind allerdings so gegensätzlich, dass es dringend dieser Unterscheidung bedarf, um unsere heutige Gesellschaft beschreiben zu können.

Marx: Eine Erklärung für die gesellschaftlichen Entwicklungen liefern Sie allerdings kaum. Zudem sollte ein Modell die Gesellschaft doch auch anhand einiger weniger Kriterien vereinfacht darstellen, um sie untersuchen und vergleichen zu können. Können das Ihre Konzepte überhaupt noch erfüllen?

Flaig: Unsere heutige Gesellschaft ist so komplex geworden, dass sich dem auch die Theorie anpassen muss. Die vielen Überschneidungen sind dazu unbedingt notwendig. Gesamtgesellschaftliche Entwicklungen lassen sich aber ebenso auf einen Blick erkennen, wenn man die Milieustudien aus verschiedenen Jahren vergleicht. So zeigt unser Modell auch, dass die von Ihnen, Herr Marx, prognostizierte Verelendung der Arbeiterklasse nicht eingetreten, sondern im Gegenteil der gesamtgesellschaftliche Wohlstand gestiegen ist.

Marx: Dafür sind an die Stelle alter Dimensionen neue Formen von Ungleichheit getreten. Zwar besitzt heute jeder Jugendliche ein Handy, das heißt aber keinesfalls, dass es allen gleich gut geht und alle dieselben Chancen im Leben haben. Handy hin oder her: Früher oder später werden Lohnarbeiter immer abhängig sein von Kapitalisten, denn sie müssen ihre Arbeitskraft anbieten.

Geißler: Auch hier darf man nicht pauschalisieren. Durch den demografischen Wandel entsteht derzeit ein Fachkräftemangel, der vielleicht sogar dazu führt, dass die Arbeitgeber von manchen Arbeitnehmergruppen abhängig werden. Gut Ausgebildete könnten sich dann aussuchen, für wen sie tätig sein wollen. Prekär

würde die Situation dann allerdings für die Geringqualifizierten, da der Bedarf an Arbeitskräften hier sehr begrenzt sein wird, dieser Trend zeichnet sich bereits ab. Dazu trägt auch die Globalisierung bei.

Marx: Interessant, dass Sie die Globalisierung ansprechen. Sehen Sie gerade durch die moderne Internationalisierung meine These von der Zentralisierung der Verfügungsmacht bestätigt?

Flaig: Vermutlich haben Sie persönlich das im 19. Jahrhundert noch anders gemeint, aber wenn man die Innenstädte betrachtet, sieht man die Konzentration von Unternehmen ganz deutlich: Man gewinnt fast den Eindruck, Kaffee und Imbisse könnten nur von ein oder zwei Firmen produziert werden, egal, auf welchem Teil der Welt man ist, und überall finden sich in den Fußgängerzonen dieselben Geschäfte. Was allerdings noch nicht global vereinheitlicht wurde, ist der Lohn.

Marx: Da haben Sie Recht. Aber vielleicht überspringt Ihre Gesellschaft ja diese von mir als „Sozialismus" betitelte Phase und erreicht direkt die Endphase des Kommunismus, in der sich die Verteilung nach den jeweiligen Bedürfnissen bemisst und die Herrschaft von Menschen über Menschen obsolet geworden ist. Meine Herren, ich danke Ihnen für das Gespräch.

Berthold Bodo Flaig (*1948), Geschäftsführer des SINUS-Instituts in Heidelberg und Miterfinder der Sinus Milieus.

Aufgabe

Arbeiten Sie in Gruppen die verschiedenen Gesellschaftsmodelle aus dem Gespräch heraus. Positionieren Sie sich anschließend zu der Frage: Welches Modell beschreibt die heutige Gesellschaft am besten? (M 1)

1.5.2　Gesellschaftsmodelle im Vergleich

M 2 ● Klassenmodell nach Karl Marx

1. Die Lebenschancen, die ein Mensch im Vergleich zu denen anderer im Rahmen einer Gesellschaft hat, hängen von seiner Stellung im gesellschaftlichen Produktions- und Reproduktionsprozess ab.

2. Die Stellung ist insbesondere durch die Tatsache des Besitzes oder Nichtbesitzes von Produktionsmitteln bestimmt. [...] Die Nichtbesitzer (die Lohnarbeiter) geraten in wirtschaftliche Abhängigkeit von den Besitzern, weil sie ihre Arbeitsleistung an jene verkaufen müssen. Solange das Privateigentum an Produktionsmitteln nicht angetastet wird, verfügen die Besitzer über etwas, das die gesamte Gesellschaft benötigt und können sich dadurch vielfältige Rechte sichern sowie die Verteilung der Erträge des Produktionsprozesses zu ihren Gunsten beeinflussen.

3. Innerhalb des liberalistisch-kapitalistischen Wirtschaftssystems wirken Mechanismen, die zur Zentralisierung der Verfügungsmacht über Produktionsmittel, zur Konzentration der Unternehmen sowie zur Freisetzung von Arbeitskräften und zum Lohndruck führen. Dies bedeutet zunehmende Macht und Reichtum der Kapitalisten und zunehmende Verelendung der Lohnarbeiter.

4. Die Zusammenballung wirtschaftlicher und politischer Macht bei den Produktionsmittelbesitzern führt dazu, dass sich die Gesellschaftsordnung allmählich so entwickelt, dass primär die Interessen dieser Gruppen gesichert werden und ihre Vorstellungen (Ideologien) Verbreitung finden.

5. Ausgehend von den Produktionsverhältnissen spaltet sich also die Gesellschaft in ständiger Wechselwirkung zwischen wirtschaftlichen, politischen, ideellen und weiteren Antriebskräften in Bevorzugte und Benachteiligte auf. Sie haben ungleiche Lebenschancen und befinden sich in grundsätzlich ungleichen Lebenslagen. Ihre Interessen sind einander entgegengesetzt (antagonistisch).

6. Auf Dauer werden diese Interessen den Lohnarbeitern ebenso wie den Produktionsmittelbesitzern bewusst werden. Klassenbewusstsein wird sich herausbilden. Die beiden Klassen werden sich organisieren. Ein Klassenkampf wird entstehen.

7. Der Klassenkampf endet mit dem Sieg der besitzlosen Arbeiterklasse. Eine Revolution wird die kapitalistischen Produktionsverhältnisse und das Privateigentum an Produktionsmitteln beseitigen.

Stefan Hradil, Soziale Ungleichheit in Deutschland, 8. Aufl., Opladen 2001, S. 55 f.

Info

Modellbildung als wissenschaftliche Methode

Modellbildung muss vereinfachen und beschränkt sich auf wenige Aspekte, um das Wesentliche darzustellen und die Komplexität der Wirklichkeit zu reduzieren. Als Leitmotiv kann Albert Einsteins Forderung gelten: „Alles sollte so einfach wie möglich gemacht werden, aber nicht einfacher!" Mitunter werden Modelle auch mit Landkarten verglichen: Sie wollen die Wirklichkeit nicht abfotografieren, sondern als Orientierungshilfe die grundlegenden Kennzeichen und Verknüpfungen sichtbar machen.

Jedem Modell liegen Annahmen zugrunde, die über die Art der Darstellung, über Begriffe und über Erläuterungen deutlich werden. Die verschiedenen Annahmen über die gesellschaftliche Struktur in verschiedenen Jahrhunderten müssen demnach zu ganz unterschiedlichen Modellen führen. Gegenwärtig gilt die (auch in der Soziologie so genannte) „Kartoffelgrafik" (M 5) mit der Darstellung von Milieus als angemessene Darstellung.　*Autorentext*

M 3 ● Schichtmodelle nach Dahrendorf und Geißler

Schichtmodell nach Ralf Dahrendorf

Schichtmodell nach Rainer Geißler: Soziale Schichtung der westdeutschen Bevölkerung im Jahr 2009

Quelle: Ralf Dahrendorf, Gesellschaft und Demokratie in Deutschland, München 1965, S. 105

Quelle: Rainer Geißler, Die Sozialstruktur Deutschlands, 7. Aufl., Wiesbaden 2014, S. 100

M 4 ● Das modernisierte Hausmodell

Ein modernisiertes Hausmodell für die soziale Schichtung der westdeutschen Bevölkerung im Jahr 2000 orientiert sich an dem von Dahrendorf erkannten Grundmuster,
5 zieht jedoch einige weitere Differenzierungslinien ein und berücksichtigt auch einige Umschichtungen. [...]
Es gibt eine langfristige historische Tendenz zur Differenzierung und Auflo-
10 ckerung der Schichtstruktur: Die Zusammenhänge zwischen äußeren Lebensbedingungen einerseits und Mentalitäten und Verhaltensweisen andererseits lockern sich in einigen Bereichen auf; schichttypische
15 und schichtunspezifische Verhaltensweisen existieren nebeneinander. [...] Schichttypische Unterschiede sind im Zeitalter des

Massenkonsums manchmal nicht „auf den ersten Blick" an der lebensweltlichen Oberfläche zu beobachten [...]. So steht zum 20 Beispiel heute in den Wohnungen aller Schichten das sofort wahrnehmbare Farbfernsehgerät, aber die Art, wie es genutzt wird, welche Sendungen gesehen werden, ist nach wie vor schichttypisch unter- 25 schiedlich.
Schließlich sind die Schichten durch soziale Mobilität durchlässiger geworden. Menschen wechseln häufiger von einer Schicht in eine andere; auch die Chancen, sozial 30 aufzusteigen, haben zugenommen.

Rainer Geißler, Facetten der modernen Sozialstruktur – Modelle und Kontroversen, Informationen zur politischen Bildung, 2000, Heft 269, S. 57f.

M 5 ● Wozu dienen Milieustudien?

Die Menschen, die einem bestimmten sozialen Milieu angehören, denken und verhalten sich in der Praxis relativ ähnlich; Menschen, die verschiedenen sozialen Milieus angehören, denken und handeln oft unterschiedlich. [...] Weil die Zugehörigkeit zu sozialen Milieus die jeweilige Selbstdefinition und Alltagspraxis der Menschen beeinflusst, wurden Milieustudien in den letzten beiden Jahrzehnten in zunehmendem Maße zur Erklärung von Verhaltensunterschieden und so auch zur Lösung praktischer Probleme eingesetzt. [...] Ist die Milieuzugehörigkeit eines Menschen bekannt, so weiß man viel darüber, welche Sehnsüchte, welche Interpretationen, Motive und Nutzenerwartungen er aufweisen wird.

Stefan Hradil, Soziale Milieus - eine praxisorientierte Forschungsperspektive, APuZ, 44-45/2006, S. 8

M 6 ● Die Milieulandschaft in den 1980er Jahren und im Jahr 2015

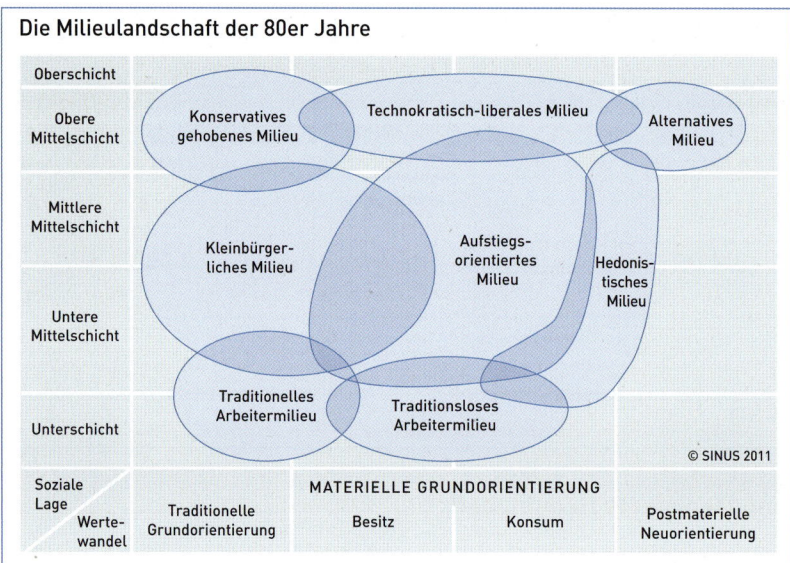

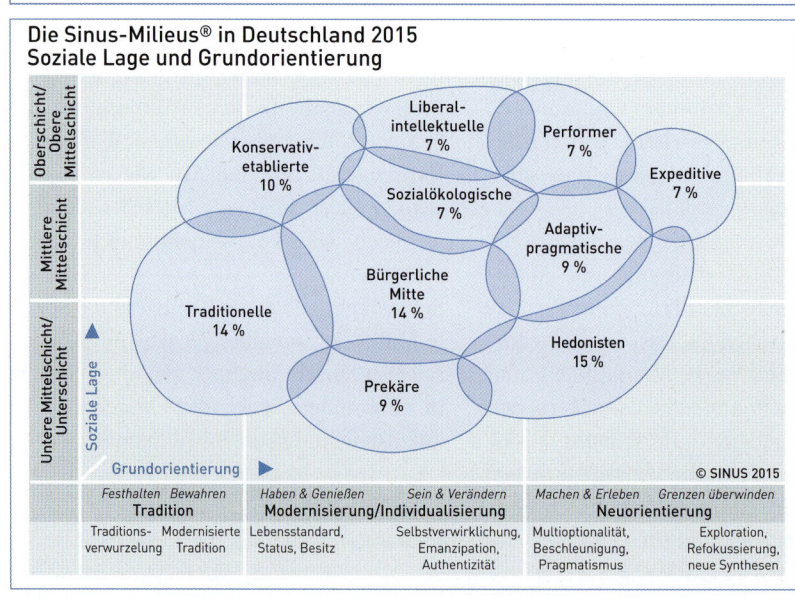

Quelle: Sinus Sociovision GmbH, Heidelberg 2015

Soziale Milieus

Soziale Milieus verändern sich im Laufe der Zeit. Sie werden größer oder kleiner. Neue Milieus bilden sich heraus, alte verschwinden oder teilen sich. Allein seit den achtziger Jahren hat sich der Bevölkerungsanteil traditioneller Milieus fast halbiert. Dies geschah wohl seltener, weil Menschen ihre Milieuzugehörigkeit wechselten. Vielmehr sind die Menschen in den genannten Milieus häufig schon alt. Diese Milieus sterben langsam aus.

Stefan Hradil, Soziale Milieus - eine praxisorientierte Forschungsperspektive, APuZ, 44-45/2006, S. 3 ff.

M 7 ● Tabelle mit Kurzcharakteristik der Milieus

	Milieu	Kurzcharakteristik der Sinus-Milieus®
Sozial gehobene Milieus	Konservativ-etabliert 10 %	Das klassische Establishment: Verantwortungs- und Erfolgs-ethik; Exklusivitäts- und Führungsansprüche; Standesbe-wusstsein, Entre-nous-Abgrenzung
	Liberal-intellektuell 7 %	Die aufgeklärte Bildungselite: liberale Grundhaltung und postmaterielle Wurzeln; Wunsch nach selbstbestimmtem Leben, vielfältige intellektuelle Interessen
	Performer 7 %	Die multi-optionale, effizienzorientierte Leistungselite: global-ökonomisches Denken; Konsum- und Stil- Avantgarde; hohe IT- und Multimedia-Kompetenz
	Expeditiv 7 %	Die ambitionierte kreative Avantgarde: mental und geografisch mobil, online und offline vernetzt und auf der Suche nach neuen Grenzen und neuen Lösungen
Milieus der Mitte	Bürgerliche Mitte 14 %	Der leistungs- und anpassungsbereite bürgerliche Main-stream: generelle Bejahung der gesellschaftlichen Ordnung; Wunsch nach beruflicher und sozialer Etablierung, nach gesicherten und harmonischen Verhältnissen
	Adaptiv-pragmatisch 9 %	Die moderne junge Mitte unserer Gesellschaft mit ausgepräg-tem Lebenspragmatismus und Nutzenkalkül: zielstrebig und kompromissbereit, hedonistisch und konventionell, flexibel und sicherheitsorientiert; starkes Bedürfnis nach Veranke-rung und Zugehörigkeit
	Sozialökologisch 7 %	Konsumkritisches /-bewusstes Milieu mit normativen Vorstellungen vom „richtigen" Leben: ausgeprägtes ökologi-sches und soziales Gewissen; Globalisierungs-Skeptiker, Bannerträger von Political Correctness und Diversity
Milieus der unteren Mitte / Unterschicht	Traditionell 15 %	Die Sicherheit und Ordnung liebende Kriegs- / Nachkriegsge-neration: verhaftet in der alten kleinbürgerlichen Welt bzw. in der traditionellen Arbeiterkultur; Sparsamkeit, Konformismus und Anpassung an die Notwendigkeiten
	Prekär 9 %	Die um Orientierung und Teilhabe bemühte Unterschicht mit starken Zukunftsängsten und Ressentiments: Häufung sozialer Benachteiligungen, geringe Aufstiegspers-pektiven, reaktive Grundhaltung; bemüht, Anschluss zu halten an die Konsumstandards der breiten Mitte
	Hedonistisches Milieu 15 %	Die spaß- und erlebnisorientierte moderne Unterschicht / untere Mittelschicht: Leben im Hier und Jetzt, Verweigerung von Konventionen und Verhaltenserwartungen der Leistungsgesellschaft

Nach: Copyright by SINUS Markt- und Sozialforschung GmbH, Heidelberg, www.sinus-institut.de (29.7.2015)

Milieustudien ermöglichen viele Voraussagen

Mit Hilfe von Milieustudien kann man Voraussagen treffen, warum jemand eine bestimmte Zeitschrift liest oder welche Partei eine bestimmte Person wahrscheinlich wählen wird. Auf der anderen Seite ermöglichen Milieustudien Progno-sen bzw. Angaben darüber, welche Inhalte Zeitschriftenartikel, Werbebotschaften oder Parteiprogramme etc. aufweisen müssen, um den Motiven und Werthaltungen bestimmter Personen zu entsprechen.

Aufgaben

1. Grenzen Sie die unterschiedlichen Gesellschaftsmodelle voneinander ab. Erläutern Sie, warum die Modelle zur Beschreibung der Gesellschaft immer stärker ausdifferen-ziert wurden. (M 2 – M 5)

2. Bewerten Sie die Aussagekraft und die Zweckmäßigkeit bzw. die Möglichkeiten und Grenzen von Gesellschaftsmodellen. (Info, M 3, M 6)

3. Beziehen Sie Stellung: Welches Modell vertritt Ihrer Ansicht nach die heutige Gesell-schaft am treffendsten? Berücksichtigen Sie hierbei auch aktuelle Spannungsfelder, wie Bildung, Arbeit, Vermögen, etc.

**Vertikale
Gesellschafts-
modelle
M 2 – M 4**

Zentrale Dimensionen zur Erfassung der vertikalen (oben-unten) Aufgliederung einer Gesellschaft sind: **Berufsstand, Einkommen, Vermögen, Bildung, Macht, Einfluss und Ansehen.**

Nach **Karl Marx** (Klassenmodell) befinden sich die Kapitalisten (Besitzer von Produktionsmitteln) am oberen Ende der Hierarchie, während das Proletariat (*Nicht-Besitzende, die gezwungen sind, ihre Arbeitskraft zu verkaufen, um den Lebensunterhalt bestreiten zu können*) am unteren Rand der Gesellschaft steht. Aufgrund des unauflöslichen Gegensatzes zwischen diesen beiden Klassen (Antagonismus) prophezeite Marx eine Revolution der Arbeiter, die zur Diktatur des Proletariats führen sollte.

Auch **Schichtungsmodelle** legen den Schwerpunkt auf **vertikale** Dimensionen bei der Gesellschaftsanalyse, berücksichtigen jedoch daneben einige horizontalen Aspekte (z.B. schichttypische Mentalitäten, Verhaltensweisen).

**Mehrebenen-
modelle
M 5 – M 8**

Analog zur fortschreitenden Differenzierung der Gesellschaft sind auch die Beschreibungsmodelle detaillierter geworden. Neuere Ansätze wie die der **„sozialen Lagen"** oder der **„sozialen Milieus"** haben in ihren Analysen die vertikale Achse um eine horizontale („Nebeneinander": z.B. Alter, Konsumverhalten, Werteorientierung) erweitert. Dieser Ansatz geht davon aus, dass es z.B. *die* Mittelschicht nicht gibt: Ein sehr traditionsbewusster, gesellschaftlich (Über-)Angepasster mit einem hohen Bedürfnis nach umfassender Sicherheit im überschaubaren Lebensbereich unterscheide sich von einem Spaß- und Erlebnisorientierten, der v.a. die Langeweile scheut, grundlegend, obwohl beide den vertikalen Dimensionen nach derselben Schicht angehören können. Das Milieumodell z.B. passt folglich zur Individualisierung und Pluralisierung der Lebensformen und spiegelt aktuelle gesellschaftliche Entwicklungen wider.

Kritiker bemängeln neben des geringen Erkenntnisgewinns, den diese Modelle bieten, die Überbetonung der horizontalen Dimension: Auch heute beeinflussen die vertikalen Faktoren die Verteilung von Lebenschancen (z.B. im Bereich Bildung, Arbeitsmarkt-, Aufstiegschancen) entscheidend. Die Milieutheorie unterschätze und/oder kaschiere die Bedeutung finanzieller Faktoren.

Milieubeispiel: Bürgerliche Mitte

Peter Meinhardt, 39, mit den Kindern Oskar, 6, und Frieda, 9
Familie: verheiratet, zwei Kinder
Bildung: Jurastudium
Beruf: Angestellter der Bundesagentur für Arbeit
Nettoeinkommen: circa 2.000 Euro monatlich
Wohnform: 4-Zimmer-Eigentumswohnung
Auto: VW Touran Cross
Hobby: Politik, Reisen, An-Autos-Schrauben
Wählt: SPD

Das Milieu und seine Parteiensympathie: Der Name sagt es. Mittlere Bildung, mittlere Position, mittleres Einkommen. Vernünftig, vorsichtig und zielstrebig. Strebt
5 nach gesicherten Verhältnissen, hat latente Ängste vor sozialem Abstieg. Viele Angestellte im öffentlichen Dienst, zwischen 30 und 50 Jahre alt. Größe: 9,7 Millionen (15 Prozent).
10 **Das typische Wohnzimmer:** Rattan, Terrakotta und was an die Toskana (wahlweise an Schweden) erinnert – und bei Möbel Kraft zu haben ist. Meist konventionell, aber hell und Ton in Ton.

Politik sollte...   15

sehr typisch: ... dafür sorgen, dass Leute, die mehr leisten, auch mehr verdienen.

sehr untypisch: ... die Eingliederung von Ausländern erleichtern.

Nach: Jan Rosenkranz, So sind die Deutschen, Stern 31 / 2009, S. 40

Aufgaben

1. Entwerfen und gestalten Sie die Charakterisierung eines fiktiven Vertreters eines weiteren Milieus. (→ M 6)

2. Richten Sie das Wohnzimmer dieses Milieuvertreters (Aufgabe 1) ein. Fertigen Sie dazu eine Inventarliste mit Beschreibungen, eine Zeichnung oder Ähnliches an.

3. Benennen Sie mögliche Auftraggeber von Sozialstudien und setzen Sie sich mit deren jeweiligen Interessensschwerpunkten auseinander.

4. In der öffentlichen Diskussion (z.B. zur Chancengleichheit) greift man wieder häufiger auf den „Schichtbegriff" zurück. Prüfen Sie kritisch, welche politischen, ideologischen und wirtschaftlichen Interessen hinter dieser Kategorisierung stehen könnten.

Karikatur: Jan Tomaschoff / Baaske Cartoons

Pluralisierung der Lebensformen

Karikatur: Thomas Plaßmann / Baaske Cartoons

Gleichberechtigung

Karikatur: Stefan Roth

Integration

Die gesellschaftlichen Entwicklungen bzw. der soziale Wandel der vergangenen Jahrzehnte stellen die Politik vor immer neue Herausforderungen: Wie lässt sich der demografische Wandel politisch gestalten? Ist es beispielsweise möglich, Anreize zu schaffen, damit Paare wieder mehr Kinder bekommen? Kann die Politik dazu beitragen, dass Mütter und Väter Familie und Beruf besser miteinander vereinbaren können? Wie ist es um Gleichberechtigung von Männern und Frauen bestellt? Muss die Politik nachhelfen, damit die Ungleichheit zwischen den Geschlechtern endlich beseitigt wird? Und was hat die Politik getan bzw. was sollte sie tun, damit die Integration von Menschen mit ausländischen Wurzeln zukünftig kein Problem mehr ist?

In diesem Kapitel wird deshalb am Beispiel der Familie, der Geschlechterverhältnisse und der Zuwanderung gezeigt, wie die Politik auf den sozialen Wandel reagiert und der Frage nachgegangen, ob gesellschaftlicher Wandel politisch steuerbar ist.

KOMPETENZEN

Am Ende dieses Kapitels sollten Sie Folgendes wissen und können:

... den Wandel der Familie und die Pluralisierung der Lebensformen beschreiben.

... Ursachen für diesen Wandel kennen und mögliche Folgen beschreiben.

... den Wandel Deutschlands zum Einwanderungsland beschreiben.

... an ausgewählten Beispielen die Herausforderungen und Lösungsansätze der Gesellschaftspolitik beurteilen.

Was wissen und können Sie schon?

1 Interpretieren Sie die drei Karikaturen.

2 Zeigen Sie auf, inwiefern dort auf den gesellschaftlichen Wandel Bezug genommen wird.

3 Wo könnte die Politik Ihrer Meinung nach ansetzen, um den gesellschaftlichen Wandel in diesen drei Bereichen zu gestalten?

2.1 Pluralisierung der Lebensformen als Beispiel des sozialen Wandels

Basiskonzepte	Fachkategorien	Leitfragen
Wandel	Gewordenheit Transformation Instabilitäten	· Wie hat sich die Familie im Laufe der vergangen Jahrzehnte verändert? · Welche Faktoren haben den Wandel von Familie und Ehe beeinflusst? · Wie stabil sind diese gesellschaftlichen Institutionen noch? · Wie hat sich das Verhältnis der Geschlechter zueinander verändert?
Akteure und deren Dispositionen	Interessen Ideologie Wertebezug	· Welche Interessen verfolgen die unterschiedlichen Akteure mit der Familienpolitik? · Welche Grundorientierungen oder Ideologien prägen die politischen Akteure?
Prozesse und Handeln	Politische Gestaltung und Legitimation	· Welche Gestaltungsmöglichkeiten sind geeignet eine gesellschaftliche Problemlage wie den demografischen Wandel zu gestalten oder zu lösen?

2.1.1　Differenzierung privater Lebensformen

M 1 ● Mama, Mami, Kinder – eine Familie? – so leben wir

Lebensform

Der Begriff der Lebensform kennzeichnet, in welchen sozialen Beziehungen bzw. in welcher Lebensgemeinschaft bzw. Haushaltsform eine Person lebt.

Es muss nicht immer Vater, Mutter, Kind sein: Friderikes Mutter ist homosexuell – deswegen wohnt sie quasi mit zwei Müttern zusammen.

5 Zu meiner Familie gehören mein Papa, meine beiden Mütter und meine vier Geschwister. Ich habe einen Zwillingsbruder, wir sind beide 15. Außerdem habe ich eine große Schwester und zwei jüngere Halbge- 10 schwister, die ich aber als richtige Geschwister sehe. Meine große Schwester wohnt bei meinem Vater – mein Bruder Conrad, ich und meine beiden kleinen Geschwister wohnen in Berlin bei Mama und 15 Claudia.

Ich finde das ganz normal. Ich kann mich gar nicht mehr daran erinnern, dass es jemals anders war. Mein Vater und meine Mutter haben sich getrennt, als ich ein Jahr alt war. Und als ich in der dritten Klasse 20 war, haben Mama und Claudia geheiratet. Richtig muss man sagen: Sie sind eine Lebenspartnerschaft eingegangen. Zusammengelebt haben wir aber schon viel länger. 25

Meine Freunde wollen natürlich schon wissen, wie das bei uns so läuft. Aber ehrlich gesagt kann ich denen gar nicht viel erzählen, weil es wahrscheinlich nicht anders ist als bei ihnen zu Hause. 30

Familie ist für mich einfach da, wo Liebe ist, wo es ein Miteinander gibt. Mein Bruder und ich nennen die Frau unserer Mut-

ter Claudia. Unsere kleinen Geschwister
35 nennen sie Mama und Mami. Mama ist unsere Mutter, die nennen wir alle so. Und
Claudia ist für meine kleinen Geschwister
die Mami, weil sie auch die leibliche Mutter ist.
40 Ich muss sagen: Ich finde das komisch,
dass zwei Frauen nicht richtig heiraten
können. Diese ganze Diskussion um die
Homo-Ehe ist meiner Meinung nach total
unsinnig. Warum sollten die nicht heiraten
45 dürfen? Verstehe ich nicht. Bei Homosexu-
ellen ist das ja immer das Argument, dass
das andere Geschlecht im Haushalt fehlt.
Aber es gibt ja auch alleinerziehende Mütter und Väter, und da gibt es dann eben-
50 falls keine Mutter oder keinen Vater. Und
die schaffen das ja auch.
So wie bei uns ist es doch eigentlich viel
besser, finde ich. Weil man einen Partner
hat. Und weil man nicht alles alleine ma-

chen muss. Aber es tut sich mittlerweile ja 55
was bei der Homo-Ehe und beim Adopti-
onsrecht für Homosexuelle. Zwar langsam,
aber sicher. Mama und Claudia sind auf
jeden Fall meine Eltern. Ich finde das alles
nicht ungewöhnlich. Mein Vater und mei- 60
ne ältere Schwester wohnen in Cottbus,
aber wir sehen uns regelmäßig am Wo-
chenende, und Weihnachten verbringen
wir eigentlich immer zusammen. Und wir
sind natürlich über Facebook und Skype in 65
Kontakt oder telefonieren einfach.
Ich will später gern eine Familie haben.
Und einen Mann haben, der da ist. Ich finde es schade, dass mein Vater so weit weg
ist. Ich stelle mir das schon so vor, dass 70
meine Kinder später ihren Vater in der
Nähe haben.

Daniel Erk, So leben wir, in: Bundeszentrale für politi-
sche Bildung (Hg.), fluter.Heft 49, Winter 2013-2014,
S. 9

**Regenbogen-
familien**

Regenbogenfamilien
sind Familien, in denen
Kinder mit gleichge-
schlechtlichen Partnern
bzw. Partnerinnen
leben. Diese können in
einer so genannten
eingetragenen Lebens-
partnerschaft leben,
aber nicht heiraten. Das
Bundesverfassungsge-
richt hat diese Lebens-
partnerschaft unter den
besonderen Schutz des
Grundgesetzes (Art. 6a)
gestellt, wenn leibliche
oder angenommene
Kinder eines Lebens-
partners in der
Lebensgemeinschaft
leben.

M 2 ● Familie – ein moving target

Familie ist heute ein „moving target", d.h.
ein Gegenstand, der sich mit dem sozial-
historischen und kulturellen Kontext wan-
delt. Die Leitbilder von Familie und Grenz-
5 ziehungen zwischen Familie und
Nichtfamilie waren und sind gesellschaftlich umstritten. Auch heute gibt es weder
im Alltag, Recht noch Wissenschaft eine
verbindliche Definition der Familie. Teil-
10 weise wird die Familie als Haushaltsge-
meinschaft und teilweise als über den
Haushalt hinausreichende Familie im weiteren Sinn betrachtet. Beide Sichtweisen
haben ihre Berechtigung, müssen aber
15 voneinander unterschieden werden. In der
deutschsprachigen Familienforschung besteht [...] ein Konsens darin, dass Familie
im engeren Sinn gleichbedeutend mit der
Eltern-Kind-Gemeinschaft ist.
20 Die Paarbeziehung zwischen Erwachsenen

(einschließlich der Ehe) begründet demnach keine Familie. Der Eltern-Kind-Bezug
zur Abgrenzung von Familien wurde im
Jahr 2005 von der amtlichen Statistik
übernommen. Das bis dahin im Mikrozen- 25
sus verwendete „traditionelle Familienkon-
zept" wurde durch das „Konzept der Lebensformen", das die Familie als in einem
gemeinsamen Haushalt lebende Eltern-
Kind-Gemeinschaft definiert, ergänzt. 30
Durch diese Neuerung wurden nichteheliche Lebensgemeinschaften mit ledigen
Kindern in den Kreis der Familie aufgenommen, Ehepaare ohne ledige Kinder im
Haushalt dagegen nicht mehr zu den Fami- 35
lien gezählt.

Dirk Konietzka / Michaela Kreyenfeld, Familie und
Lebensform, in: Steffen Mau / Nadine M. Schöneck
(Hg.), Handwörterbuch zur Gesellschaft Deutschlands,
Bonn 2014, S. 257

M 3 ● Vielfalt der Lebensformen

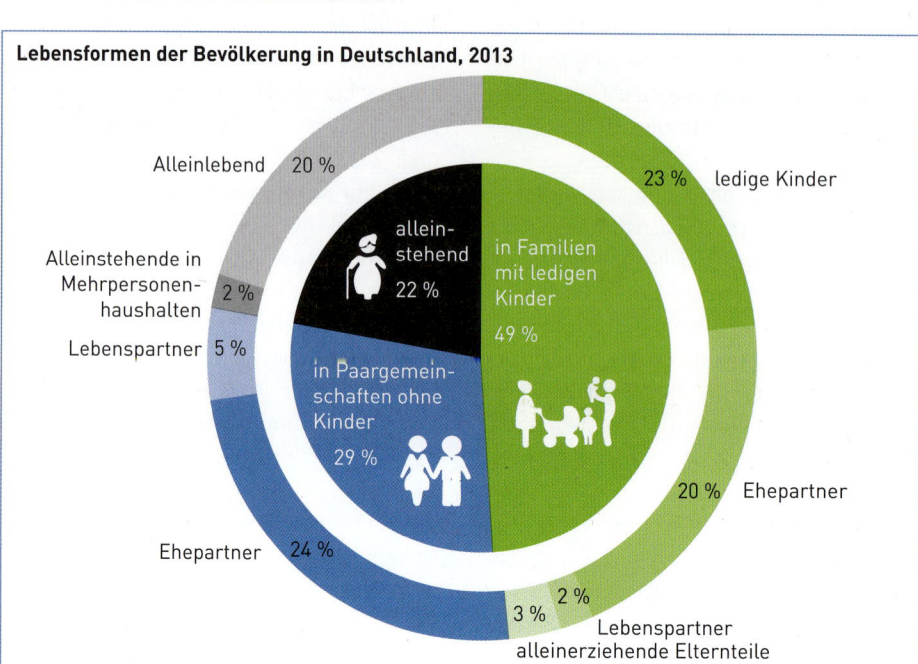

Lebensformen der Bevölkerung in Deutschland, 2013

Alleinlebend 20 %
ledige Kinder 23 %
alleinstehend 22 %
in Familien mit ledigen Kinder 49 %
Alleinstehende in Mehrpersonenhaushalten 2 %
Lebenspartner 5 %
in Paargemeinschaften ohne Kinder 29 %
Ehepartner 20 %
Ehepartner 24 %
3 %　2 %
Lebenspartner
alleinerziehende Elternteile

Datenquelle: Statistisches Bundesamt; Berechnungen: BiB　　© BiB 2015 / demografie-portal.de

M 4 ● Welche Ursachen hat der Wandel der Familie?

Die Zeit zwischen 1955 und 1968 wird allgemein als Blütezeit von Ehe und Familie bezeichnet, weil die eheliche Kernfamilie in dieser Zeit eine besondere Monopolstel-
5 lung innehatte – sowohl faktisch als auch normativ. Voreheliches Zusammenleben, Scheidungen, nichteheliche Geburten und dauerhafte Kinderlosigkeit waren selten, die Heiratshäufigkeit hoch. Eine derartige
10 Dominanz einer einzelnen Lebensform und des damit verbundenen Musters der Lebensführung ist historisch gesehen ein Ausnahmefall. Davor, d.h. insbesondere auch im 18. und 19. Jahrhundert, existierte
15 eine Vielfalt von Lebensformen, die hauptsächlich durch den großen Einfluss der sozialstrukturellen Lage auf die Familienformen, ökonomisch begründete Heiratsverbote und das hohe Risiko der Verwit-
20 wung in jungen Jahren verursacht war. Die seit Ende der 1960er-Jahre in Gang gekommene „Pluralisierung der Lebensformen" und „Individualisierung" der Lebens-

führung stellen deshalb eine Rückkehr zur historischen Normalität der Vielfalt dar. 25 Neben anderen sind vor allem zwei Ursachen für diesen Wandel von Bedeutung: die im Zuge der allgemeinen gesellschaftlichen Modernisierung nachlassende Verbindlichkeit sozialer Normen und Kontrol- 30 len sowie die zunehmende Bildungsbeteiligung und Erwerbstätigkeit der Frauen, die dadurch ökonomisch immer unabhängiger von Mann und Ehe werden.
Die Ehe verlor in diesem Prozess ihre frü- 35 here Bedeutung als gesellschaftliche Institution, die um ihrer selbst willen zu schützen und aufrechtzuerhalten war, und bietet heute nur noch den rechtlichen Rahmen für eine Lebensform, die die Eheleute an- 40 sonsten nach ihrem Belieben individuell gestalten können. Das bedeutet jedoch nicht, dass gesellschaftliche Einschränkungen gänzlich an Bedeutung eingebüßt haben. Im Gegenteil: Nach wie vor beeinflus- 45 sen strukturelle Rücksichtslosigkeiten, d. h.

der politisch gesetzte Vorrang wirtschaftlicher gegenüber familialen Interessen, fehlende öffentliche Kinderbetreuungseinrichtungen und die gesellschaftliche Geringschätzung von in der Familien- und Erziehungsarbeit erbrachten Leistungen das Familienleben und die Entfaltungschancen von Familien beträchtlich. Doch zweifellos haben die Wahlmöglichkeiten und die Vielfalt der Lebensformen zugenommen, zwar nicht im Sinne eines „anything goes", aber im Sinne einer Herauslösung aus den Zwangsläufigkeiten der ökonomischen und sozialen Verhältnisse, wie sie noch in den 1960er-Jahren bestanden.

Norbert F. Schneider, Familie. Zwischen traditioneller Institution und individuell gestalteter Lebensform, in: Stefan Hradil (Hg.), Deutsche Verhältnisse. Eine Sozialkunde, Bonn 2012, S. 103 f.

M 5 ● Hat die Familie noch eine Zukunft?

Eine Auflösung der Familie ist ebenso wenig zu erwarten wie eine Wiederkehr der Situation der frühen 1960er-Jahre. Anzeichen deuten darauf hin, dass es mittelfristig zu einer weiteren Pluralisierung der Lebensformen kommen wird, wobei sich vor allem deren Binnenstrukturen vielgestaltiger entwickeln werden. Nicht zuletzt aus arbeitsmarktpolitischen Gründen wird die Vereinbarkeit von Familie und Erwerbsarbeit durch den Ausbau familienexterner Kinderbetreuungsangebote und die fortschreitende Entwicklung einer stärker familienorientierten Erwerbsarbeit erleichtert werden. Männer werden wohl immer mehr Familienarbeit leisten müssen. Jedoch ist nicht zu erwarten, dass der viel beschworene „Neue Vater", der sich weniger als Ernährer, sondern als Erzieher seiner Kinder begreift, in Zukunft dominieren wird. Eher ist mit einem stärkeren Rückzug der Frauen aus der Erziehungsarbeit zu rechnen [...].

[...] Die traditionellen Grundlagen von Familie, Blutsverwandtschaft und Verschwägerung werden in Zukunft aufgrund der niedrigen Heiratsneigung, der fortgeschrittenen Entkoppelung von biologischer und sozialer Elternschaft sowie der sich neu etablierenden Solidargemeinschaften im Alter tendenziell weiter an Bedeutung einbüßen und zunehmend von individuell gewählten Bindungen abgelöst werden.

Unklar ist noch, wie sich die Situation in Deutschland im Hinblick auf die „Errungenschaften" von Reproduktionstechnologie und Gentechnik entwickeln wird. Falls die gegenwärtig eher restriktiven rechtlichen Regelungen zur Präimplantationsdiagnostik und zur Verwendung von Samen- und Eispenden gelockert werden sollten, eröffnet sich auch in Deutschland der Weg zur Designerfamilie. Kinder und ihre körperlichen Merkmale und persönlichen Eigenschaften werden dann nicht mehr nur dem Zufall überlassen, sondern ausgewählt und zusammengestellt. Den Partner aus der Kartei gibt es dank elektronischer Partnerbörsen bereits. Das Kind aus dem Katalog erscheint heute noch als Utopie – wie lange noch?

Norbert F. Schneider, Familie. Zwischen traditioneller Institution und individuell gestalteter Lebensform, in: Stefan Hradil (Hg.), Deutsche Verhältnisse. Eine Sozialkunde, Bonn 2012, S. 119 f.

Aufgaben

1. Was bedeutet Ihnen (Ihre) Familie? Vergleichen Sie Ihre Sichtweisen mit der Friderikes. (M 1)

2. Formulieren Sie Ihre eigene Definition von Familie. (M 3)

3. Erarbeiten Sie die Ursachen des Wandels, den die Familie in Deutschland erfahren hat. (M 4)

4. Beurteilen Sie auf der Grundlage des Textes (M 5), ob die Familie noch eine Zukunft hat.

F zu Aufgabe 4
Recherchieren Sie, inwiefern die Ehe in Deutschland einen Bedeutungswandel durchlaufen hat. (M 2–M 5)

2.1.2 Familienpolitik: Das Betreuungsgeld in der Diskussion

M 6 ● Wo und wie sollen Kleinkinder erzogen werden?

Kleinkinder in einer Kinderkrippe

Mutter mit Kleinkind zu Hause

Kleinkinder bei Tagesmutter

M 7 ● Familienpolitik – ein politisches Reizthema

Über politische Initiativen, die Familien und Kinder betreffen, wird derzeit so heftig wie noch nie gestritten. [...]
Früher wurde die Familie als Privatange-5 legenheit angesehen, die durch Kindergeld und Ehegattensplitting zur Stützung der traditionellen Alleinverdiener-Ehe ausreichend gewürdigt zu sein schien. Im 21. Jahrhundert nun erscheint sie ganz selbst-10 verständlich in einem größeren Kontext. [...]
Den Anstoß für diese Sichtweise gab vor allem die Organisation für wirtschaftliche Zusammenarbeit und Entwicklung (OECD). 15 Diese betont seit Mitte der Neunziger Jahre in verschiedenen Studien [...] immer wieder, dass die alternden westlichen Gesellschaften auf Dauer nur wohlhabend bleiben könnten, wenn sie ihr „Humankapital 20 ausschöpften und dadurch ihre Wettbewerbsfähigkeit erhöhten", wie [die Göttinger] Soziologin [Ilona] Ostner formuliert. Wesentliche Elemente dabei: Den Nachwuchs bestmöglich auszubilden und Frau-25 en in Vollzeitbeschäftigung zu bringen, vor allem hochqualifizierte. Der internationale Vergleich zeigte zudem die deutschen Defizite auf: [so] verdeutlichten Untersuchungen zur Geschlechterungleichheit, welche

Schwierigkeiten insbesondere deutsche 30 Frauen damit hatten, Arbeit und Kinder unter einen Hut zu bringen: Vor allem das Angebot an Kleinstkinderbetreuung war seinerzeit völlig unzureichend – und ist es ja vielerorts noch heute. [...] 35
Mehr Kinder pro Frau – das wurde nun, wenn auch nicht vorrangiges, so doch zumindest ein Teilziel der Familienpolitik. Und bei den Akademikerinnen mit ihrer besonders niedrigen Geburtenrate sahen 40 Familienpolitiker einen guten Ansatzpunkt. [...]
Die Familienministerinnen Renate Schmidt (SPD) und Ursula von der Leyen (CDU) [...] erhoben die bessere Vereinbarkeit von Fa- 45 milie und Beruf zum zentralen Thema [und] entstaubten [...] das zugrunde liegende Familienbild: statt Mann mit Vollzeitjob und Hinzuverdiener-Ehefrauen wurden nun gleichberechtigte Partnerschaften mit 50 beruflich eigenständigen Frauen und einer Aufteilung der Erziehungsaufgaben zum Leitmotiv der Politik. Elterngeld samt „Vätermonaten" und der staatlich verordnete und subventionierte Krippenausbau sollten 55 vor allem auch hoch qualifizierten Frauen ermöglichen, Kinder und Beruf besser unter einen Hut zu bringen. Zugleich sollten

Ehegattensplitting
steuerrechtliche Regelung, die verheirateten Paaren mit sehr ungleichen Einkommen beider Partner einen erheblichen Steuer- und somit Einkommensvorteil gegenüber unverheirateten Paaren oder Paaren mit sehr ähnlichen Einkommen verschafft

sich Väter motiviert fühlen, sich stärker an der Kinderbetreuung zu beteiligen. [...]

Auf der anderen Seite scheint die neue Familienpolitik eine große, im öffentlichen Diskurs weniger wahrgenommene Gruppe vor sich herzutreiben, deren Vorstellungen eher traditionell sind. So hat eine Studie des Bundesinstituts für Bevölkerungsforschung gerade erst wieder gezeigt, dass das Leitbild der „guten Mutter", die sich selbst um die Betreuung ihrer kleinen Kinder kümmert, vor allem in den alten Bundesländern noch stark verbreitet ist – inklusive der Angst, als „Rabenmutter" zu gelten. „Es ist erstaunlich, wie traditionell in Westdeutschland die Vorstellungen sind, wenn es um die Frage geht, was für das Kind gut ist und was nicht", konstatiert [der Bremer] Familienforscher [Johannes] Huinink. Die Politik versuche, einen Einstellungswandel zu betreiben. Das künftige Leitbild ist das der Mutter, die ihre Erwerbsarbeit mög-

lichst kurz unterbricht und bereits kleine Kinder ganztags betreuen lässt, sagt Ostner. Aber die Bevölkerung hinke in ihrer Einstellung zur Kleinstkindbetreuung noch hinterher. „Deshalb ist die Debatte in Deutschland auch so heftig und emotional."

Hinzu kommt, dass auf Seiten der Väter bislang eher wenig passiert. Zwar hat die Einführung der sogenannten „Vätermonate" beim Elterngeld dazu geführt, dass mittlerweile immerhin ein Viertel der Väter auch in Elternzeit geht (wenn auch nur selten länger als zwei Monate), doch reduzieren nur wenige ihre Arbeitszeit, um sich stärker um die Kinder kümmern zu können. Die Rolle des Mannes als Erwerbstätiger sei bislang nicht in Frage gestellt, resümiert Huinink.

Barbara Galaktionov, Wie die Familienpolitik zum Reizthema wurde, www.sueddeutsche.de, 30.12.2012

M 8 ● Erwerbstätigenquote von Müttern und Vätern

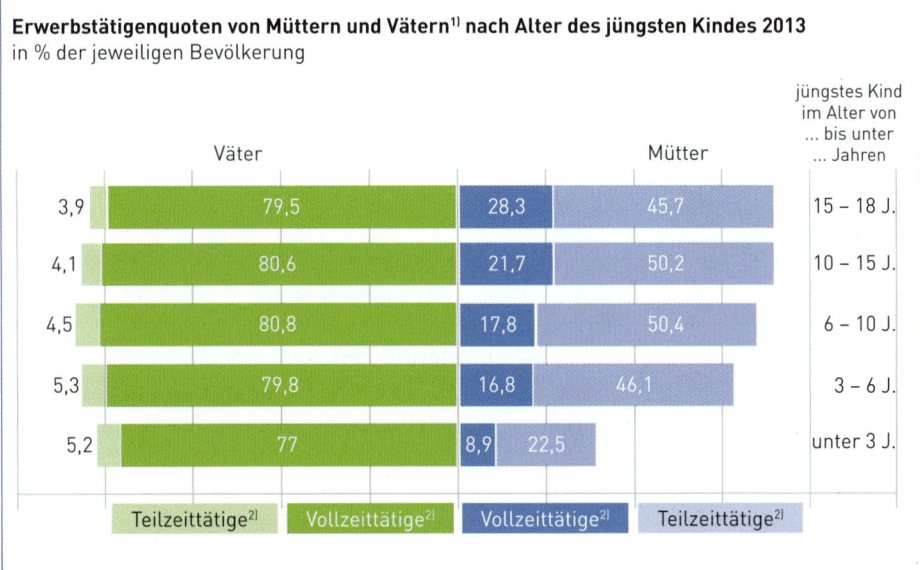

Erwerbstätigenquoten von Müttern und Vätern[1] nach Alter des jüngsten Kindes 2013
in % der jeweiligen Bevölkerung

	Väter			Mütter		jüngstes Kind im Alter von ... bis unter ... Jahren
3,9		79,5	28,3	45,7		15 – 18 J.
4,1		80,6	21,7	50,2		10 – 15 J.
4,5		80,8	17,8	50,4		6 – 10 J.
5,3		79,8	16,8	46,1		3 – 6 J.
5,2		77	8,9	22,5		unter 3 J.

Teilzeittätige[2]   Vollzeittätige[2]   Vollzeittätige[2]   Teilzeittätige[2]

[1] Mütter, Väter: Elternteile im erwerbsfähigen Alter mit im Haushalt lebendem jüngsten Kind unter 18 Jahren, auch Stief-, Pflege- und Adoptivkind.
[2] Vollzeit-, Teilzeittätige: Selbsteinstufung der Befragten; ohne vorübergende Beurlaubte (z.B. wg. Mutterschutz, Elternzeit)
Quelle: Statistisches Bundesamt (2014), Vereinbarkeit von Familie und Beruf, Ergebnisse des Mikrozensus, eigene Berechnungen

Kosten der Kinderbetreuung

Die Gebühren für Kinderbetreuung in Kindertagesstätten richten sich in der Regel nach folgenden Aspekten: Einkommen der Eltern, Dauer der Betreuung (z. B. Halbtags- oder Ganztagsplatz) sowie Anzahl der betreuten Kinder (in der Regel deutliche Ermäßigung für Geschwisterkinder). Die Höchstsätze für Ganztagsplätze in Kindertagesstätten betragen im Monat in
- Frankfurt am Main: 148 € Kindergarten 198 € Krippe bzw. Krabbelstube für Kinder unter drei Jahren
- Wiesbaden: 160 € Kindergarten 250 € Krippe
- Kassel: 175 €
- Fulda: 133 € 225 € – 250 € Krippe
- Bad Homburg: kostenlos

Zusammenstellung des Autors

M 9 ● Vater Vollzeit, Mutter Hausfrau oder was Eltern wirklich wollen?

Nach der Geburt des ersten Kindes setzt sich bei den meisten Paaren die traditionelle Rollenverteilung durch, wie aus einer Studie des Instituts für Demoskopie Allensbach hervorgeht. Bundesfamilienministerin Schwesig (SPD) spricht von einer Diskrepanz zwischen Wunsch und Wirklichkeit.

Viele junge Eltern in Deutschland würden sich Erwerbsarbeit und Kinderbetreuung gern partnerschaftlich aufteilen – sie tun dies aber nicht, weil die Rahmenbedingungen dafür nicht stimmen. Das geht aus einer groß angelegten Studie des Instituts für Demoskopie Allensbach hervor. [...]

Die Ministerin sprach von einer großen Diskrepanz zwischen Wunsch und Wirklichkeit: Mütter und Väter wünschten sich beide ausreichend Zeit für Familie und Job. In der Praxis aber würden Frauen nach der Geburt des ersten Kindes beruflich meistens kürzertreten. Die Frauen steckten fortan häufig für Jahre oder gar Jahrzehnte in der „Teilzeitfalle", mit allen bekannten Auswirkungen für Aufstiegschancen und Altersvorsorge. Die Männer wiederum befänden sich oft in der „Vollzeitfalle" – und könnten dort nicht heraus, weil dies etwa das Familieneinkommen erheblich schmälern würde oder sie mit beruflichen Nachteilen rechnen.

Laut den Erhebungen [...] ist es bei Elternpaaren vor der Geburt des ersten Kindes die Regel, dass beide Partner Vollzeit arbeiten. 71 Prozent der befragten Paare handhaben das so. Beide Partner hatten in der Regel Spaß an der Arbeit und waren mit ihrer Arbeit zufrieden.

Nach der Geburt des ersten Kindes und nach der ersten Elternzeit hingegen setzt sich die traditionelle Aufgabenteilung zwischen Männern und Frauen durch: Der Vater arbeitet Vollzeit, die Mutter Teilzeit oder gar nicht. In nur noch 15 Prozent der Fälle arbeiten beide Elternteile Vollzeit. Dabei wollen sehr viele Mütter mehr arbeiten, als sie es tatsächlich tun. Das ist oft aber nicht möglich, weil es an Angeboten zur Kinderbetreuung mangelt oder keine angemessenen Jobs zur Verfügung stehen. [...]

Bundesweit fände es fast jedes zweite Elternpaar ideal, gleiche oder zumindest ähnliche Arbeitszeiten zu haben. Nur jedes dritte Paar kann das aber auch realisieren. Jeder zweite Vater würde gern die Hälfte der Kinderbetreuung übernehmen. Nicht einmal jeder Fünfte macht dies tatsächlich. Fast jeder Fünfte wäre auch gern in Elternzeit gegangen, hat aber schließlich darauf verzichtet. Als Gründe wurden Angst vor Einkommensverlusten, beruflichen Nachteilen und Befürchtungen von organisatorischen Problemen im Betrieb genannt.

Thorsten Knuf, www.fr-online.de, 8.7.2015

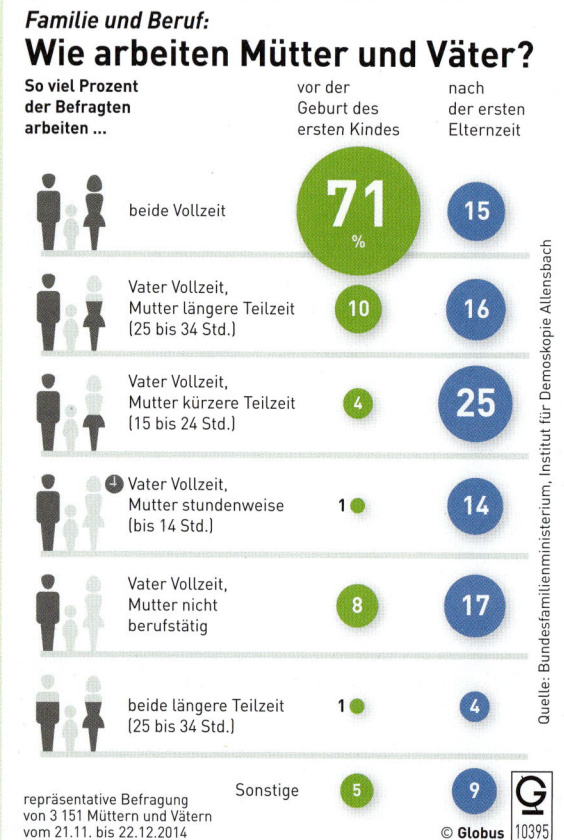

Familie und Beruf:
Wie arbeiten Mütter und Väter?

So viel Prozent der Befragten arbeiten ...	vor der Geburt des ersten Kindes	nach der ersten Elternzeit
beide Vollzeit	71 %	15
Vater Vollzeit, Mutter längere Teilzeit (25 bis 34 Std.)	10	16
Vater Vollzeit, Mutter kürzere Teilzeit (15 bis 24 Std.)	4	25
Vater Vollzeit, Mutter stundenweise (bis 14 Std.)	1	14
Vater Vollzeit, Mutter nicht berufstätig	8	17
beide längere Teilzeit (25 bis 34 Std.)	1	4
Sonstige	5	9

Quelle: Bundesfamilienministerium, Institut für Demoskopie Allensbach

repräsentative Befragung von 3 151 Müttern und Vätern vom 21.11. bis 22.12.2014

© Globus 10395

M 10 ● Wie reagiert die Politik?

Seit dem 1. August 2013 haben Eltern einen Rechtsanspruch auf einen Betreuungsplatz für ihre ein- und zweijährigen Kinder. Sie müssen sich angemessen an den Kosten beteiligen.
Finden sie keine Betreuungsmöglichkeit in einer kommunal geförderten Kita oder bei einer von der Kommune geförderten Tagesmutter, können sie Schadensersatz einfordern.

Seit dem 1. August 2013 erhalten Eltern, die ihre Kinder im Alter von ein bis drei Jahren selbst zu Hause betreuen, ein Betreuungsgeld von 100 € im Monat. Das Betreuungsgeld wurde zum 1. August 2014 auf 150 € erhöht. Im Juli 2015 entschied das Bundesverfassungsgericht, dass die Zahlung des Betreuungsgeldes durch den Bund mit dem Grundgesetz nicht vereinbar sei. Wer bis dahin das Betreuungsgeld bezog, kann es weiter erhalten.

M 11 ● Bye, bye Betreuungsgeld?

Bye-bye, Betreuungsgeld. Das Bundesverfassungsgericht hat der „Herdprämie" den Stecker gezogen. Die [...] verunglimpfte [...] staatliche Zahlung für Eltern, die ihr Kind
5 zu Haus betreuen, ist nun in Karlsruhe gescheitert. Aber nur aus Gründen der Zuständigkeit. Der Bund darf auf dem Feld der „öffentlichen Fürsorge" eben nur tätig werden, soweit die Herstellung gleichwer-
10 tiger Lebensverhältnisse oder die Wahrung der Rechts- und Wirtschaftseinheit eine bundesgesetzliche Regelung erforderlich macht. Da jedoch das Betreuungsgeld gar nicht von verfügbaren Betreuungsplätzen abhing, zusätzlich zu ähnlichen landes- 15 rechtlichen Leistungen weiter existierte und im Wesentlichen auf den politischen Willen [...] gestützt wurde, die Erziehungsleistung der Eltern anzuerkennen, sieht das Verfassungsgericht hier keine Erforderlich- 20 keit für ein Handeln des Bundes.
Also bye-bye, Betreuungsgeld? Nein, die Länder sind zuständig.

Reinhard Müller, www.faz.net, 21.7.2015

Aufgaben

① Beschreiben Sie die in M 6 dargestellten Erziehungssituationen sowie die Eindrücke und Gefühle, die sie mit diesen Situationen verbinden.

② Vergleichen Sie diese Erziehungssituationen systematisch anhand folgender Aspekte: Gemeinsame Zeit von Eltern und Kind – Entwicklungsmöglichkeiten / Anregungen für das Kind – Kosten der Betreuungsleistung – Möglichkeiten der Erwerbstätigkeit für die Eltern.

③ Arbeiten Sie die in M 7 aufgezeigten Problembereiche und Herausforderungen deutscher Familienpolitik heraus.

④ Erklären Sie, weshalb es sich bei der gesellschaftlichen Organisation von Kinderbetreuung um ein politisches Problem handelt. Berücksichtigen Sie dabei
  a) den demografischen Wandel in Deutschland und seine Auswirkungen auf die Sozialversicherungssysteme.
  b) die Erwerbstätigkeit von Frauen und Männern und mögliche Folgen für Individuum und Gesellschaft (M 8)
  c) die Vorstellungen heutiger Familien zu Erziehung und familiärer Arbeitsteilung. (M 7, M 9)

⑤ a) Erläutern Sie, weshalb das Betreuungsgeld vor dem Bundesverfassungsgericht scheiterte. (M 10, M 11)
  b) Diskutieren Sie, ob die Länder oder Kommunen, das Betreuungsgeld weiterhin zahlen sollten. (M 10, M 11)

Ⓗ zu Aufgabe 3
Visualisieren Sie Ihre Ergebnisse in einer Mindmap.

**Lebensformen
im Wandel
M 1 – M 3**

Was genau eine Familie ausmacht, ist wissenschaftlich umstritten. Auch wenn für viele Menschen in unserer Gesellschaft noch immer gilt, dass Vater, Mutter und Kind(er) eine Familie bilden, weil dies ihrer eigenen Lebenssituation entspricht, sind Experten anderer Meinung. Soziologisch spricht man deshalb von **Lebensformen**, die sich historisch und gesellschaftlich in einem steten Wandel befinden. Knapp die Hälfte der Bevölkerung lebt heutzutage noch in einer Paarbeziehung mit Kindern.

**Ursachen des
Wandels
M 4, M 5**

Dabei ist die Vielfalt der Lebensformen, in denen Menschen heute zusammen leben, keine Erfindungen der letzten 40 Jahre. Als nach dem Zweiten Weltkrieg viele Männer nicht aus dem Krieg zurückkehrten, gingen viele Witwen eine so genannte „Onkelehe" oder „wilde Ehe" ein. Sie lebten mit einem Mann zusammen, ohne ihn zu heiraten, um die Witwenrente nicht zu verlieren. Diese Lebensformen wurden toleriert. Erst mit dem **wirtschaftlichen Aufschwung Mitte der 1950er** Jahre setzte sich die Kleinfamilie als Lebensform durch und das Zusammenleben ohne Trauschein wurde immer weniger geduldet. Scheidungen, nichteheliche Kinder und eine dauerhafte Kinderlosigkeit waren die Ausnahmen. Seit dem Ende der 1960er Jahre wurden die **Lebensformen langsam wieder vielfältiger** und stellen damit die Rückkehr zur historischen Normalität der Vielfalt dar. Wohin sich Lebensformen in der Zukunft entwickeln werden, ist noch völlig offen. Wahrscheinlich ist aber, dass sich die **traditionellen Bindungen**, wie verwandtschaftliche Beziehungen oder Verschwägerung, in Zukunft weiter **lösen** und individuell gewählte Bindungen in ihre Stelle treten.

**Familienpolitik
M 6 – M 11**

Angesichts des fortschreitenden demografischen Wandels ist die Familienpolitik seit der Jahrtausendwende eine **politische Kernaufgabe** geworden. Ziel ist es, die **Geburtenrate zu steigern** und die **Vereinbarkeit von Familie und Berufstätigkeit** zu verbessern. Einschneidende familienpolitische Maßnahmen waren die Einführung des **Elterngeldes**, der **Ausbau der staatlich geförderten Kinderbetreuungseinrichtungen** sowie das **Betreuungsgeld**, das von konservativer Seite gefordert wurde, um den Eltern die Wahlfreiheit zu ermöglichen, ihre Kinder selbst zu betreuen. Kritisiert wird das Betreuungsgeld vor allem deshalb, weil es insbesondere die Kinder aus den Kindertagesstätten fernhalte, die eine Förderung besonders benötigen. Fraglich sei auch, dass Menschen, die auf eine staatliche Betreuung verzichten, finanziell entschädigt würden.

Verfehlte Familienpolitik

Ein Staat gibt jährlich 4,7 Milliarden Euro für eine Transferleistung aus. Die ursprünglichen Ziele werden [...] kaum erreicht. Positive Effekte sind kaum messbar.
5 Was macht der Staat? Er stellt nicht etwa die Leistung grundsätzlich auf den Prüfstand, sondern legt noch weiteres Geld drauf, um die Fehlentwicklungen zu dämpfen und endlich das zu erreichen, was man
10 eigentlich ursprünglich bezweckte.

Die bisweilen merkwürdige Logik der Sozialpolitik ist derzeit beim Elterngeld zu besichtigen. Noch in [2015] soll die Leistung zu einem „Elterngeld plus" ausgedehnt
15 werden, weil, so sagt Familienministerin Manuela Schwesig, viele Mütter „früher wieder in ihren alten Beruf einsteigen" wollen. [...]

War das Elterngeld nicht von vornherein
20 dazu gedacht, die berühmte Vereinbarkeit von Kind und Beruf zu ermöglichen? Heute aber nehmen Mütter im Durchschnitt fast die maximale, einem Elternteil zustehende Auszeit von 12 Monaten. [...] So heißt es in
25 der Elterngeld-Studie der letzten Bundesregierung etwas verdruckst: „Im ersten Lebensjahr des Kindes sind die Erwerbsanreize für Eltern [...] gesunken. Dies ist vor allem für Mütter mit hohem eigenem Er-
30 werbseinkommen vor der Geburt und/oder hohem Haushaltseinkommen und hoher Qualifikation der Fall, die zuvor aufgrund der Einkommensgrenzen keinen Anspruch auf das Erziehungsgeld hatten."
35 In der Tat: Man muss es sich leisten können, ein Jahr auszusteigen. Eine Studienrätin kann problemlos ein Jahr lang von gut zwei Dritteln ihres letzten Gehalts leben. Die Kassiererin im Supermarkt schon weni-

ger. Hier zeigt sich der problematische Kern 40 der staatlichen Leistung. Letztlich haben sich mit dem Elterngeld privilegierte und wirkungsmächtige Schichten ein auf ihre Bedürfnisse zugeschnittenes Gesetz geschaffen. [...] Heute, nach der Einführung 45 des Elterngeldes, belohnt der Staat die Geburt von Clara und Jonathan bedeutend mehr als die Geburt von Chantal und Jason, was in einem bemerkenswerten Widerspruch zum politischen Konsens steht, 50 [...].

Mehr Kinder werden durch das Elterngeld nicht geboren: Die Geburtenrate in Deutschland sinkt sogar weiter. [...]

Als Flop hat sich das Väter-Argument ent- 55 puppt. [...] Drei Viertel [der Väter] begnügen sich mit ganzen zwei Monaten. [...] Aber sehr wahrscheinlich wird am Elterngeld nicht gerüttelt werden. Welcher Politiker will schon den Wählern liebgewonnene 60 Besitzstände nehmen?

Während sich die Klientel also weiter an den Geldzahlungen erfreuen kann, bleiben die eigentlichen, tieferliegenden Probleme junger Eltern und der Druck, unter dem sie 65 stehen, bestehen: Etwa, warum Väter bis heute insgeheim belächelt werden, wenn sie sich „hauptberuflich" um die Kinder kümmern. [...] Ob eine Vereinbarkeit von Kind und 50-Wochenstunden-Karriere- 70 Jobs überhaupt möglich ist. Und was eigentlich mit den einkommensschwachen Eltern ist, die eindeutig die Verlierer der Familienpolitik der letzten Jahre sind. Über diese Fragen nachzudenken, wäre ergiebi- 75 ger als jede Erweiterung des Elterngeldes.

Gunnar Hinck, www.cicero.de, 10.4.2014

Aufgaben

1 Erarbeiten Sie die Kritik, die der Verfasser an der aktuellen Familienpolitik übt.

2 Erklären Sie die einzelnen familienpolitischen Maßnahmen und ihre Wirkungen.

3 Diskutieren Sie, wo Ihrer Meinung die Familienpolitik ansetzen könnte.

2.2 Gesellschaftlicher Wandel am Beispiel des Geschlechterverhältnisses

Basiskonzepte	Fachkategorien	Leitfragen
Wandel	Gewordenheit Transformation Instabilitäten	· Wie hat sich das Verhältnis der Geschlechter in den vergangen Jahrzehnten verändert? · Welche Faktoren haben die Veränderungen beeinflusst? · Wie stabil sind diese gesellschaftlichen Institutionen noch?
Akteure und deren Dispositionen	Interessen Ideologie Wertebezug	· Welche Interessen verfolgen die unterschiedlichen Akteure mit der Familien- bzw. Gleichstellungspolitik? · Welche Grundorientierungen oder Ideologien prägen die politischen Akteure?
Prozesse und Handeln	Politische Gestaltung und Legitimation	· Welche politischen Möglichkeiten sind geeignet, eine Problemlage wie Unterrepräsentation von Frauen in bestimmten Bereichen der Gesellschaft zu lösen?

2.2.1 Etappen der Frauenbewegung

M 1 ● Mobilisierung einer weiblichen Öffentlichkeit zur Durchsetzung von Art. 3 (2) GG

Die „Mütter" des Grundgesetzes (auf dem Foto von links nach rechts): Friederike Nadig (SPD), Helene Wessel (Zentrumspartei), Helene Weber (CDU), Elisabeth Selbert (SPD). Diesen Frauen ist es zu verdanken, dass Männer und Frauen vor dem Gesetz gleichberechtigt sind. → Art. 3, Absatz 2, Satz 1 GG

65 Persönlichkeiten waren in den Parlamentarischen Rat nach Bonn berufen worden, darunter nur vier Frauen: Elisabeth Selbert und Frieda Nadig von der SPD,
5 Helene Weber von der CDU und Helene Wessel vom Zentrum. [...] Die eindeutige Formulierung von Artikel 3 Absatz 2 Grundgesetz – Männer und Frauen sind gleichberechtigt – stieß anfangs auch bei den Frauen im Rat auf eine Ablehnung, 10 wie sie sich Elisabeth Selbert absolut nicht hatte vorstellen können. Für sie war klar: „Wir müssen weitergehen als Weimar!" Weitergehen also als die den Frauen in der Weimarer Republik lediglich zugestande- 15 nen „gleichen staatsbürgerlichen Rechte und Pflichten". [...] Elisabeth Selbert mobilisierte die Öffentlichkeit. Unter den extrem schwierigen Bedingungen des kriegszerstörten und in Zonen aufgeteilten Deutsch- 20 lands reiste sie wie ein Wanderprediger von Versammlung zu Versammlung und erzählte den Frauen, was für eine Art Ausnahmegesetz sie zu erwarten hätten". Schließlich kamen waschkörbeweise Pro- 25 testschreiben gegen jegliche Formulierung, die vieldeutige Auslegungen zulieſe.

Antje Dertinger, Elisabeth Selbert – Leitbild der neuen Frauenbewegung, Informationen für die Frau, 6/1996, S. 19f.

M 2 ● Studentenrevolten und die Anfänge einer neuen Frauenbewegung

Die Anzahl der erwerbs- und berufstätigen Frauen war nach 1945 gestiegen; auch hatten sich die Bildungschancen für Mädchen deutlich verbessert, sodass immer
5 mehr Frauen ein Studium aufnahmen. Aber die Gesamtgesellschaft verharrte noch immer in den alten patriarchalen Strukturen. Daher empfanden es die jüngeren Frauen zunehmend als ambivalent,
10 dass sie in der Regel weniger verdienten als die Männer, sie dem Ehemann nicht gleichgestellt waren, aber die Hauptverantwortung für die Versorgung des Haushalts und die Betreuung der Kinder trugen, und dass
15 sie kaum Zugang zu Führungspositionen hatten. Dies war grob zusammengefasst die gesellschaftliche Situation, die Frauen in der Mitte der 1960er Jahre – vor den so genannten Studentenrevolten – vorfanden.
20 **Der Tomatenwurf:** Auf dem SDS-Delegiertenkongress 1968 beschuldigte Helke Sander, Sprecherin des Aktionsrates zur Befreiung der Frau, die SDS-Männer, in ihrer Gesellschaftskritik nicht weit genug zu ge-
25 hen, weil sie die Diskriminierung der Frauen ignorierten. Tatsächlich sei der SDS selbst das Spiegelbild einer männlich geprägten Gesellschaftsstruktur. Da die Genossen nicht bereit waren, diese Rede zu
30 diskutieren und zur Tagesordnung übergehen wollten, warf Sigrid Rüger – als Zeichen weiblichen Protestes – Tomaten in Richtung Vorstandstisch. Der Tomatenwurf und seine mediale Verbreitung sorgten da-
35 für, dass sich in den Universitätsstädten vermehrt Frauengruppen bzw. Weiberräte bildeten, die die Öffentlichkeit – mit teilweise spektakulären Aktionen – auf bestehende Ungleichheiten zwischen den Ge-

schlechtern aufmerksam machten.
40 „Ich habe abgetrieben"
In diesem sozialpolitischen Kontext erhielt die neue Frauenbewegung 1971 einen zweiten Mobilisierungsschub: die Kampagne gegen den § 218. Ausgangspunkt war
45 die Selbstbezichtigung „Ich habe abgetrieben" von 374 Frauen in der Zeitschrift STERN. Initiatorin war die Journalistin Alice Schwarzer, die die Idee dazu von den Französinnen übernommen hatte. Im Zuge
50 dieser Kampagne formierten sich immer mehr Aktionsgruppen, die ihre Proteste schließlich in einem übergeordneten Gremium Aktion 218 koordinierten. Das Gremium übermittelte im Juli 1971 folgende
55 Forderungen an den damaligen Bundesjustizminister Gerhard Jahn: 1. den § 218 aus dem Strafgesetzbuch zu streichen, 2. den Schwangerschaftsabbruch von Fachärzten vornehmen zu lassen, 3. die Abtreibung
60 sowie „die Pille" als Kassenleistung festzuschreiben, 4. eine Sexualaufklärung, die sich an den Bedürfnissen der Frauen orientiert. Zwar wurde in der BRD bereits seit längerem über eine Reform des § 218 dis-
65 kutiert, aber fast ausschließlich von Fachleuten. Neu war, dass Frauen als Betroffene selbst die Streichung des § 218 forderten und diese Kampagne nicht nur von Studentinnen, sondern auch von berufstätigen
70 Frauen, Hausfrauen und Müttern getragen wurde. Auch wenn die Aktivistinnen ihr Maximalziel – die Abschaffung des § 218 – nicht erreichten, lässt sich der Kompromiss in Form der Fristenlösung, die am 21.
75 Juni 1976 in Kraft trat, als Erfolg werten.

Susanne Hertrampf, Frauenbewegung – ein Tomatenwurf und seine Folgen, www.bpb.de, 8.9.2008

Sozialistischer Studentenverbund (SDS) und APO

Der SDS wurde 1946 gegründet und galt als Kern der außerparlamentarischen Bewegung (APO). Die APO richtete sich gegen den Staat, den sie als reaktionär und autoritär verstand. Durch Aktionen und Aufklärung vor allem durch die Studentenproteste versuchte die APO die Gesellschaft aufzuklären und sie im Sinne von Gleichberechtigung und Selbstbestimmung zu verändern.

Aufgaben

1 Erarbeiten Sie aus M 1 und M 2, welche Faktoren die Frauenbewegung maßgeblich gesteuert und voran getrieben haben.

2 Erläutern Sie die Notwendigkeit und die besondere Bedeutung des Zusatzes zu Artikel 3 im Jahre 1994. (Randspalte, S. 70)

3 Erklären Sie, wie diese Ereignisse im Zusammenhang mit dem sich verändernden Geschlechterverhältnis zwischen Mann und Frau zu sehen sind.

2.2.2   Gleichberechtigung – eine gesellschaftliche Realität?

M 3 ● Teilzeit- und vollzeitbeschäftigte Frauen

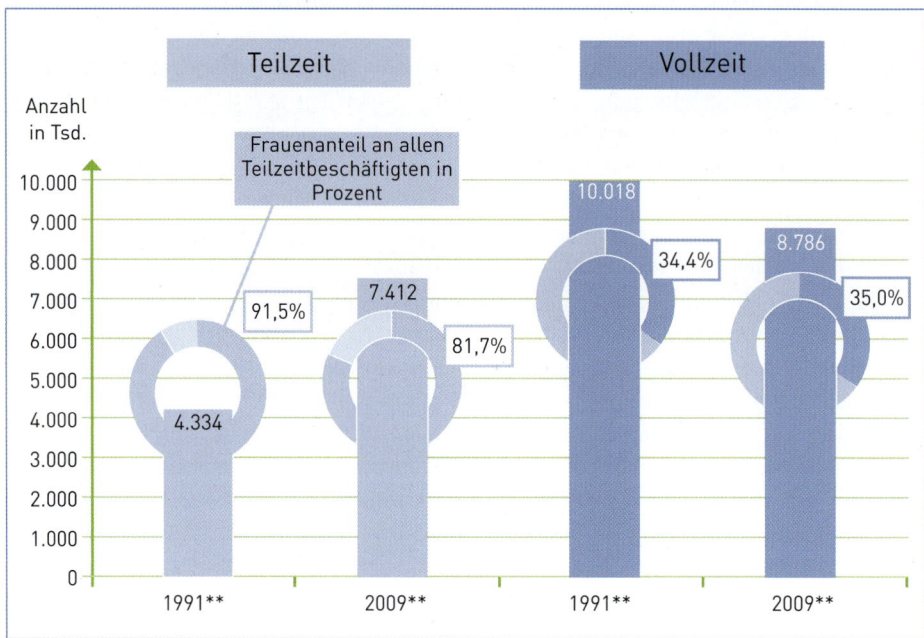

Nach: Statistisches Bundesamt, Mikrozensus 2010, www.bpb.de, 12.3.2013

M 4 ● Verteilung der Einkommen

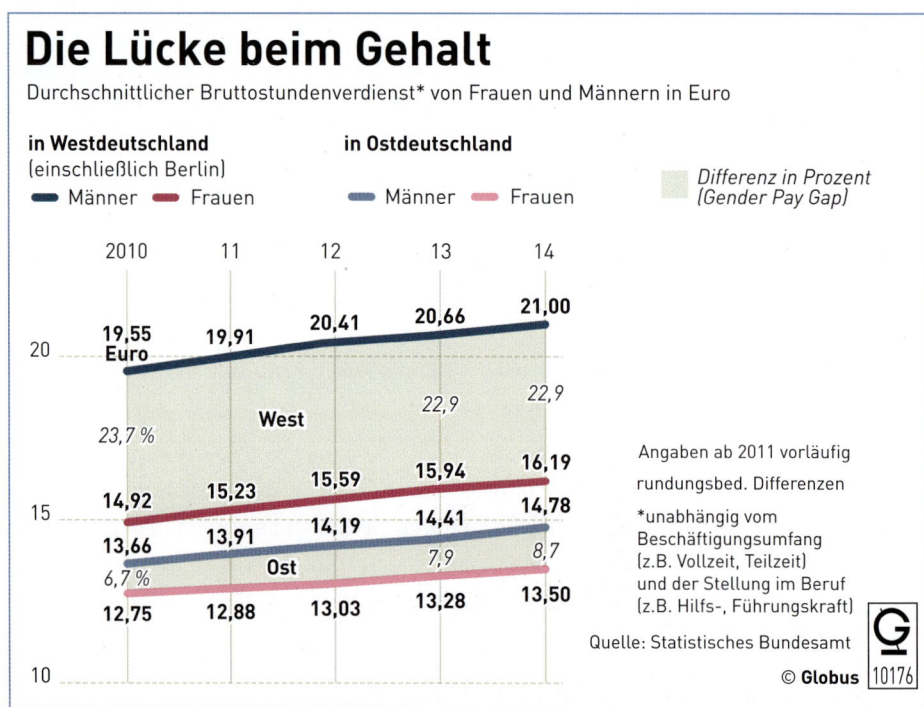

M 5 ● Gleichberechtigung in den Chefetagen?

Frauen in Führungspositionen

Anteil der in Unternehmensführungen tätigen Frauen in Deutschland in Prozent

Berlin	24,0
Brandenburg	22,4
Saarland	22,4
Bayern	21,9
Sachsen	21,8
Sachsen-Anhalt	21,7
Hamburg	21,6
Hessen	21,5
Rheinland-Pfalz	21,3
Deutschland	*21,1*
Mecklenburg-Vorpommern	20,9
Nordrhein-Westfalen	20,9
Thüringen	20,7
Niedersachsen	20,5
Schleswig-Holstein	19,9
Bremen	19,3
Baden-Württemberg	19,1

Quelle: Bürgel   Stand März 2012

© Globus 5247

M 6 ● Gewünschte Lebensmodelle im Wandel der Zeit

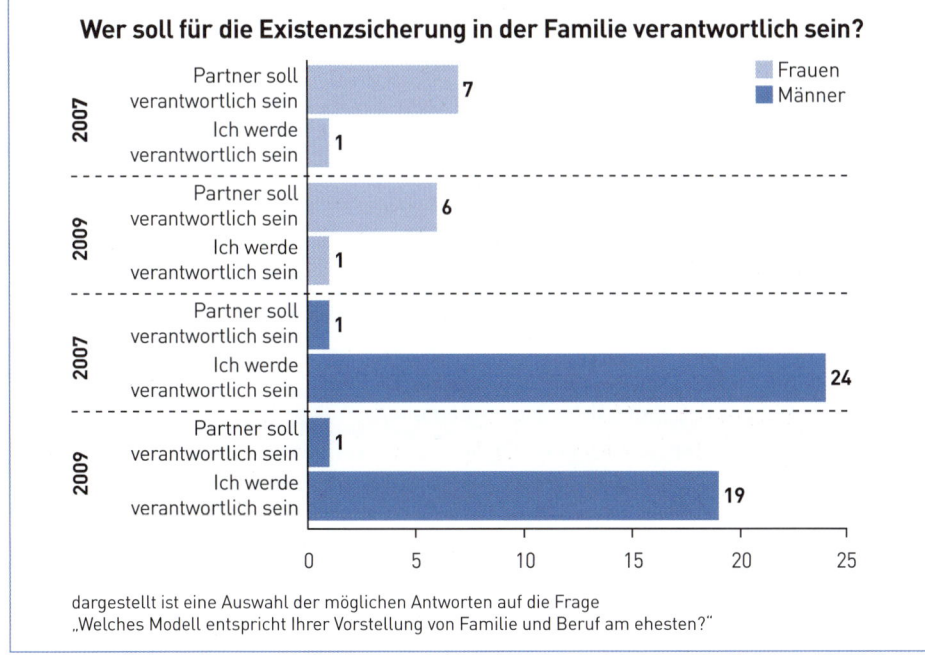

Wer soll für die Existenzsicherung in der Familie verantwortlich sein?

■ Frauen
■ Männer

2007
Partner soll verantwortlich sein — 7
Ich werde verantwortlich sein — 1

2009
Partner soll verantwortlich sein — 6
Ich werde verantwortlich sein — 1

2007
Partner soll verantwortlich sein — 1
Ich werde verantwortlich sein — 24

2009
Partner soll verantwortlich sein — 1
Ich werde verantwortlich sein — 19

dargestellt ist eine Auswahl der möglichen Antworten auf die Frage
„Welches Modell entspricht Ihrer Vorstellung von Familie und Beruf am ehesten?"

Nach: Brigitte Studie, 2009

1937
Das Gesetz über die Beschränkung der Frauenarbeit wird wieder gelockert. Als Folge der Aufrüstung werden Frauen zur Arbeit in Munitionsfabriken verpflichtet.

1949
In Artikel 3, Absatz 2 des Grundgesetzes wird der Grundsatz „Männer und Frauen sind gleichberechtigt." aufgenommen.

1952
Mutterschutzgesetz (Gesetz zum Schutz der erwerbstätigen Mutter)

1958
Das „Gleichberechtigungsgesetz" setzt den in Artikel 3 GG enthaltenen Gleichheitsgrundsatz auf dem Gebiet des Bürgerlichen Rechts (BGB) um und ändert das seit dem 19. Jahrhundert geltende Familienrecht, das dem Mann in der Ehe ein umfassendes Entscheidungsrecht über seine Ehefrau zuwies. Wobei Einschränkungen bestehen bleiben: In Erziehungsfragen und als Vormund der Kinder ist weiterhin der Mann tonangebend.

1968
Aus der Studentenbewegung entsteht in Westdeutschland die „neue Frauenbewegung".

1972/1973
Rentenreformgesetz (ein Schwerpunkt: Öffnung der Rentenversicherung für Hausfrauen)

1975
Erste Weltfrauenkonferenz in Mexiko

1975
Bundeswehr öffnet Laufbahn der Offiziere des Sanitätsdienstes für Frauen

1976
Der Bundestag verabschiedet die modifizierte Indikationsregelung: Der Schwangerschaftsabbruch bleibt innerhalb festgelegter Fristen straffrei.

1977
Erstes Gesetz zur Reform des Ehe- und Familienrechts: Keine Entscheidungsbefugnis bzgl. der Erziehung der Kinder und Gültigkeit des Partnerschaftsprinzips (keine gesetzlich vorgeschriebene Aufgabenteilung in der Ehe)

1991
Die Bundeswehr öffnet alle Laufbahnen des Sanitätsdienstes und des Militärmusikdienstes für Frauen.

1992
Das Bundesverfassungsgericht hebt das Nachtarbeitsverbot für Arbeiterinnen auf.

1994
Das Gleichberechtigungsgebot in Artikel 3, Absatz 2 Grundgesetz wird ergänzt: „Der Staat fördert die tatsächliche Durchsetzung der Gleichberechtigung von Frauen und Männern und wirkt auf die Beseitigung bestehender Nachteile hin."

M 7 ● Aufteilung des Elterngelds zwischen Müttern und Vätern

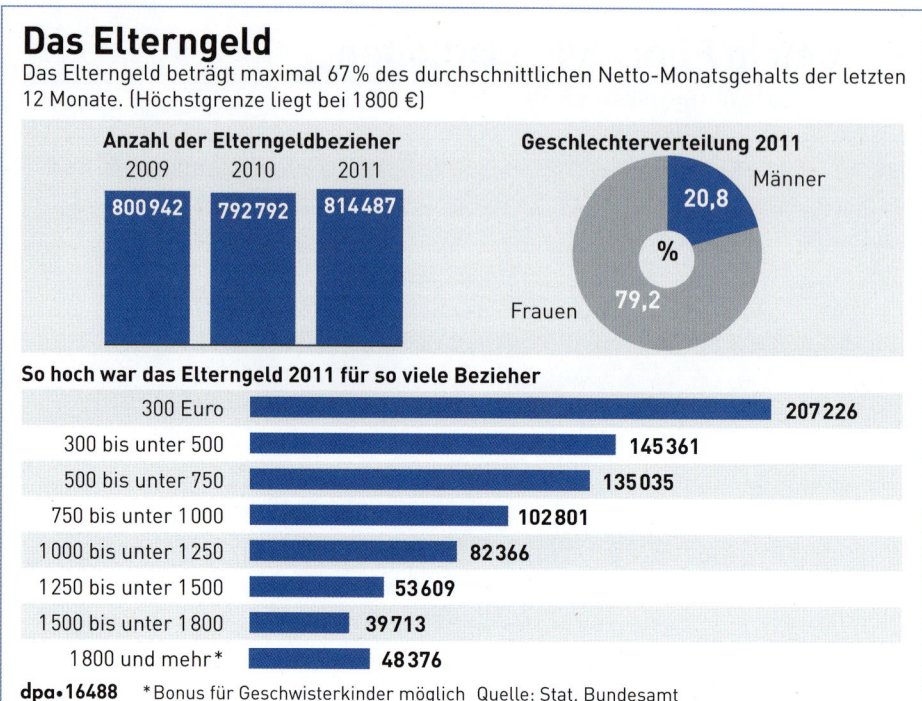

Das Elterngeld Plus trat im Juli 2015 in Kraft. Es kann bei halbem Gehalt doppelt so lange bezogen werden. Zur Zeit sind noch keine Angaben über die Verteilung möglich.

Aufgaben

❶ Recherchieren Sie die Hintergründe zu ausgewählten Ereignissen (vgl. Zeitleiste) auf dem Weg zu mehr Gleichberechtigung zwischen Frauen und Männern und berichten Sie Ihren Mitschülern.

❷ Werten Sie die Informationen aus M 3 – M 7 arbeitsteilig aus und fassen Sie anschließend die Aussagen thesenartig zusammen.

❸ Kann Ihrer Meinung nach von einem gleichberechtigten Nebeneinander der Geschlechter gesprochen werden? Begründen Sie Ihre Position.

❹ Suchen Sie nach Beispielen, die das Gegenteil beweisen und von einem erhöhten Selbstbewusstsein heutiger Frauen in verschiedenen gesellschaftlichen Bereichen zeugen. Beziehen Sie auch Ihre direkte Umgebung mit ein.

❺ Entwickeln Sie Lösungsvorschläge für ein partnerschaftlich orientiertes Vorgehen bei dem Versuch, Familie und Beruf zu vereinbaren.

❻ Entwerfen Sie einen kurzen Erziehungsratgeber für Eltern, die sich um eine geschlechtsneutrale Erziehung ihrer Kinder bemühen.

❼ „Denn nach vierzig Jahren Geschlechtertheater müssen wir feststellen: Wir selber haben's vermasselt. Wir Frauen. Wir reden und schreiben und regen uns auf und verfluchen unsere Ohnmacht gegenüber den gesellschaftlichen Strukturen – aber wie handeln wir denn Tag für Tag? Wir lassen dieses System nicht nur zu. Wir machen mit.", so die Publizistin und Autorin Bascha Mika in ihrem Buch „Die Feigheit der Frauen". Nehmen Sie begründet Stellung zu dieser Aussage.

2.2.3 Ist gesellschaftlicher Wandel politisch steuerbar? – Kontroversen um die Geschlechterquote

M 8 ● Frauen in Führungspositionen

Karikatur: Thomas Plaßmann / Baaske Cartoons

M 9 ● Warum gibt es wenige Frauen in Führungspositionen?

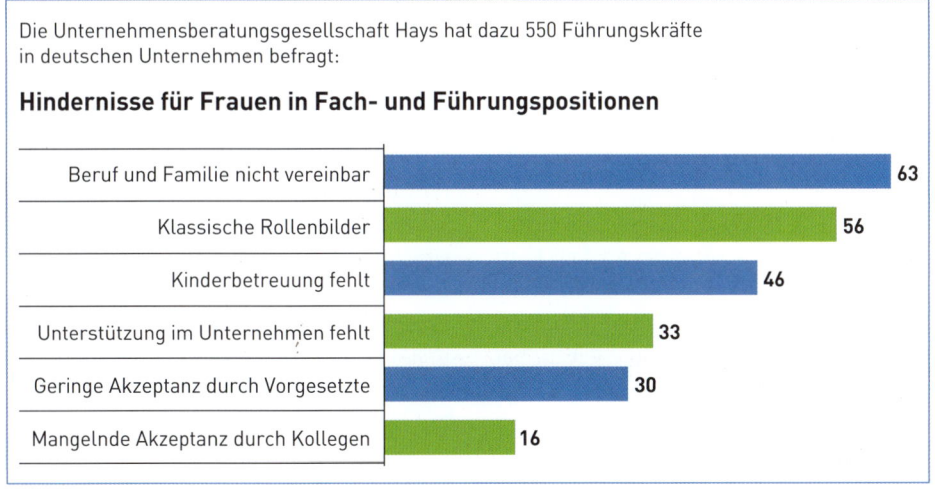

Die Unternehmensberatungsgesellschaft Hays hat dazu 550 Führungskräfte in deutschen Unternehmen befragt:

Hindernisse für Frauen in Fach- und Führungspositionen

Beruf und Familie nicht vereinbar	63
Klassische Rollenbilder	56
Kinderbetreuung fehlt	46
Unterstützung im Unternehmen fehlt	33
Geringe Akzeptanz durch Vorgesetzte	30
Mangelnde Akzeptanz durch Kollegen	16

Hays AG (Hrsg.), HR-Report 2013/2014. Schwerpunkt Frauenförderung, S. 28

1999
Durch die Beschlüsse der Weltfrauenkonferenz in Peking und durch den Amsterdamer Vertrag wurde die Bundesregierung verpflichtet, Gender Mainstreaming als Strategie und Methode zur Verbesserung der Gleichstellung von Frauen und Männern einzuführen.

2001
Vom 1. Januar an können Frauen auch Dienst an der Waffe leisten. Der Gesetzgeber folgt damit einem Urteil des Europäischen Gerichtshofes zur Gleichbehandlung von Männern und Frauen bei der Bundeswehr.

2005
Angela Merkel wird erste Bundeskanzlerin der BRD.

2006
Das Allgemeine Gleichbehandlungsgesetz (AGG) tritt in Kraft. Damit werden EU-Gleichbehandlungsrichtlinien in Deutschland umgesetzt, die auch den Schutz vor Benachteiligungen wegen des Geschlechts bezwecken.

2007
Elterngeld

2008
Kinderförderungsgesetz: Rechtsanspruch unter Dreijähriger auf Krippenplatz ab 2013

seit 2011
wieder verstärkt Diskussionen um verpflichtende oder flexible Frauen-Quoten in Führungspositionen

Geschlechterquote

Eine Quote ist ein bestimmter Prozentanteil von einem Ganzen. Als Geschlechter- oder Genderquote (manchmal auch Frauenquote) bezeichnet man eine geschlechterbezogene Quotenregelung bei der Besetzung von Positionen oder Stellen, um die Gleichstellung von Frauen und Männern in Politik, Gesellschaft und Wirtschaft zu erreichen. Geschlechterquoten bei der Besetzung von Führungspositionen in Wirtschaft und öffentlicher Verwaltung gibt es u.a. in Frankreich, Spanien, Italien, Belgien, Niederlanden.

M 10 ● Chefinnen im europäischen Vergleich

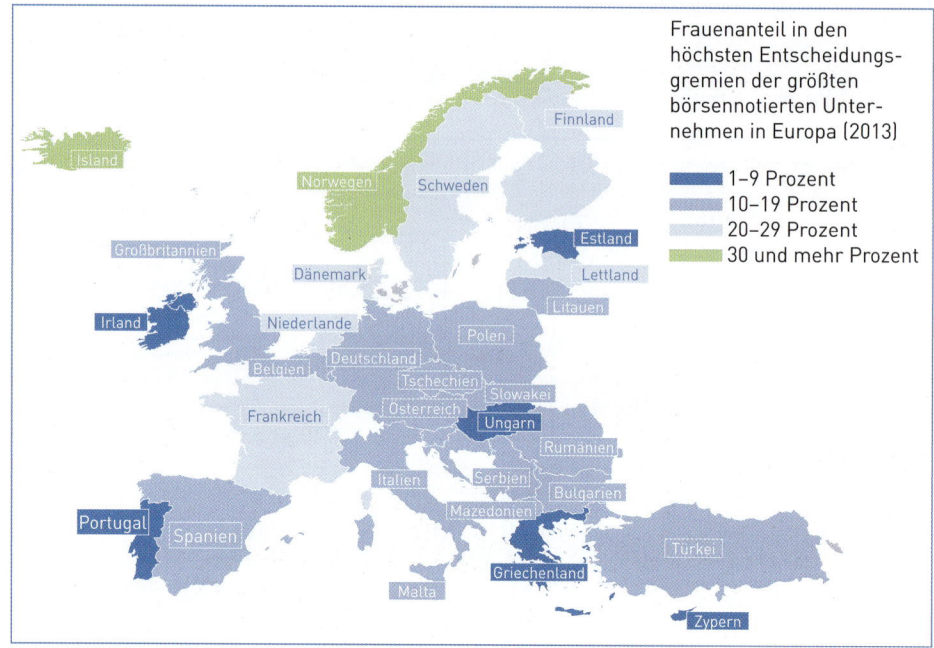

Europäische Kommission, Datenbank Frauen und Männer in Entscheidungspositionen I WSI-GenderDatenPortal 2014

Gesetzliche Frauenquote von 30 Prozent

Große Unternehmen müssen in ihren Aufsichtsräten künftig einen Frauenanteil von 30 Prozent aufweisen. Der Bundestag hat ein entsprechendes Gesetz [am 6.3.2015] verabschiedet [....]. Betroffen von der Neuregelung sind ab 2016 gut 100 börsennotierte und mitbestimmungspflichtige Unternehmen. 3500 weitere Unternehmen müssen sich künftig verbindliche Ziele für die Erhöhung des Frauenanteils in Führungspositionen setzen.

Nach: www.tagesschau.de, 6.3.2015

M 11a ● Halleluja, der Anfang ist gemacht!

Die Frauenquote kommt, endlich, das ist eine historische Zäsur. [...] Halleluja. Ein Anfang ist gemacht. Das Gesetz wird Deutschland zwar nicht auf den Kopf stel-
5 len, leider. Aber es wird nun ein Richtungswechsel eingeleitet, der so überfällig wie förderlich ist für die Gesellschaft. Sie steckt - vor allem im Westen des Landes - bei der Arbeitsteilung der Geschlechter in alten
10 Denkkrusten fest, die aufgerissen werden müssen. [...]
Wer sich jetzt fragt, was eigentlich historisch daran sein soll, dass gerade mal hundert Großunternehmen mehr Frauen in die
15 Aufsichtsräte holen müssen und sich 3500 Firmen selbst eine Frauenquote geben, hat recht: Das Gleichstellungsgesetz hätte konsequenter ausfallen können. Es fehlt an Sanktionen für Quotenverweigerer. [...] Es
20 verzichtet auf harte Konfrontation [...] Aber auch sozialdemokratische Antreiberinnen wie Familienministerin Manuela

Schwesig sind am Ende eben: Chefs. Also nicht daran interessiert, dass eine von ihnen getroffene Personalentscheidung von 25 irgend so einer Gleichstellungsbeauftragten rückgängig gemacht werden kann.
Wer aber meint, in den Dämmerschlaf des Vor-Quoten-Zeitalters zurückfallen zu können, sei wachgerüttelt: Wirkungslos 30 wird das neue Gesetz nicht, denn es zwingt Vorgesetzte wie Frauen zur anstrengendsten aller Tätigkeiten: dem Ausbruch aus vertrauten Denkbahnen. [...] [Und] wer im Geschichtsbuch nach Reformen sucht, die 35 das Geschlechterverhältnis in ähnlicher Weise renoviert haben, landet bei 1976 und dem Prinzip Backpulver.
Im Jahr 1976 hat die alte Bundesrepublik ihr Ehe- und Scheidungsrecht neu gere- 40 gelt. Was das mit der Arbeitswelt zu tun hat? Erstaunlich viel. Bis 1976 erlaubte das Bürgerliche Gesetzbuch es jedem Ehemann, seiner Frau die Berufstätigkeit zu

45 verbieten und - wenn sie nicht parierte - ihren Job zu kündigen, auch gegen ihren Willen. Begründet wurde das mit der Pflicht der Frau, sich vorrangig um Mann und Kinder zu kümmern. Der Abschied 50 vom Leitbild Hausfrauenehe war eine historische Entscheidung, und sie wirkte wie Backpulver in der Gesellschaft: Es treibt langsam, aber sicher Verklebtes auseinander und die Verhältnisse voran. [...]

Anteilseigner und Betriebsräte müssen sich 55 ab sofort den Kopf zerbrechen, wo sie gute Bewerberinnen für Aufsichtsratsposten finden. Vorgesetzte müssen Frauen Führungsjobs anvertrauen und große Budgets - und den weiblichen Nachwuchs systema- 60 tisch vorbereiten auf mehr Verantwortung im Beruf.

Constanze von Bullion, www.sueddeutsche.de, 6.3.2015

M 11b ● Selbst ist die Frau!

Der Staat erzwingt mit der Frauenquote, was Wirtschaft und Gesellschaft auch ohne Zwang schon tun. [...] Selbst das Freiheitsgefühl von Rosa Luxemburg war so ausge- 5 prägt, dass ihr nicht in den Sinn gekommen wäre, eine Zwangsquote als größten Fortschritt seit der Einführung des Frauenwahlrechts zu bezeichnen. Da sind die SPD und auch das wendige Ursula-von-der- 10 Leyen-Deutschland ganz anders. Die „historische Leistung" der Frauenquote feiern sie, als werde die Frau erst jetzt befreit. Eine Quote ist aber etwas anderes als ein Recht. Das eine macht zum Objekt, das an- 15 dere zum Subjekt.

So kann nur ein Mann argumentieren, wird es jetzt heißen, denn er weiß nicht, wie das ist, wenn man ein Recht hat, das man aber aus gesellschaftlichen Gründen 20 (Männer! Kinder!) gar nicht wahrnehmen kann (gläserne Decke!). Aber wird die Quote dazu führen, dass das angebliche Machogehabe in deutschen Aufsichtsräten aufhört? Dass Karrieren für Frauen wirk- 25 lich einfacher werden? Dass endlich mehr

Frauen Frauen fördern können [...]? Die Erfahrungen in Norwegen, dem Land mit der ältesten Frauenquote in Europa, sagen: Alles Mumpitz. Oder sagen wir: Es kommt immer anders als man denkt. Norwegens 30 Nachbarländer erreichten dieselben Ziele jedenfalls schneller ohne Zwang und ohne Quote. [...]

Die exklusive Quote für die obersten Etagen der deutschen Wirtschaft wird außer- 35 dem „ganz unten" dazu führen, dass Frauen über Frauen denken: Die haben es nötig - gutes Einkommen und dann auch noch die Quote! Vor dieser Frage zittert schon jetzt der deutsche Mittelstand. Denn auch 40 ihn könnte die Zwangsbeglückung deshalb noch heimsuchen. Aber vielleicht gelingt es Männern und Frauen, einfach schneller zu sein. Oder den Männern, zu Hause zu bleiben, auf das Erwerbsleben zu verzich- 45 ten (selbst ist die Frau!) und für den „Fortschritt" zu kämpfen: die Kinderquote - die größte Revolution seit Einführung des Wahlrechts.

Jasper von Altenbockum, www.faz.net, 6.3.2015

Rosa Luxemburg (geboren 1871, 1919 ermordet), Sozialdemokratin und bedeutende Denkerin der Arbeiter- und Frauenbewegung

Gläserne Decke
Die Gläserne Decke ist ein sprachliches Bild für die unsichtbaren Hindernisse, die es Frauen kaum ermöglichen, in Führungspositionen aufzusteigen und sie bestenfalls auf die Ebene des mittleren Managements vordringen lassen.

Aufgaben

1 Interpretieren Sie die Karikatur (M 8). Beziehen Sie dazu auch M 5 aus Kap. 2.2.1 und M 3 ein.

2 Vergleichen Sie die Situation in Deutschland mit dem Frauenanteil in Führungspositionen in anderen europäischen Ländern. (M 9, M 10).

3 Nennen Sie Vor- und Nachteile einer gesetzlichen Geschlechterquote.

4 Erarbeiten Sie die zentralen Argumente aus den beiden Kommentaren (M 11a, b) und diskutieren Sie die Frage: Gesetzliche Geschlechterquote: Historische Zäsur oder Mumpitz?

Mit Sach- und Wertargumenten Stellung nehmen (Urteilskompetenz I)

A) Aufgabenstellung

Thema	Steuerbarkeit gesellschaftlichen Wandels – Kontroversen um die Geschlechterquote
Aufgabe	Nehmen Sie Stellung zu der in Deutschland eingeführten Frauenquote in Aufsichtsräten großer Unternehmen.
Operator	Stellung nehmen (AFB III): den Stellenwert von Sachverhalten und Aussagen (Hypothesen, Behauptungen, Urteile) in einem Zusammenhang bestimmen, um zu einem begründeten Sachurteil zu gelangen und zusätzlich die eigenen Wertmaßstäbe offenlegen und begründen.

B) Hinweise zum Verständnis der Aufgabe

Wesentlich für die erfolgreiche Bearbeitung einer Aufgabe ist das Verständnis der Aufgabenstellung. Daher sollten Sie sich zunächst verdeutlichen, was genau diese verlangt.

	Nehmen Sie Stellung zu der in Deutschland eingeführten Frauenquote in Aufsichtsräten großer Unternehmen.	
Leitfragen	a. Welche Schlüsselbegriffe enthält die Aufgabe?	→ Bewertet werden soll eine ganz konkrete, rechtlich umgesetzte politische Entscheidung („Sachverhalt"? vgl. Operator) → Nicht bewertet werden soll z. B. eine bereits bestehende Position zu der Entscheidung oder eine Geschlechterquote ganz allgemein.
	b. Gibt die Aufgabe Erarbeitungsschwerpunkte vor?	→ Erarbeitungsschwerpunkte sind in diesem Fall nicht vorgegeben.
	c. Enthält die Aufgabe Hinweise zum möglichen Aufbau der Bearbeitung?	→ Verlangt wird eine lineare Argumentation für die eigene Position, also (anders als beim Operator „erörtern") nicht zwingend das Darstellen und Entkräften von Gegenargumenten.
	d. Was genau verlangt der Operator?	→ Zwingend gefordert ist das Anführen von Sach- und Wertargumenten (s. u.). → Argumente müssen durch Belege bzw. logische Schlussfolgerungen gestützt werden (s. u.). → Verlangt ist eine eindeutige Positionierung.

C) Argumente entwickeln, eine Argumentation strukturieren und formulieren

Was unterscheidet ein Sach- von einem Werturteil?

Ein politisches **Werturteil** fällt man dann, wenn man eine politische Entscheidung oder Position mit moralischen Maßstäben misst, die von Person zu Person, von Gesellschaft zu Gesellschaft unterschiedlich sein können.

Ein **Sachurteil** hingegen liegt dann vor, wenn ein Vorschlag etc. mit „objektivierbaren" Fakten (z. B. Zahlen) untermauert oder abgelehnt wird. Die Abgrenzung des Sachurteils vom Werturteil ist aber nicht immer eindeutig:

1. Zum Beispiel kann ein Argument aus dem Bereich Legalität (Recht), das mit einem Grundgesetzartikel gestützt wird, als Sachargument (wegen des Gesetzesbezugs) oder als Wertargument (wegen des durch den Artikel ausgedrückten gesellschaftlichen Wertehintergrunds) angesehen werden.
2. Außerdem ist zu beachten, dass bei der Auswahl von Sachargumenten bzw. Belegen auch immer der Werthorizont des Argumentierenden eine Rolle spielen kann.

Bei der Bildung eines politischen Urteils sollte nie allein ein Wert-, sondern immer (auch) ein Sachurteil formuliert werden.

Welche Werte können berücksichtigt werden?

Klassischerweise stehen zum Fällen eines Werturteils die **drei gesellschaftlichen Grundwerte** Freiheit, Sicherheit und Gerechtigkeit zur Verfügung. Dazu kommen Werte wie ökologische Nachhaltigkeit, Friedlichkeit und Solidarität. Unbedingt ist dabei zu beachten, dass **ein und derselbe Wert ganz unterschiedlich verstanden** werden kann, z. B.:

Freiheit:	• formale Freiheit („Freiheit von etwas") → Frei ist in diesem Verständnis jemand, dem möglichst wenige äußere (rechtliche …) Zwänge auferlegt sind. • materiale Freiheit („Freiheit zu etwas") → Frei ist nach dieser Definition jemand, der (z. B. durch materielle Ausstattung) zum Nutzen seiner Freiheitsrechte auch befähigt wird.
Gerechtigkeit:	• Leistungsprinzip → Befürworter dieses Prinzips begrüßen die Verteilung von Mitteln (1) nach individueller Anstrengung und (2) danach, ob bzw. wie stark eine Tätigkeit nachgefragt wird. • Gleichheit-/Egalitätsprinzip → Gerecht ist nach diesem Verständnis eine Entscheidung, die jedem gleiche Rechte und den gleichen Anteil an gesellschaftlichem Vermögen und Lasten zuweist. • Bedarfsprinzip → Anhänger dieses Gedankens fordern eine angemessene Deckung von Grundbedürfnissen unter Berücksichtigung objektiver Unterschiede zwischen Personengruppen.

Daher muss der politisch Beurteilende jeweils immer offenlegen, wie er einen herangezogenen Wert versteht, und optimalerweise auch darstellen, aufgrund welcher Einflüsse er mit der Zeit zu diesem Wertverständnis gelangt ist.

Worauf ist beim Sachurteil zu achten?

Sachargumente werden entweder durch qualitative oder quantitative **Belege überprüfbar** (z. B. Zahlen, wissenschaftlich ausgewertete Aussagen Betroffener) und/oder werden durch logische und lückenlose **Schlussfolgerungen plausibel** (= schlüssig, nachvollziehbar) gemacht. Vermieden werden sollten unbedingt zwei Arten von „Sachaussagen": erstens die Verallgemeinerung von nur einem oder sehr wenigen Beispiel/en; zweitens sog. Autoritätsargumente, also kritiklose Übernahme der Positionen von (vermeintlichen) Experten.

→ zu Kategorien bzw. Kriterien des politischen Urteilens s. Kap. 6

KOMPETENZEN AUSBILDEN

KOMPETENZEN AUSBILDEN

Gliederungsaspekt der Aufgabenbearbeitung	inhaltliche Anforderungen (inkl. Beispielen)
Einleitung	→ Nennung (und ggf. Einordnung) des Themas („Sachverhalt") und der folgenden Operation („Bewertung") *„Nach dem Willen des Gesetzgebers sollen ab 2016 mindestens 30% der Aufsichtsratsposten zwingend von Frauen besetzt sein. Bis dahin waren trotz anders lautender Absichtserklärungen der Unternehmen lediglich gut 10% der Posten mit Frauen besetzt. Im Folgenden werde ich Stellung nehmen zu dieser im Jahr 2015 in Deutschland eingeführten, aber noch immer umstrittenen Frauenquote in Aufsichtsräten von großen, börsennotierten Unternehmen."* → Bereits hier kann die eigene Position genannt/angedeutet werden.
Argumentationsteil	→ Sach- und Wertargumente sollten bestenfalls voneinander getrennt, kenntlich gemacht werden. → Der Argumentationsteil sollte mit dem überzeugendsten Argument enden. → Zudem sollten die Argumente sprachlich miteinander verbunden werden. Dabei sollte das Hauptargument sprachlich hervorgehoben werden. *„Zwar sind die Grundwerte der Gleichheit zwischen den Geschlechtern und der formalen Freiheit (der Berufswahl) in Deutschland rechtlich verankert (Art 3 GG, Art. 12 GG). Doch das Scheitern der Selbstverpflichtung der großen Unternehmen hat gezeigt, dass die bisherigen Regelungen für eine tatsächliche Gleichstellung von Frauen keineswegs ausgereicht haben. Insofern schränkt die angesprochene Quote die Freiheit der Unternehmen (Mitarbeiterauswahl) zwar ein, ist aber notwendig zur Umsetzung zweier zentraler gesellschaftlicher Werte."* *„Aus Sacherwägungen heraus ist die Frauenquote zu begrüßen, da erstens Unternehmensleitungen gezwungen werden, Frauen bei gleicher Eignung eine Chance auf einen Entscheidungsposten zu geben und auch für betriebliche Maßnahmen zur Vereinbarkeit von Elternschaft und Beruf zu sorgen (z. B. betriebliche Kinderbetreuung, Flexibilisierung von Arbeitszeiten....). Außerdem werden Frauen zweitens flächendeckender motiviert, sich entgegen der gesellschaftlichen Konvention auf Führungspositionen überhaupt erst zu bewerben bzw. die Karriereplanung darauf auszurichten. Daraus folgt der entscheidende Gesichtspunkt, nämlich die Hoffnung auf einen schrittweisen Wandel im gesellschaftlichen Geschlechterbild, das zurzeit noch den Frauen eine deutlich stärkere Rolle bei der Betreuung und Erziehung der Kinder und eine deutlich schwächere bei der Erwerbsarbeit zuschreibt als Männern. Diese Hoffnung ist insofern begründet, als dass die mit Hilfe der Quote aufgestiegenen Frauen für andere als Rollenmodell dienen werden und für die Betriebe und die Gesellschaft als Ganze als Beleg, dass Männer genauso für die Kindererziehung geeignet sind wie Frauen für leitende Positionen."* → Die Argumentation sollte durchgehend sachlich formuliert sein und keine Befindlichkeitsäußerungen enthalten („Ich finde/fühle/glaube ...", „leider/zum Glück ...")

Fazit	→ Hier findet sich Ihre klare Positionierung, die sich eindeutig aus dem vorher Gesagten ergibt.
	→ Es kann auch eine eigene Idee entwickelt werden, die sich aus der geforderten Position zum „Sachverhalt" ergibt.

D) Die Stellungnahme überarbeiten

Überprüfen Sie Ihre eigene Darstellung hinsichtlich folgender Kriterien:

Kriterien	+	0	–
Ich bewerte durchgängig den Sachverhalt/die Aussage, der/die in der Aufgabe angegeben ist – keinen anderen.			
Meine Stellungnahme enthält einen Einleitungsteil, aus dem die Bewertungsfrage exakt deutlich wird.			
Im Argumentationsteil trenne ich die (Sach- und Wert-)Argumente voneinander.			
Alle angeführten Argumente habe ich belegt bzw. durch logische Schlussfolgerungen plausibel gemacht.			
Ich habe keine „Argumente" allein aus Einzelbeispielen abgeleitet oder Autoritätsargumente genutzt.			
Die Argumente habe ich sprachlich sinnvoll und abwechslungsreich miteinander verbunden. Dabei habe ich das Hauptargument sprachlich hervorgehoben.			
Im Fazit nenne ich meine Position zum geforderten Sachverhalt deutlich. Diese Position ergibt sich erkennbar aus meiner Argumentation.			

Überarbeiten Sie Ihre Darstellung ausgehend von den Erkenntnissen, die Sie durch die Überprüfung gewonnen haben.

KOMPETENZEN AUSBILDEN

ORIENTIERUNGSWISSEN

Gesellschaftliche Realität
M 1 – M 7

Die gesellschaftliche Realität zeigt, dass die Gleichberechtigung von Frauen und Männern in vielen Bereichen immer noch nicht umgesetzt ist, auch wenn das **Grundgesetz (Art. 3)** und Gesetze dies vorschreiben. So verdienen Frauen in vielen Berufen deutlich weniger als Männer, auch wenn sie die gleichen Abschlüsse haben und die gleichen oder vergleichbare Tätigkeiten ausüben. Auch gehen Frauen viel häufiger als Männer einer Teilzeitbeschäftigung nach, denn anders lassen sich Familie und Beruf nur selten vereinbaren. Aber nicht nur in der **Arbeitswelt**, auch in anderen Bereichen von **Politik und Gesellschaft** sind Frauen unterrepräsentiert: Auch wenn an der Spitze der Bundesregierung seit 2009 eine Frau steht, ist nur etwas mehr als ein Drittel der Abgeordneten des Bundestages weiblich. Nur jede 5. Professur ist mit einer Frau besetzt, auch wenn mittlerweile mehr Frauen als Männer Abitur haben und ein Studium aufnehmen. Die Gründe für dieses Ungleichgewicht sind vielschichtig. In den gesellschaftlichen Debatten werden aber immer wieder die **tradierten Rollenbilder** als mögliche Ursachen angeführt, die Frauen an der so genannten **„Gläsernen Decke"** scheitern lassen.

Geschlechterquote
M 8 – M 11

Um zu gewährleisten, dass Frauen zumindest in den **Führungspositionen** von Unternehmen angemessen vertreten sind, hat der Bundestag im Frühjahr 2015 das **„Gesetz für die gleichberechtigte Teilhabe von Frauen und Männern an Führungspositionen"** verabschiedet, wonach mindestens 30% der Aufsichtsratsposten in den börsennotierten und der Mitbestimmung unterliegenden Unternehmen mit einer Frau zu besetzen sind. Dies betrifft 100 Unternehmen, 3500 weitere Unternehmen müssen sich zur Erhöhung des Frauenanteils in Führungspositionen verpflichten. Das Gesetz wurde über viele Jahre von unterschiedlichen gesellschaftlichen Gruppen gefordert. Politisch ist es immer noch umstritten. So wird die geringe Reichweite kritisiert oder die Berufung von Quotenfrauen befürchtet, die nur aufgrund ihres Geschlechts, nicht aber wegen ihrer Qualifikation eine Führungsposition erhalten könnten. Andere lehnen diese Form der staatlichen Steuerung und des Eingriffs in die Unternehmensfreiheit grundsätzlich ab.

Noch ein weiter Weg bis zur Gleichberechtigung von Frauen und Männern

Die Politik muss sich ändern, um die Gleichstellung von Männern und Frauen zu verwirklichen. Das fordern die Abgeordneten [des europäischen
5 Parlaments] in einer Entschließung, die [...] mit 441 Stimmen bei 205 Gegenstimmen und 52 Enthaltungen angenommen wurde. Trotz einiger Fortschritte müsse noch viel getan
10 werden, um das geschlechtsspezifische Lohngefälle, die „gläserne Decke" in der Karrierelaufbahn und die fehlende wirtschaftliche Unabhängigkeit von Frauen zu bekämpfen.
15 Ebenfalls müssen die Vereinbarkeit von Berufs- und Privatleben verbessert, einschließlich Elternurlaub, sowie das Recht der Frau auf Abtreibung und Empfängnisverhütung
20 anerkannt werden, so der Text der Resolution. [...]

In der Entschließung wird die Lage im Jahr 2013 bewertet. Der Text unterstreicht die folgenden zentralen 25 Herausforderungen für die Politik:
- Das geschlechtsspezifische Gefälle bei Entlohnung und Renten, die Vertretung von Frauen in der politischen und wirtschaftlichen Ent- 30 scheidungsfindung [...],
- die Verbesserung der Vereinbarkeit von Berufs- und Privatleben, Kinderbetreuungseinrichtungen, Mutterschafts- und Vaterschaftsurlaub, 35
- das Recht der Frauen auf sexuelle und reproduktive Gesundheit, einschließlich Abtreibung und Empfängnisverhütung, und
- die Bekämpfung von Gewalt gegen 40 Frauen.

Europäisches Parlament, Plenartagung Pressemitteilung - Rechte der Frau/Chancengleichheit, 11.3.2015

Europäisches Parlament in Straßburg

Aufgaben

① Die Abgeordneten des Europäischen Parlaments stellen in ihrer Resolution Herausforderungen für die Politik heraus. Erarbeiten und erklären Sie (arbeitsteilig) diese für die deutsche Politik.

② Leiten Sie aus diesen Herausforderungen konkrete Forderungen an die Politik ab.

③ Diskutieren Sie diese Forderungen.

Ⓗ zu Aufgabe 1
Greifen Sie dazu auf die Materialien in diesem Kapitel zurück bzw. recherchieren Sie die notwendigen Fakten. Hilfreich ist z.B. die Internetseite des Bundesministeriums für Familie, Senioren, Frauen und Jugend (www.bmfsfj.de).

2.3 Integration als gesellschaftliche und politische Herausforderung

Basiskonzepte	Fachkategorien	Leitfragen
Wandel	Gewordenheit Transformation Instabilitäten	· Seit wann gibt es Wanderungsbewegungen? · Wie hat die Einwanderung die Gesellschaft verändert? · Hat sich Deutschland in ein Einwanderungsland verwandelt?
Akteure und deren Dispositionen	Interessen Ideologie Wertebezug	· Welche Interessen verfolgen die unterschiedlichen Akteure mit der Einwanderungspolitik? · Welche Grundorientierungen oder Ideologien prägen die politischen Akteure?
Prozesse und Handeln	Politische Gestaltung und Legitimation	· Welche Möglichkeiten hat die Politik, Einwanderung und das Zusammenleben der Menschen zu gestalten?

2.3.1 Migration – ein Normalfall der Geschichte

M 1 ● Migration gibt es, seitdem es Menschen gibt

Boot vor der italienischen Insel Lampedusa, 2014

Migration ist ein universelles Phänomen. [...] Beispiele für bedeutende Wanderungsbewegungen in Europa sind die sogenannte Völkerwanderung der germanischen 5 Völker nach dem Einbruch der Hunnen nach Ostmitteleuropa und der darauf folgenden Flüchtlingsbewegung anderer Völker sowie die Auswanderungsbewegung aus Europa nach Übersee. In der modernen 10 Welt spielt die Migration eine zunehmend wichtige Rolle, sowohl in Hinsicht auf die wirtschaftliche als auch die gesellschaftliche Entwicklung. In den letzten 25 Jahren hat sich die Zahl der internationalen Migranten [...] verdoppelt, obwohl ihr Anteil 15 im Verhältnis zur Gesamtbevölkerung, nämlich ungefähr drei Prozent, weltweit relativ gering ist. [...] Durch das steigende Wanderungsvolumen wird es immer schwieriger, die traditionelle Unterschei- 20 dung in Herkunfts-, Transit- und Zielländer aufrechtzuerhalten. [...] Migration ist somit der „Normalfall".

Sonja Haug, Migration, in: Steffen Mau / Nadine M. Schöneck (Hg.), Handwörterbuch zur Gesellschaft Deutschlands, Bonn, 2014, S. 596 f.

M 2 ● Deutschland – Vom Aus- zum Einwanderungsland

An Deck eines Schiffes mit deutschen Amerikaauswanderern, 1905

Nach der Jahrhundertwende [zum 20. Jahrhundert] nimmt die Zahl der Auswanderer stark ab, vor allem da in der inzwischen gefestigten Industriegesellschaft ausreichend Arbeitsplätze vorhanden sind und die Lebensbedingungen sich, auch durch die Sozialgesetzgebung, verbessern. Nach der Wahl Adolf Hitlers zum Reichskanzler und dem Beginn der Diktatur des Nationalsozialismus 1933 nimmt die Zahl der politischen Emigranten wieder zu. Viele Deutsche jüdischen Glaubens fliehen, sofern sie können, bis zum Ausbruch des Zweiten Weltkriegs vor den Repressionen des NS-Regimes. Die sogenannte Reichsfluchtsteuer erschwert die Ausreise. So muss der Ausreisewillige ein Viertel seines Vermögens zahlen, sofern dieses 50.000 Reichsmark übersteigt. Aus den deutschen Gebieten östlich von Oder und Neiße fliehen gegen Ende des Zweiten Weltkriegs mehr als 10 Millionen Menschen vor der Roten Armee. Nach Kriegsende werden viele Deutsche aus den nun polnischen oder von der Sowjetunion besetzten Gebieten sowie dem Sudetenland vertrieben. Nach dem Zweiten Weltkrieg hat die Zu-

wanderung eine größere Bedeutung als die Auswanderung. Mitte der 1950er Jahre herrscht ein Mangel an Arbeitskräften, dem die Bundesregierung mit der Anwerbung von Arbeitern, vorwiegend aus Südeuropa, begegnet. Bis 1964 steigt die Zahl der sogenannten „Gastarbeiter" auf eine Million. Viele von ihnen werden sesshaft in Deutschland und holen ihre Familien in die neue Heimat. 1973 leben rund 4 Millionen Ausländer in der Bundesrepublik. Aus der DDR fliehen bis 1989 17 Millionen Menschen in die Bundesrepublik, die überwiegende Zahl vor der Abriegelung der Grenzen und dem Bau der Berliner Mauer 1961. Bei Fluchtversuchen kommen zwischen 1961 und 1989 mehr als 100 Menschen ums Leben. Die Abwanderung führt in der DDR zu einem Arbeitskräftemangel, so dass das SED-Regime ebenfalls Arbeitskräfte im Ausland anwirbt. Diese kommen überwiegend aus Vietnam, aber auch aus Polen, Kuba oder Angola, und leben isoliert vom Rest der Bevölkerung.

Bundesministerium für Arbeit und Soziales, In die Zukunft gedacht. Bilder und Dokumente zur Deutschen Sozialgeschichte, S. 84

M 3 ● Bevölkerung nach Migrationsstatus 2013

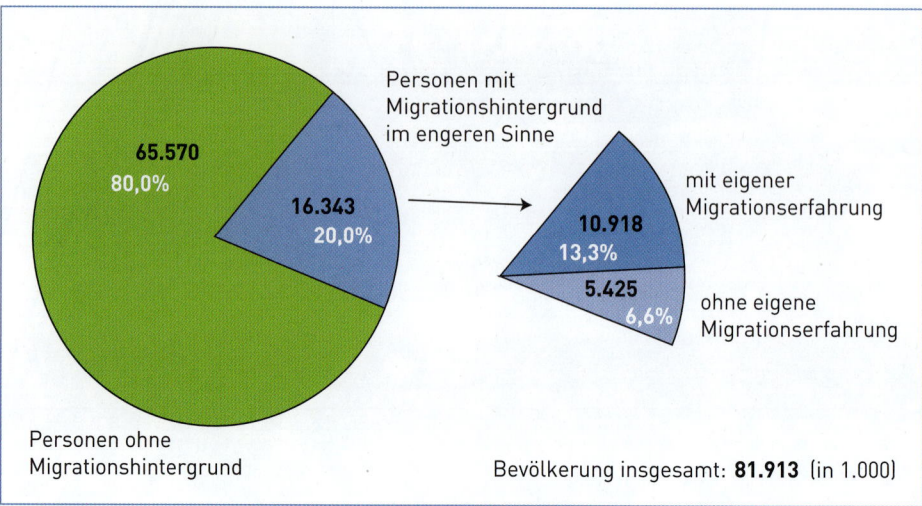

Nach: Statistisches Bundesamt, Mikrozensus

M 4 ● Wanderungsbilanz seit 1950

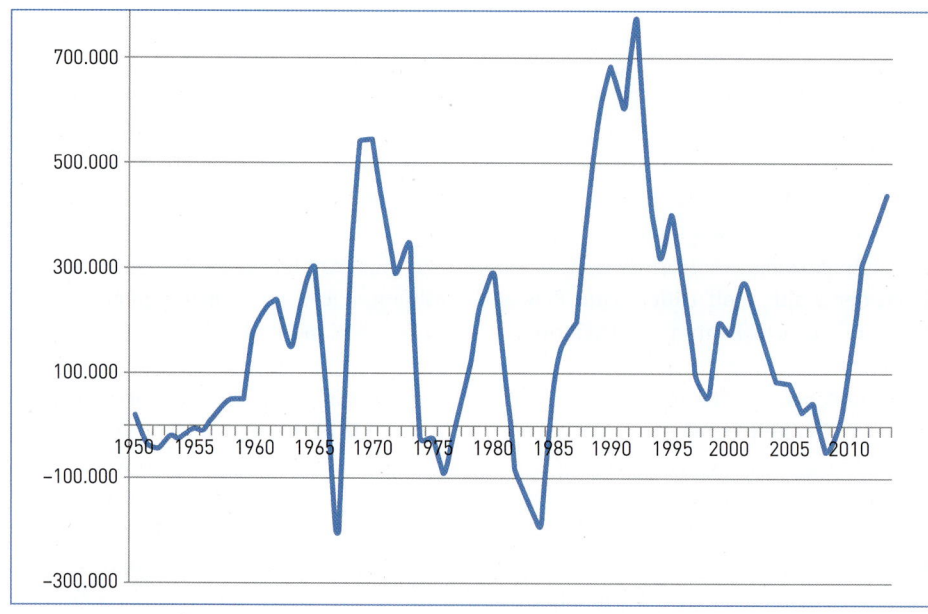

Nach: Mediendienst Integration, Statistisches Bundesamt 2014

Aufgaben

❶ Nennen Sie Ursachen dafür, weshalb Menschen ihre Heimat verlassen.

❷ Erklären Sie, weshalb Migration der Normalfall ist, und nennen Sie weitere (historische) Beispiele. (M 1)

❸ Skizzieren Sie die Entwicklung Deutschlands vom Auswanderungs- zum Einwanderungsland. (M 2 – M 4)

❹ Benennen Sie Problemfelder, die sich mit der Aus- bzw. Einwanderung ergeben.

2.3.2 Integration – was heißt das?

M 5 ● Wann ist man integriert?

Menschen, die nach Deutschland zugewandert sind, sind integriert, wenn sie ...	stimme ich zu	stimme ich nicht zu
... die deutsche Sprache beherrschen.		
... das Wahlrecht besitzen und dieses auch ausüben.		
... deutsches Fernsehen schauen.		
... in einem vorwiegend von Deutschen bewohnten Wohnviertel wohnen.		
... deutsche Speisen kochen und essen.		
... eine Schule in Deutschland besuchen und abgeschlossen haben.		
... sich zu den Grundwerten unserer Demokratie bekennen.		
... in der Öffentlichkeit nicht durch ihre Kleidung (z. B. Kopftuch) auffallen.		
... sich zum christlichen Glauben bekennen.		
... die deutsche Fußballnationalmannschaft „anfeuern".		
... in deutschen Gaststätten speisen.		
... deutsche Freunde haben.		
... Weihnachten mit Weihnachtsbaum und Geschenken feiern.		
... auch zu Hause Deutsch sprechen.		
... einen Arbeitsplatz haben.		

M 6 ● Integration – aus Sicht der Karikaturisten

Karikatur: Jan Tomaschoff / Baaske Cartoons

Integration [lat.]

Soziologie: Verbindung einer unterschiedl. Vielheit von Menschen zu einer gesellschaftl. (und kulturellen) Einheit.

Meyers großes Taschenlexikon, Mannheim 1999, Bd. 5, S. 1602

Integration – aus Sicht der Journalisten

„Integration ist der wichtigste Beitrag zum inneren Frieden."

Heribert Prantl, Deutsche Einheit die zweite, Süddeutsche Zeitung, 12.2.2008, S. 4

Dr. Elif Duygu Cindik-Herbrüggen ist Psychologin. Sie hört sich jeden Tag in ihrer Praxis die Geschichten der Menschen an, denen der Wechsel von der Türkei nach Deutschland zu schaffen macht.

M 7 ● Wie Integration funktioniert – psychologisch

Auswandern ist Stress pur für den Geist. Die Psychologie teilt sie in vier Phasen auf: die erste ist die „Honeymoon"-Phase, in der sich der Migrant sicher fühlt, weil er
5 Armut und Perspektivlosigkeit hinter sich gelassen hat und einem neuen Leben entgegensieht; die zweite Phase ist von „Überkompensation" geprägt. Der Migrant gibt sich der Illusion einer Rückkehr in die alte
10 Heimat hin, die er verklärt: Dort war alles schöner, dorthin will er irgendwann, wenn er genug Geld verdient hat, wieder zurück. Diese Phase kann lange anhalten.
Danach folgt eine Periode der „Dekompen-
15 sation": Der Migrant hat mittlerweile Kinder in der Fremde, die seine Werte nicht mehr bedingungslos teilen. Die Tochter hat einen deutschen Freund, der Sohn will lieber Schauspieler werden und nicht Anwalt,
20 wie es sich seine Eltern erträumen, und auch die Erwartungen an das Auswanderungsland haben sich womöglich nicht erfüllt. Langsam schleicht sich ein Gefühl ein: Die alte Heimat und ihre Menschen
25 sind fremd geworden. In der vierten Phase steht eine generationenübergreifende Anpassung an, in der sich gemischte Ehen und bikulturelle Identitäten herausbilden. „Diese letzte Phase wird von Politik und
30 Medien verhindert. Dabei muss man sie eigentlich verstehen und fördern", sagt Elif Cindik.
Sie kennt die vier Phasen gut. Die 41-Jährige begegnet ihnen jeden Tag in ihrer
35 Münchner Praxis. Jeden Tag hört sie dort die Geschichten der Menschen, denen der Wechsel von der Türkei nach Deutschland zu schaffen macht – nicht nur ihnen, sondern auch ihren Nachkommen. Schwule
40 türkische Männer, die sich wegen ihres Schwulseins hassen und sie inständig bitten: „Therapieren Sie mir das weg!" Heiratsmigrantinnen, die noch nie „ihre Scheide im Spiegel" betrachtet haben, so Cindik,
45 und aus Angst den ersten Sex verweigern – jahrelang. Männer, die depressiv werden, weil sie nach 30 Jahren am Band bei BMW arbeitslos geworden sind und nun für Schmarotzer gehalten werden. Lesbische
50 türkische Frauen, deren Mütter mit Selbstmord drohen, wenn die Töchter nicht „damit" aufhören. Oder junge türkische Frauen, die unter dem Druck stehen zu heiraten, aber keine Männer finden, weil ihnen Hans
55 zu verklemmt und Ahmet zu prollig ist. Cindik hat gut zu tun. Unter ihren Patienten ist die türkische Putzfrau und der aufstrebende türkischstämmige Manager, aber auch der niederbayerische Metzger. Sie
60 eint die Suche nach Hilfe und das Bedürfnis, ihr Leid in ihrer Muttersprache zu erzählen. „Auch wenn sie diese nur noch radebrechen", sagt sie. Viele der in Deutschland Aufgewachsenen fingen auf
65 Türkisch an, um dann die Sprachen zu mixen.
Es gibt nicht viele wie Cindik. Die psychosoziale Versorgung in Deutschland ist eine fast komplett türkenfreie Zone.

Özlem Topcu, Bernd Ulrich, Hans zu verklemmt, Ahmet zu prollig, www.zeit.de, 20.10.2011

Info

Migrationshintergrund der Gesamtbevölkerung in Deutschland (Stand 2013)

- Gesamtbevölkerung: 81,1 Mio.
- Personen ohne Migrationshintergrund: 64,074 Mio. (79,5 %)
- Personen mit Migrationshintergrund: 16,5 Mio. (20,5%)

©Statistisches Bundesamt, 2013

M 8 ● Fakt ist: Integrationsprobleme gibt es

ZEIT ONLINE: Herr El-Mafaalani, Sie haben muslimische Kinder und Jugendliche untersucht, die sich in Deutschland schwer integrieren. Welche Rolle spielt
5 die Religion?

Aladin El-Mafaalani: Der Schwerpunkt unserer Untersuchung lag auf türkisch- und arabischstämmigen Jugendlichen. Der Islam bedeutet für sie ganz Unterschiedli-
10 ches und hat meistens wenig Einfluss darauf, wie gut sich ein Kind in die Gesellschaft integrieren kann. Problematischer sind die Traditionen, die aus muslimisch geprägten Gesellschaften mit nach Deutschland ge-
15 bracht wurden.

Die Kultur bereitet also mehr Schwierigkeiten als die Religion?

Es ist eine Mischung aus kulturellen und sozialen Faktoren. Manche Eltern schrei-
20 ben ihren Kindern traditionelle Werte und Denkweisen aus den armen, ländlichen Regionen ihrer Heimatländer vor, die sich hier nicht mehr umsetzen lassen. Was die Kinder in der deutschen Schule erleben,
25 steht im Gegensatz dazu. Beide Überzeugungen prallen aufeinander und die Jugendlichen werden mit diesem Konflikt alleine gelassen.

Können Sie ein Beispiel nennen?

30 Mein Co-Autor Ahmet Toprak hat drei typische Erziehungsstile in muslimischen Familien definiert. Der konservative, autoritäre betrifft zwar nur 30 bis 40 Prozent der Familien, kann aber sehr problematisch
35 werden. Er setzt auf sichtbaren Respekt. Zum Beispiel: Ein Vater, der mit seinem Kind schimpft, erwartet, dass das Kind schweigt und erträgt. Fragen sind immer rhetorisch und dürfen nicht beantwortet
40 werden. Es macht gar nichts, wenn das Kind genervt guckt, aber es darf die Autoritätsperson nicht anschauen. Verhält sich dasselbe Kind aber einem deutschen Lehrer gegenüber genauso – es guckt genervt,
45 schweigt, wenn es gefragt wird, schaut den Lehrer nicht an – findet der das Verhalten respektlos. Und das Kind versteht gar nicht, was die Lehrer von ihm wollen.

Doch inzwischen sind viele Eltern mit Migrationshintergrund selbst in Deutschland 50 zur Schule gegangen. Sie wünschen sich auch eine gute Bildung für ihre Kinder.

Zum Teil sind türkischstämmige Eltern tatsächlich noch Analphabeten. Die Eltern, die hier schon zur Schule gegangen sind, 55 waren damals oft in reinen Ausländerklassen untergebracht oder lebten in Vierteln, in denen die meisten Klassenkameraden aus der Türkei kamen. Sie fühlten sich selbst diskriminiert. Die Bildungswünsche 60 sind zwar wirklich vergleichsweise hoch. Das hat aber keine Konsequenzen, weil die Eltern nicht wissen, was die deutsche Schule von ihnen erwartet.

Welche Missverständnisse entstehen zwi- 65 **schen deutschen Lehrern und muslimischen Eltern?**

Die Schule hat in der Türkei oder in arabischen Ländern einen umfassenderen Auftrag. Da wird auch erzogen. Lehrkräfte for- 70 dern nichts von den Eltern. Ruft also ein deutscher Lehrer die Eltern wegen einer vermeintlichen Lappalie an, wird der Lehrer als inkompetent wahrgenommen. In benachteiligten Milieus werden die Eltern 75 infolgedessen vielleicht noch strenger, als sie ohnehin schon sind, weil sie glauben, dass das vermeintliche Laissez-faire der deutschen Schule ihren Kindern schadet und zu der Erfolglosigkeit in der Schule 80 führt. Der Lehrer wiederum denkt: Die Eltern sind desinteressiert und müssten ihre Kinder mehr unterstützen. Dabei sind beide Seiten eigentlich am Erfolg interessiert.

Sie müssten einander nur verstehen? 85

Oft hilft es ja schon viel, wenn der Lehrer den Schülern sagt: Hier machen wir das so: Wir schauen uns in die Augen und sprechen miteinander. Wir empfehlen Lehrern natürlich auch die Eltern zu besuchen, das 90 hat aber seine Grenzen. Es gibt noch andere Schwierigkeiten, die muslimische Jugendliche oft allein bewältigen müssen. Viele Probleme können sie zu Hause nicht besprechen. Sexualität ist zum Beispiel oft 95 tabu. Aber die Lehrkräfte werden nicht als

Aladin El-Mafaalani ist Soziologe. Er untersucht u. a. die Sozialisationsbedingungen in Deutschland geborener Migrantenkinder, um Lehrern und Erziehern eine sensiblere pädagogische Praxis vorzuschlagen.

Bezugspersonen wahrgenommen.

Wie muss also das Bildungssystem damit umgehen?

100 Die Funktion der Schule kann nicht mehr allein die Wissensvermittlung sein. Das gilt nicht nur für Migrantenkinder. Man muss mehr an der Persönlichkeit orientiert arbeiten. Wir verschwenden unheimlich viele
105 Ressourcen mit Bewertungen und Auslese. Wir brauchen richtige Ganztagsschulen und interdisziplinäre Ansätze. Schulsozialarbeiter sollten nicht nur da eingesetzt werden, wo schon nichts mehr geht. Es gibt
110 auch Gymnasien, die in der 5. Klasse einen sehr hohen Migrantenanteil haben, aber kaum noch ein Migrantenkind im Abitur. Denn wenn die Eltern nicht mithelfen können, haben die Kinder keine Chance.

115 **Was halten Sie vom Islamunterricht, wenn doch der Islam gar keine so große Rolle für die Integration spielt?**

Der würde gut tun, gar nicht wegen der inhaltlichen Dimension. Sondern weil er eine
120 institutionelle Form der Anerkennung darstellt. Die Jugendlichen erleben oft, dass ihnen Dinge aufgestülpt werden: Mach unseren Religionsunterricht mit oder du hast eben frei. Fremdsprachen sind wichtig, so-
125 gar Chinesisch und Russisch, aber Türkisch und Arabisch werden nirgendwo angeboten. Auch die arabische Geschichte spielt keine Rolle. Antisemitismus und Diskriminierung werden nur im Rahmen des Holo-

caust besprochen, also in der Erinnerungs- 130 kultur. Dass die Jugendlichen aktuell antisemitische Tendenzen zeigen, wird ebenso wenig im Unterricht behandelt wie die Islamophobie, unter der sie leiden. Ich bin ja selbst Lehrer: Mir ist noch kein Ju- 135 gendlicher über den Weg gelaufen, der für Themen rund um kulturelle und religiöse Missverständnisse nicht zugänglich gewesen wäre.

Wie entsteht dann Gewalt, Kriminalität 140 **oder religiöse Radikalität?**

Die Jugendlichen empfinden die eigenen Eltern oft als hilfsbedürftig – sie können kein Formular selbstständig ausfüllen, leben nicht zeitgemäß und können also nicht 145 als Rollenmodell dienen. Da junge Menschen auch in der Schule weder Anerkennung noch Orientierung finden, wird dieses Vakuum anders gefüllt. Unkontrolliert. Hier kommen die Peers ins Spiel, die natür- 150 lich für alle Jugendlichen wichtig sind. Problematisch ist das, wenn die einzige relevante Lebenswelt aus den anderen perspektivlosen Jugendlichen besteht. So können radikale Formen entstehen. Das ist 155 nicht so häufig, aber wenn es passiert, sind Gewaltexzesse zum Beispiel extremer als früher.

Aladin El-Mafaalani im Interview mit Parvin Sadigh, Allein zwischen Tradition und wahrem Leben, www.zeit.de, 28.9.2011

Aufgaben

1 Wann ist man integriert? Bearbeiten Sie den Fragebogen M 5 zunächst alleine auf einem Papier und vergleichen Sie anschließend Ihre Ergebnisse in der Klasse.

2 Stellen Sie Überlegungen an, welche Aussageabsichten der Karikaturist in M 6 und der Journalist in der dazugehörigen Randspalte jeweils verfolgen könnten. Begründen Sie Ihre Ergebnisse.

3 Erstellen Sie mit den Informationen aus M 7 eine Verlaufsskizze (Schaubild) über die psychischen Abläufe im Integrationsprozess. Diskutieren Sie – vom Schaubild ausgehend – Integration fördernde bzw. behindernde Begleitumstände.

4 Erläutern Sie mit Hilfe von M 8 kulturelle und soziale Faktoren, die nach Meinung des Soziologen El-Mafaalani Integration erschweren.

5 El-Mafaalani spricht dem deutschen Bildungssystem eine herausragende Funktion bei der Integration Jugendlicher zu. Listen Sie auf, was Schule leisten kann und soll. (M 8) Ergänzen Sie Ihre Auflistung durch eigene Vorschläge.

Vorbereitung	• Bilden Sie sich zunächst selbst eine Meinung. Wie stehen Sie selbst zum Islamunterricht? Halten Sie ihn im Hinblick auf die Förderung von Integration für sinnvoll? • Was wissen sie bereits über diesen Religionsunterricht? • Was möchten Sie über den Religionsunterricht erfahren? (z. B.: Wer darf unterrichten? Wie werden die Lehrer ausgebildet? Wer schreibt die Lehrpläne usw.) • Wie viele Schülerinnen und Schüler nehmen daran teil? • Welche Erfahrungen wurden bislang mit dem Unterricht gemacht? • Wie stehen die Eltern islamischen und nichtislamischen Glaubens zu diesem Unterricht? • Wie stehen die Schülerinnen und Schüler zum islamischen Unterricht? • Möglicherweise gibt es in Ihrem Schulort oder der Umgebung eine Schule, die den islamischen Religionsunterricht durchführt und sich für eine Erkundung anbietet. • Informationen erhalten Sie auch beim Hessischen Kulturministerium: www.kultusministerium.hessen.de

Planung	• Erkundungen lassen sich am besten in Kleingruppen (max. vier Personen) durchführen, weil man die Aufgaben besser verteilen kann. • Legen Sie genau fest, was Sie während der Erkundung erfahren möchten. • Nehmen Sie Kontakt zur Schule auf. • Vereinbaren Sie den Erkundungstermin und stellen Sie dabei sicher, dass Ihre möglichen Gesprächspartner (z. B. Lehrerpersonen, Schulleitung, Eltern) an diesem Tag auch anwesend sind. • Erarbeiten Sie einen genauen „Fahrplan" Ihrer Erkundung. Legen Sie fest, wer welche Aufgabe übernimmt. • Erstellen Sie Interviewleitfäden. • Legen Sie die Form der Dokumentation (Aufzeichnung der Interviews) fest. Funktion der Geräte überprüfen. • Besprechen Sie die Möglichkeiten der Aufzeichnung mit der Schulleitung. Sie muss das Einverständnis geben.

Durchführung	• Seien Sie pünktlich zum verabredeten Zeitpunkt vor Ort und stellen Sie sich den entsprechenden Personen vor. • Versuchen Sie, Ihren Erkundungsfahrplan einzuhalten. • Verabschieden und bedanken Sie sich bei Ihren Interviewpartnern und vereinbaren Sie ggf. einen weiteren Termin, falls noch Fragen offen geblieben sind.

Auswertung und Präsentation	• Werten Sie die Erkundungsergebnisse aus. Haben Sie Antworten auf Ihre Fragen erhalten? • Fassen Sie die Ergebnisse zusammen und bereiten Sie diese für die Präsentation vor.

Normalfall Migration
M 1 – M 4

Migration gibt es, seitdem es Menschen gibt, und gilt deshalb als Normalfall der Geschichte. Zu allen Zeiten verließen Menschen ihre Heimat, um sich in fernen Ländern und anderen Orten eine neue Existenz aufzubauen. Die Gründe waren in der Vergangenheit sehr unterschiedlich und sind es auch noch in der Gegenwart: **Kriege und Bürgerkriege, Hunger, Not und Elend, politische oder religiöse Verfolgung**, aber auch **Abenteuerlust** treiben die Menschen fort. In Deutschland haben mittlerweile **20% der Bevölkerung ausländische Wurzeln**. Dabei leben die meisten Menschen mit einem Migrationshintergrund aber in den westlichen Bundesländern. So leben beispielsweise in allen fünf östlichen Bundesländern zusammen nur fünf Prozent der Bevölkerung mit ausländischen Wurzeln, wohingegen jeder fünfte in Hessen lebende Mensch einen Migrationshintergrund hat.

Integration
M 5 – M 7

Die Bundesrepublik Deutschland ist seit den 1960er Jahren faktisch ein **Einwanderungsland**, wenngleich sie diesen Status erst sehr spät akzeptiert und eine entsprechende Politik betrieben hat. Einwanderungspolitik wurde bis zur Jahrtausendwende als Ausländerpolitik verstanden. Die Integration in die Mehrheitsgesellschaft wurde allein den Migranten überlassen. Mittlerweile hat sich die Einsicht durchgesetzt, dass die forcierte Einwanderung einerseits hilft, dem **Bevölkerungsrückgang und wirtschaftlichen Engpässen (Fachkräftemangel) entgegenzuwirken**. Das moderate Bevölkerungswachstum in Hessen ist so beispielsweise nur auf die Zuwanderung zurückzuführen. Andererseits hat man eingesehen, dass eine **aktive staatliche Politik** für den Zusammenhalt der Gesellschaft unabdingbar ist.

Integrationsprobleme
M 8 – M 11

Dennoch darf und soll der Blick nicht davor verschlossen werden, dass v.a. muslimische Jugendliche Probleme bei der Integration haben. **Soziale und kulturelle Faktoren**, weniger jedoch die Religion, scheinen hier die Ursache zu sein. Ein Bildungssystem, das frühzeitig einsetzt, das die Persönlichkeitsbildung der Kinder und Jugendlichen, nicht nur ihre Selektion im Auge hat, das ihnen Perspektiven gibt und ihre Kultur nicht außen vor lässt, könnte hier Abhilfe schaffen.

Integrationspolitik als Gesellschaftspolitik –
M 12

Die aktuelle Integrationspolitik betont mittlerweile die **gesellschaftliche Vielfalt** der Gesellschaft **als Chance**. In Großstädten wie Frankfurt am Main leben Menschen aus mehr als 150 Nationen und Sprach- und Kulturkreisen zusammen. Die Vielfalt beschränkt sich aber nicht auf Herkunft, sondern umfasst auch die Lebenserfahrungen mehrerer Generationen, die große Spannbreite beruflicher Werdegänge und sozialer Lagen. Politik und Gesellschaft sind deshalb gleichermaßen gefordert, alles dafür zu tun, um das Zusammenleben offen und tolerant zu ermöglichen.

Integration in der Karikatur

Karikatur: Thomas Plaßmann / Baaske Cartoons

Karikatur: Thomas Plaßmann / Baaske Cartoons

Karikatur: Gerhard Mester / Baaske Cartoons

Aufgabe

Analysieren Sie die Karikaturen in arbeitsteiliger Gruppenarbeit. Arbeiten Sie heraus, inwiefern der vielzitierte Satz „Integration ist keine Einbahnstraße" auf jede Karikatur anwendbar ist.

Hineinwachsen in Gesellschaft – Sozialisation

Jeder Mensch ist einzigartig und es gibt ihn nur ein einziges Mal auf der Welt, auch wenn er äußerlich vielleicht Verwandten und in seinem Wesen Freunden ähnelt.

Wie werden Menschen zu dem, was sie sind? Wie werden sie ein Mitglied der Gesellschaft? Wodurch werden sie in ihrem Denken, Handeln oder in ihren Empfindungen beeinflusst? Von anderen Personen, Gruppen oder Institutionen? Wie lernen Menschen, sich von anderen zu unterscheiden? Wie werden sie schließlich zu einzigartigen Individuen?

Diesen Fragen soll im folgenden Kapitel nachgegangen werden. Dass die Kommunikationsmedien bei diesem Prozess auch eine Rolle spielen, liegt auf der Hand. Dabei wird auch die Politik in den Blick genommen und die Frage beantwortet werden, ob sie Einfluss auf die Entwicklung des Menschen innerhalb des gesellschaftlichen Gefüges nehmen kann.

KOMPETENZEN

Am Ende dieses Kapitels sollten Sie Folgendes wissen und können:

... den Prozess der Sozialisation beschreiben und die wichtigsten Sozialisationsinstanzen nennen.

... die Bedeutung der sozialen Gruppe für das Individuum beurteilen.

... zum Einfluss von Herkunftseffekten auf die Bildungschancen begründet Stellung beziehen.

... bildungspolitische Maßnahmen beurteilen.

Was wissen und können Sie schon?

1. Notieren Sie äußere (Aussehen) und innere Merkmale (Eigenschaften), die Ihre Person einzigartig machen.
2. Bitten Sie Ihren Nachbarn diese Merkmale Ihrer Person ebenfalls zu notieren und vergleichen Sie Ihre Notizen.
3. Gibt es Unterschiede zwischen Ihrer Selbstwahrnehmung und der Fremdwahrnehmung?

3.1 Sozialisation von Jugendlichen

Basiskonzept	Kategorie	Leitfragen
Wandel	Transformation	· Wie werden wir, wie wir sind? · Wie werden wir befähigt, in der Gesellschaft zu leben? · Was beeinflusst unser Handeln? · Was sind soziale Gruppen? · Welche Bedeutung haben Gruppen für den Einzelnen?

3.1.1 Sozialisation – wer oder was prägt uns?

M 1 ● Sozialisation im Zeitalter von Social media

"Nobody likes me. I need a media advisor*.“

*Karikatur: Joseph Farris, *media advisor = Medienberater*

M 2 ● Das Handy als Ausdruck der eigenen Persönlichkeit?

Die mobile Kommunikation hat das Leben von Millionen Menschen vor allem in einem Punkt entscheidend verändert: Wer ein Handy nutzt, ist praktisch überall
5 erreichbar und kann jederzeit mit den Menschen Kontakt aufnehmen, die ihm wichtig sind. Das beeinflusst nicht nur die Art und Weise, wie Menschen miteinander kommunizieren, sondern auch ihr soziales
10 Verhalten. So hat das Handy im Umgang mit Freunden, Verwandten und Bekannten einen neuen Grad an Flexibilität und manchmal sogar Unverbindlichkeit eingeführt. Anstatt sich gleich an einem Ort zu
15 einer bestimmten Zeit zu verabreden, wird heute oft zunächst erst einmal ein Termin vereinbart und Ort bzw. Zeitpunkt erst später – wiederum per Handy – festgelegt. Während früher Verabredungen einmal getroffen und in der Regel auch eingehalten 20 wurden, ist heute die persönliche und berufliche Zeitplanung immer neuen Verhandlungen, Vereinbarungen und Umdisponierungen unterworfen. Ein Treffen findet oft unter Vorbehalt statt. Das Handy 25 dient dazu, den Kontakt aufrechtzuerhalten, ohne jedoch die eigene Entscheidungsfreiheit aufgeben und sich zu sehr verpflichten zu müssen. Im Zeitalter digitaler Medien zeigt sich: Kinder und Jugendliche 30

Handys / Smartphones – immer beliebter

Das Handy ist bereits seit Jahren fester Bestandteil der jugendlichen Mediennutzung. Mit 96 Prozent besitzen fast alle Jugendlichen ein eigenes Handy, hier hat sich über die Jahre wenig getan. Neu ist allerdings der rasante Anstieg der Verbreitung von Smartphones […]. Inzwischen hat knapp jeder zweite Jugendliche ein solches Smartphone, also ein Mobiltelefon mit Internetzugang und erweiterten Funktionalitäten, ähnlich eines Computers.

Sabine Feierabend, Ulrike Karg, Thomas Rathgeb, Medienpädagogischer Forschungsverbund Südwest (Hg.), JIM-Studie 2012, www.mpfs.de, S. 52

kommunizieren heute anders als die Generationen vor ihnen. Faktoren wie Unabhängigkeit, Offenheit, Toleranz, Meinungsfreiheit und Unmittelbarkeit kennzeichnen ihre Lebenskultur. [...] Dadurch hat das Mobiltelefon auch als Statussymbol Bedeutung. Wer mobil telefoniert, vermittelt seinen Mitmenschen die Botschaft: Ich bin integriert, habe soziale Kontakte und bin ein aktives Mitglied der Gesellschaft.

Darüber hinaus bietet das Handy Identifikationsfläche. Das eigene Mobiltelefon kann mit Hilfe von Klingeltönen, speziellen Display-Anzeigen und Accessoires individuell gestaltet werden und Ausdruck der eigenen Persönlichkeit sein.

Informationszentrum Mobilfunk e.V. (IZMF), Wie beeinflusst die Nutzung von Mobiltelefonen unser Sozialverhalten? www.izmf.de, Abruf am 28.5.2013

M 3 ● Was bedeutet Sozialisation?

Wie wird Sozialisation definiert?
Sozialisation [ist ein] [Red.] soziologischer Begriff für das in unterschiedlichen Bezugsgruppen vermittelte Erlernen von Werten, Symbolen, Verhaltensweisen, Techniken etc.

Klaus Schubert, Martina Klein, Sozialisation, in: Das Politiklexikon, Dietz, Bonn, 2011, 5. Aufl., S. 275

Was passiert im Sozialisationsprozess?
Sozialisation ist ein Prozess, der nie abgeschlossen ist. Im Zentrum steht die Entwicklung der menschlichen Persönlichkeit sowie der sozialen Beziehungen einer Person. Zur Persönlichkeit gehört einerseits die Individualität, die den Einzelnen von allen Anderen unterscheidet, andererseits die Intersubjektivität, die die Mitglieder einer Gesellschaft oder Gemeinschaft miteinander teilen (z. B. Werte, Normen, soziale Rollen). Über sein soziales Umfeld wird der unfertige Mensch in eine Welt eingepasst, in der und aus der heraus er leben kann. [...] Der junge Mensch lernt, die Welt mit den Augen seiner Mitmenschen zu sehen, mit ihren Begriffen zu ordnen und zu gliedern, mit ihren Emotionen und Bewertungen auf ihre Erscheinungen zu reagieren und sich ihre Techniken des Umganges mit den Gegebenheiten dieser Welt anzueignen. Mit einem Wort, er übernimmt sukzessive eine Welt, in der die ihn unmittelbar umgebenden anderen Menschen schon leben. Dass diese Welt nur eine von unzähligen anderen menschlichen Lebenswelten ist, bleibt ihm zunächst verborgen. In ein bestimmtes soziales Umfeld hineingeboren, gibt es für ihn vorerst nur dieses. [...] Erst in einer späteren Lebensphase wird für ihn erkennbar, dass es auch ganz andere Lebenswelten gibt.

Wikipedia, Sozialisation, www.de.wikipedia.org, Abruf am 8.6.2015

Was sind Sozialisationsphasen?
Der Sozialisationsprozess durchläuft unterschiedliche Phasen (→ M 4). Die unterschiedlichen Phasen werden in den meisten Studien nach ihren Hauptmerkmalen zu drei bis vier Gruppen zusammengefasst: Primäre, sekundäre, tertiäre und quartäre Phase.

Bearbeiter

Was meint der Begriff Sozialisationsinstanz?
Jede Sozialisationsphase wird von unterschiedlichen Sozialisationsinstanzen geprägt. Zu den wichtigsten Sozialisationsinstanzen zählen u.a. Familie, Peer-group, Schule, Medien, Beruf, etc.

Bearbeiter

Mediensozialisation
Wenn man unter Sozialisation den Prozess versteht, in dem der Mensch zur sozialen, gesellschaftlich handlungsfähigen Persönlichkeit wird, dann liegt es auf der Hand, dass den Medien in diesem Prozess eine wichtige Rolle bei der Entwicklung kultureller Orientierung, von Weltbildern und Einstellungen sowie der Vermittlung von Werten zukommt. Insbesondere Orientierung über Moden, Lebensstile, Jargon und generell den Umgang miteinander wird schon von Kindern in den Medien gesucht. Medien bieten vielfältige Angebote und Materialien für die Identitätsbildung von Heranwachsenden. Damit gewinnen Medien als Sozialisationsinstanzen neben Elternhaus, Gleichaltrigen und Schule für Heranwachsende zunehmend an Bedeutung. [...] Im Mittelpunkt steht dabei die Frage, welchen Einfluss Medien ausüben und welche Potenziale sie für die Sozialisation besitzen.

Niedersächsischer Bildungsserver (Hg.), Mediensozialisation, www.nibis.de, Abruf am 8.6.2015

M 4 ● Der Weg zur eigenen Persönlichkeit – der Sozialisationsprozess

Sozialisation findet an unterschiedlichen Schauplätzen statt. Viele Personen und Organisationen sind daran beteiligt. Diese Sozialisationsinstanzen spielen unterschiedliche Rollen: Sie können sich bei der Sozialisation eines Menschen unterstützen, sich aber auch gegenseitig hemmen. Die wichtigsten Sozialisationsinstanzen sind neben der Familie die Gleichaltrigengruppe (Peer-group), die Schule und die Medien.

Phase	Alter	Soziale Bereiche und bedeutsame Ergebnisse der Sozialisation	Phasenübergreifende Einflüsse und Dimensionen der Sozialisation
Säugling	0 – 1	Mutter und weitere Mitglieder der Kleinfamilie (Familie als primäre Sozialisationsinstanz); Entwicklung von Vertrauen	*In der Sozialisationsforschung wird zwischen grundlegenden Theorieansätzen, die sich an Namen wie Freud, Parsons, Mead oder Piaget festmachen lassen, und empirischen Forschungsansätzen, die sich mit verschiedenen Aspekten der Sozialisation beschäftigen, unterschieden. Solche Aspekte der Sozialisation können sein:* ● *schichtenspezifische* ● *geschlechtsspezifische* ● *sexuelle* ● *religiöse* ● *kulturelle* ● *mediale* ● *konforme oder abweichende* ● *historische* ● *politische* ● *regionale* ● *gesundheitliche Sozialisationseinflüsse*
Kleinkind	1 – 4	Kleinfamilie sowie Verwandte, Freunde und Nachbarn; Erlernen des Gehens und der Sprache; Entwicklung eigener Autonomie	
Spielkind	4 – 6	zusätzlich zur 2. Phase: Kindergarten und (nachbarschaftliche) Spielgruppen als sekundäre Sozialisationsinstanzen erweitern den eigenen Erfahrungsbereich	
Schulkind	6 – 15/16	zusätzlich zur 2. Phase: Schule und Freundeskreis (Peer-group); systematisches Lernen in Klassen- und Kursverbänden; Schulentlassung; Geschlechtsreife; Adoleszenz [Phase des Erwachsenwerdens, des Heranwachsens]; Medieneinflüsse	
Jugend	14 – 18	Kleinfamilie, Schule, Freundeskreis, Übergang in die Berufsausbildung / ins Studium (Betrieb als tertiäre Sozialisationsinstanz); jugendspezifische Freizeitaktivitäten; Geschlechtspartnersuche	
Heranwachsende	18 – 21	Auszug aus dem Elternhaus und Gründung eines Single-Haushaltes; gesetzliche Volljährigkeit; Wahlalter; Wehr- bzw. Sozialdienst, Soziales Jahr; Studium / Beruf	
Junge Erwachsene	21 – 25	Orientierung an eigener Familiengründung; mittel- bis langfristige Berufsplanung, berufliche Mobilität; Mitgliedschaft in Vereinen, Parteien, Kirchen, Gewerkschaften, Bürgerinitiativen u.a.m.; zunehmende Bedeutung von langfristigen Konsumausgaben und Urlaubsreisen	
Erwachsene mittleren Alters	25 – 40/45	Heirat, Elternrolle, Berufsunterbrechung der Mutter, Übernahme von verantwortlichen Positionen in Beruf, Parteien, Vereinen, Gewerkschaften, Elternvereinigungen usw.; Ehescheidung; aufwendige Freizeit- und Urlaubsgestaltung	
Erwachsene späteren Alters	40/45 – 60/65	Auszug der Kinder; Berufstätigkeit beider Elternteile; Erreichung der höchsten beruflichen Position (Berufskarriere) bei gleichzeitigem allmählichen Nachlassen der körperlichen Leistungsfähigkeit; aufwendige Freizeit- und Urlaubsgestaltung	
„rüstiger" Rentner/ Pensionär	60/65 – 75/80	Bewältigung der veränderten Lebenssituation durch Übergang vom Berufs- zum Rentner-/Pensionärsalter; Kontakte zu den Familien der eigenen Kinder; Suche nach neuen Freizeitgestaltungsmöglichkeiten (neue Hobbys, Garten u.a.m.); gesundheitliche Einschränkungen; Tod des Ehepartners/-partnerin; Altersheim; Mitgliedschaft bei den Grauen Panthern oder anderen Vereinigungen älterer Menschen („Golden-Age-Club")	
Pflegebedürftiger alter Mensch	75/80 – Tod	zunehmende gesundheitliche und körperliche Beeinträchtigungen; Tod des Ehepartners/-partnerin; Alters- und Pflegeheim	

Nach: Cathrin Schreier, Mensch und Politik, Sozialkunde Thüringen, Braunschweig, 2009, S. 15

M 5 ● Sozialisation 2.0 – wie beeinflusst das Smartphone unser Verhalten zu anderen?

Mit der Verbreitung von Smartphones und mobilem Internet hat sich in den vergangenen Jahren eine Unsitte auf der ganzen Welt breitgemacht: „Phubbing", das Lesen
5 und Herumtippen auf dem Handydisplay, während man eigentlich mit anderen Menschen sprechen sollte. Die letzten Statusupdates der Facebookfreunde, die neuesten Eilmeldungen aus aller Welt oder die SMS
10 vom Partner – ständig erscheinen neue Nachrichten auf dem Display des Smartphones. Vielleicht sind diese interessanter als der Smalltalk bei Tisch, den man gerade über sich ergehen lassen muss. Doch ist das
15 auch ein Grund, alle fünf Minuten auf den Bildschirm zu sehen oder sich gar während eines Gesprächs lieber mit dem Handy als mit dem Gegenüber zu beschäftigen? Definitiv nicht, sagt Alex Haigh. Der Student
20 aus Melbourne hat die Initiative „Stop Phubbing" gegründet und macht damit auf einen gesellschaftlichen Sittenverfall aufmerksam, den es überall gibt, wo sich Smartphones in der Bevölkerung verbrei-

Plakat der Initiative „Stop Phubbing"

ten. [...] „Wir alle haben schon einmal den 25 Moment erlebt, wenn wir mit Freunden unterwegs sind, dass die ihre Handys zücken und man auf einmal weniger interessant ist als das, was sie auf ihren Handys lesen", sagt Alex Haigh. 30

Christina Metallinos, Leute, die auf Handys starren, www.sueddeutsche.de, 9.8.2013

Phubbing

„Phubbing" ist ein Kunstwort und besteht aus den Worten „phone" und „snubbing". Es bedeutet also „vor den Kopf stoßen" und meint die Unsitte, in Gesellschaft seinem Smartphone/Handy mehr Aufmerksamkeit zu schenken als seinem Gegenüber.

Aufgaben

❶ Analysieren Sie die Karikatur in M 1 anhand folgender Kriterien: Aussageabsicht, Symbolik, Adressaten, Kontext.

❷ a) Verfassen Sie eine Antwort, die der Großvater dem Jungen in der Karikatur von M 1 geben könnte. Beginnen Sie mit: „Als ich ein kleiner Junge war, da habe ich meine Freunde folgendermaßen kennengelernt: ..."

   b) Vergleichen Sie Ihre Ergebnisse im Kurs und verfassen Sie mithilfe von M 2 gemeinsam eine Antwort des Jungen.

❸ Arbeiten Sie aus M 3 die zentralen Begriffe heraus und vergleichen Sie tabellarisch: Wie unterscheidet sich die Sozialisation von Enkel und Großvater? Nutzen Sie die Begriffe *Sozialisationsphasen, -prozess, -instanzen* und *Mediensozialisation* für diese Gegenüberstellung.

❹ Strukturieren Sie die einzelnen Phasen der Sozialisation aus M 4 in vier Gruppen: Primäre, Sekundäre, Tertiäre und Quartäre Sozialisationsphase. Erstellen Sie zu jeder Phase ein Lernplakat (→ Methodenglossar). Beziehen Sie in jede Phase auch Überlegungen zur Mediensozialisation mit ein.

❺ Arbeiten Sie aus M 5 heraus, was man unter „phubbing" versteht und bewerten Sie das Plakat: Halten Sie solche Plakate z. B. in Cafés oder Restaurants für angemessen? Manche Bands verbieten inzwischen die Nutzung von Smartphones auf ihren Konzerten. Wie beurteilen Sie diese Maßnahme?

Ⓕ zu Aufgaben 1 und 2
Vergleichen Sie die Aussagen von M 1 und M 2 mit Ihren persönlichen Erfahrungen im Web 2.0.

Ⓕ zu Aufgaben 1 – 5
Praxistest: Bestimmen Sie in der Gruppe einen Zeitraum, in dem Sie weder Handy noch Smartphone benutzen (1 Tag, 1 Woche, etc.). Beurteilen Sie anschließend die Kernaussage von M 5 anhand Ihrer eigenen Erfahrungen.

3.1.2 Das „Ich" in der (Social-Media-) Gruppe

M 6 ● Reale und virtuelle Freundschaften

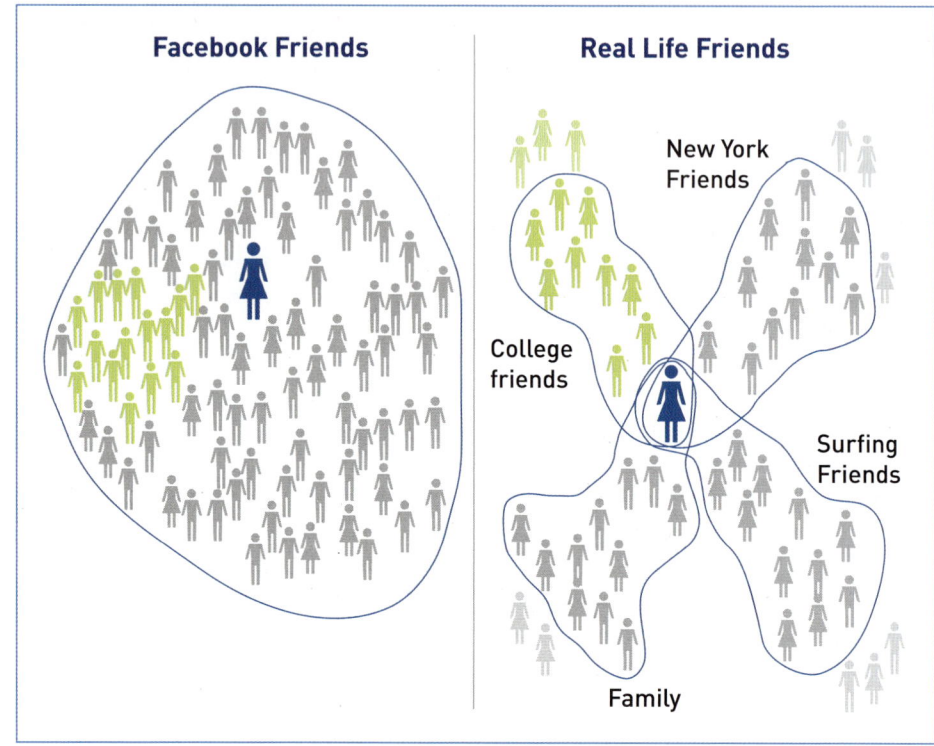

Matt Skallerud, Peer Group Websites as Next Social Media Marketing Wave, in: Echolon, 02/2011, S. 42

M 7 ● Die Peer-group / Clique – Einschätzungen

„Meine Clique ist echt witzig und auch total kreativ. Wir haben `ne ganz eigene Sprache entwickelt. Wenn wir so sprechen, versteht uns keiner."

(Lukas, Schüler, 15 Jahre)

„Das Gute an meiner Clique ist, dass hier alle gleich drauf sind. Wir haben alle irgendwie auch ähnliche Probleme, also zum Beispiel Stress mit den Eltern oder so. Wenn man ein Problem hat, hören die anderen einem zu und helfen. Denen geht´s ja oft genauso, deswegen verstehen die mich ja auch so gut."

(Mara, Schülerin, 16 Jahre)

„In Sarahs alter Klasse gab es auch viele Cliquen. Sie war in keiner dieser Gruppen so richtig integriert. Bei Gruppenarbeit war es da wohl auch manchmal schwierig, in eine Gruppe reinzukommen, weil immer dieselben zusammenarbeiten wollten."

(Birgit Heckhoff, Mutter, 50 Jahre)

„Cliquen können ganz schön grausam sein. Ich habe schon viele Schüler gesehen, die sich total verbogen haben, nur um in eine Gruppe aufgenommen zu werden. Manchmal hatte ich da das Gefühl, dass die sich verkleiden und verstellen, nur um dazu zu gehören."

(Matthias Renger, Lehrer, 36 Jahre)

Wolfgang Sander, Julia Haarmann, Sabine Kühmichel, Einschätzungen und Meinungen zu Peer-Groups, www.bpb.de, 30.6.2010

Gefahren sozialer Netzwerke – im Erklärfilm

Mediencode: 72023-01

Peer-group / Clique

In der Wissenschaft wird der Begriff „Peer-Group" für Clique verwendet. „Peer" bedeutet im Englischen gleichaltrig.

M 8 ● Wir leben in „sozialen Gruppen" – Typologie von Gruppen

Der Freundeskreis, die Familie, die eigene Band oder Fußballmannschaft. Menschen sind Mitglieder in verschiedenen Gruppen. Das Verhalten einer Person kann selten ohne den Bezug zur Umwelt erklärt werden, ist also von dem Zusammenwirken mit anderen Menschen bestimmt. Gruppen beeinflussen uns – oft, ohne dass es uns bewusst ist. Menschen verhalten sich und handeln in einer Gruppe anders, als wenn sie alleine sind.

Soziale Gruppe

Von einer sozialen Gruppe spricht man, wenn folgende Merkmale feststellbar sind: Eine soziale Gruppe hat gemeinsame Inter-
5 essen, Ziele und Regeln. So ist bspw. bei einer Fußballmannschaft klar, dass alle Mitglieder am Erfolg der Mannschaft interessiert sind. Für alle gilt die Regel, pünktlich zum Training zu erscheinen oder bei
10 einem Spiel das Trikot zu tragen. Die Regeln sind oft unausgesprochen, aber dennoch allen Mitgliedern bewusst. Aufgrund dieser gemeinsamen Ziele und Regeln entwickelt sich ein Wir-Bewusst-
15 sein der Mitglieder. Damit ist ein Zusammengehörigkeitsgefühl und Zugehörigkeitsgefühl zur Gruppe gemeint. Zu diesem Wir-Bewusstsein gehört es, entscheiden zu können, wer zu der Gruppe gehört und wer
20 nicht. Soziale Gruppen sind demnach in ihrer Größe meist überschaubar, jedes Mitglied muss alle Mitglieder der Gruppe erkennen und kennen. Durch längeres Bestehen der Gruppe entwickeln sich ver-
25 schiedene Rollen in der Gruppe, die den Status des Gruppenmitglieds festlegen. Soziale Gruppen sind sehr wichtig für die Persönlichkeitsentwicklung. In der Wissenschaft werden verschiedene Gruppenfor-
30 men der sozialen Gruppe unterschieden, die sich durch ihre Zielsetzung und ihren Vertrautheitsgrad unterscheiden.

Formelle Gruppen

Formelle Gruppen versuchen, bestimmte
35 Ziele zu erreichen, indem sich die Mitglieder nach einem organisierten Plan auf Aufgaben festlegen. Formell bedeutet demnach auch die Form, dass ein bestimmtes, vereinbartes Regelwerk gewahrt wird. Diese Art
40 der Gruppe findet sich vor allem im Berufs-

leben. Dort sind die Rollen und Aufgaben in der Gruppe so stark festgelegt, dass für die Aufgaben Menschen gesucht werden, die genau in die Beschreibung der Rolle – z.B. Arbeitsplatzbeschreibung – passen. 45
Die Beziehungen der Gruppenmitglieder sind hauptsächlich auf den Austausch von genau umschriebenen Leistungen und für die Bewältigung der jeweiligen Aufgabe wichtigen Informationen beschränkt. Je- 50
doch finden auch hier soziale Handlungen statt, beispielsweise wenn sich im Beruf eine Freundschaft entwickelt oder auch wenn man mit dem Hausmeister Smalltalk hält.

Informelle Gruppen 55

Informelle Gruppen bilden sich innerhalb oder außerhalb von formellen Gruppen. Informell bedeutet so viel wie nicht förmlich oder nicht die Form wahrend. Informelle Gruppen sind relativ klein und dienen der 60
Befriedigung persönlicher, privater und emotionaler Bedürfnisse, z.B. dem Wunsch nach Freundschaft, Austausch und Erheiterung. Daher beruhen sie auf persönlicher Sympathie, ähnlichen Gefühlslagen und 65
gleichen Interessen und Erwartungen. Je nachdem, wie die informellen Beziehungen sich auf die formellen auswirken, können sie als positiv oder negativ bezeichnet werden:
Positive Einflüsse informeller Gruppen 70
können z.B. zu unbürokratischen und schnellen Lösungen im Berufsleben führen, negative Einflüsse können z.B. durch Cliquenstreitigkeiten entstehen, die berufliche Abläufe oder das Lernen in der Schu- 75
le unnötig erschweren können.

Wolfgang Sander, Julia Haarmann, Sabine Kühmichel, Einschätzungen und Meinungen zu Peer-Groups, www.bpb.de, 30.6.2010

M 9 ● Typische Gruppendynamiken

Die Mitglieder einer Gruppe nehmen in der Regel unterschiedliche gruppentypische Positionen bzw. Rollen ein.

Gruppendynamik

Gruppen sind keine statischen Gebilde, sie befinden sich vielmehr in einem stetigen Prozess der Veränderung, der Entwicklung oder des Konflikts. Dies wird Gruppendynamik genannt. Sie beschreibt die vielfältigen sozialen Interaktionen zwischen den Gruppenmitgliedern und wird durch mehrere Faktoren bestimmt: Größe, Zusammenhalt, Führung der Gruppe, etc.

Rollen

Erwartungen, die an einen Menschen von seinem Umfeld gestellt werden

I. Der Tüchtigste

- zeigt auf, was die Gruppe leisten könnte, wenn sie wollte
- hat eine Art Streberfunktion
- setzt sich für die Einhaltung der Gruppenregeln ein
- kann nicht der Beliebteste sein

II. Der Anführer

- leitet die Gruppe
- hält die Gruppe zusammen
- bestimmt und koordiniert die Gruppenziele
- in Gruppen ohne einen offiziellen Leiter konkurrieren der „Beliebteste" und der „Tüchtigste" um diese Position

III. Der Außenseiter

- „Sündenbock": das schwächste Mitglied wird für Fehlschläge verantwortlich gemacht
- „Gruppentrottel": steckt viel Arbeit und Engagement in die Gruppe, wird oft ausgenutzt
- zurückhaltendes und daher wenig beachtetes Mitglied der Gruppe
- „unerwünschter Mitläufer" – jemand, der versucht, sich in die Gruppe einzufügen, von den anderen aber nicht akzeptiert wird

IV. Der Mitläufer

- orientiert sich maßgeblich an den anderen Gruppenmitgliedern (meist am Anführer)
- vermeidet Konflikte
- entscheidet sich oft nach Konflikten für die Siegerseite

V. Der Beliebteste

- kümmert sich um die zwischenmenschlichen Belange der Gruppe
- gleicht Gegensätze in der Gruppe aus
- unterstützt andere
- vertritt dennoch seine Meinung

VI. Der Gegenspieler

- sucht Gelegenheiten, das Vorgehen der Gruppe zu kritisieren
- kann bei berechtigter Kritik sehr beliebt sein
- bei nicht hilfreicher Kritik kann er zum Außenseiter werden

Nach: Sandra Eger, Steffen Kludt, Typische Gruppenrollen, in: Wochenschau – Politik und Wirtschaft unterrichten, Jugend-Familie-Gesellschaft, Heft 2/2012, S. 17

M 10 ● Spielregeln

Karikatur: Christian Born / Baaske Cartoons

Aufgaben

❶ Ermitteln Sie mithilfe von M 6 und M 7 zentrale Unterschiede von virtuellen und realen Freunden / Cliquen bzw. Peer-Groups anhand folgender Kriterien: *Schutz, Geborgenheit, Druck, Risiko, Identität.*

❷ a) Arbeiten Sie die Merkmale der drei in M 8 genannten Arten von Gruppen heraus.

b) Ordnen Sie folgende Beispiele den Gruppenarten zu: *Konfirmandengruppe, drei Jungs aus einer Fußballmannschaft gehen zusammen auf eine Party, die Lehrer einer Schule sitzen in einer Konferenz zusammen, eine Gruppe von Kolleginnen fährt zusammen in den Urlaub.*

❸ Stellen Sie dar, dass die Merkmale sozialer Gruppen auch für eine Gruppe gelten, der Sie selbst angehören – online wie offline.

❹ Erklären Sie, inwiefern die Clique eine soziale Gruppe ist. (M 8)

❺ Analysieren Sie Ihre in Aufgabe 3 dargestellte Gruppe nach den Kriterien der typischen Gruppenrollen aus M 9.

❻ Analysieren Sie die Karikatur M 10.

F zu Aufgabe 1
Erweitern Sie Ihre Antwort um das Kriterium Gefahr.

Sozialisation
M 1 – M 3

Als Sozialisation bezeichnet man die **Verinnerlichung der durch die Gesellschaft vermittelten Sitten, Bräuche, Normen und Werte** durch ein Individuum und die damit verbundene **Persönlichkeitsentwicklung**. Erst durch die Kenntnis dieser Regeln wird das Individuum in einer Gesellschaft sozial handlungsfähig. Sozialisation ist somit ein **lebenslanger Prozess**.

Sozialisations-instanzen
M 3, M 4,
M 6 – M 10

Sozialisationsinstanzen können **Personen** (Eltern, Freunde) oder auch **Organisationen** (Vereine, Parteien) und **Institutionen** (Kindergarten, Schule) sein. Sozialisationsinstanzen spielen unterschiedliche Rollen: Sie können sich bei der Sozialisation eines Menschen unterstützen, sich aber auch gegenseitig hemmen. Die wichtigsten Sozialisationsinstanzen sind neben der **Familie** die **Gleichaltrigengruppe** (Peergroup), **die Schule** und **die Medien**.

Sozialisations-phasen
M 3, M 4

Gewöhnlich wird der Prozess der Sozialisation in drei Phasen unterteilt:
• die **primäre Sozialisationsphase:** Herausbildung der Grundstrukturen der Persönlichkeit, Entwicklung von Grundmustern für soziales Verhalten.
  Instanzen: Eltern bzw. Familie, Kindergarten, Vorschule, ...;
• die **sekundäre Sozialisationsphase:** Erlernen von neuen und Weiterentwicklung bestehender Verhaltensweisen (Rollen).
  Instanzen: Schule, Peer-groups, kirchliche oder berufliche Gruppierungen, Medien;
• die **tertiäre Sozialisation:** Weiterentwicklung im Berufs- und Privatleben („lebenslanges Lernen"). *Instanzen:* Berufsgruppen, politische Organisationen, Medien.

Soziale Gruppen
M 6 – M 10

Die sozialen Gruppen sind die Bausteine der Gesellschaft. Sie sind soziale Gebilde, die immer dann entstehen, wenn sich mindestens zwei Menschen als Gruppe begreifen. Typische Merkmale sind:
• gemeinsame Interessen und Ziele
• gemeinsames Normen- und Wertesystem
• unterschiedliche aufeinander bezogene Rollen und Positionen
• ein „Wir-Gefühl"

Formelle Gruppen
Informelle Gruppen
M 8

Formelle Gruppen findet man überall dort, wo Menschen planvoll ein gemeinsames Ziel erreichen wollen, also insbesondere im beruflichen Bereich.
Informelle Gruppen bilden sich innerhalb der formellen Gruppen und Organisationen aufgrund persönlicher Zuneigung oder gemeinsamer Interessen. Diese Gruppen sind i.d.R. klein und dienen persönlichen Bedürfnissen (Kommunikation, Geselligkeit, Geborgenheit usw.), die in den Großgruppen nicht befriedigt werden können.

Peer-group
M 7 – M 9

Die **Gruppe der Gleichaltrigen**, die sogenannte Peer-group, ist für viele Jugendliche besonders wichtig. Gleiche oder ähnliche Interessen und Sorgen geben Orientierung und Unterstützung. Auf der anderen Seite kann die Gruppe auch einen Druck ausüben, dem man sich nur schwer entziehen kann.

Tippen ohne Tabu

Papier und Stift sieht man hier nicht, im Projektunterricht der Neuntklässler. Stattdessen surft Jan Winkelmann mit seinem Smartphone, während ihm sein Lehrer 5 wohlwollend über die Schulter blickt. In dieser Klasse an der Walter-Bader-Realschule in Xanten am Niederrhein ist die Nutzung des eigenen Handys – an normalen Schulen strengstens untersagt oder gar 10 mit Abnahme des Geräts bestraft – nicht nur erlaubt, sondern Programm.

Jan arbeitet an einer Präsentation über Ausbildungen bei einem großen Salzhersteller in der Region – für ein Berufswahl-15 projekt. Um eine Powerpoint-Präsentation zu erstellen, füttert er ein Notebook der Schule mit Daten, recherchiert sie aber mit seinem eigenen Handy. Das sei schon praktisch, meint er. Zumal der PC-Pool auf der 20 anderen Seite des Flurs gerade besetzt ist, dort findet gerade eine Informatikstunde statt.

Für Schulleiterin Regina Schneider ist der Handy-Einsatz im Unterricht nur konse-25 quent. „Es geht darum, die Lernmöglichkeiten zu erweitern. Unser Denken muss sich verändern, weg von dem, was verboten ist, hin zu dem, was nützt." Deshalb ist die Schule Partner im europäischen Förderpro-30 jekt „School IT Rhein Waal" des Lehrstuhls für Mediendidaktik und Wissensmanagement der Universität Duisburg-Essen. [...] Dahinter steht die Überlegung, dass viele Schüler heutzutage privat ohnehin über 35 ein internetfähiges Gerät verfügen. Studien etwa des Medienpädagogischen Forschungsverbundes Südwest besagen, dass inzwischen 100 Prozent aller Jugendlichen zwischen zwölf und 19 Jahren in ihrem Haushalt einen Zugang zu Computer oder 40 Laptop haben, 97 Prozent besitzen ein eigenes Handy. [...]

„Die tägliche Medienwirklichkeit von Jugendlichen und die schulische Arbeit mit digitalen Medien klaffen immer weiter 45 auseinander", meinen die BYOD-Forscher aus Duisburg. Das Potenzial ihres Konzepts liege weniger in der Debatte um schulische IT-Ausstattung, sondern betreffe die Weiterentwicklung von Schulalltag und Unter-50 richt generell.

Auch wenn in Xanten erst ein Bruchteil der Schüler durchgängig Handys im Unterricht einsetzt, hat der Wegfall des Handy-Verbots die Atmosphäre verändert. Man 55 gehe entspannter miteinander um, sagt die Schulleitung. Und: Ärger um Handy-Missbrauch im Unterricht sei fast kein Thema mehr.

Alexandra Straush, Tippen ohne Tabu, www.sueddeutsche.de, 24.6.2013

Aufgaben

1 Erklären Sie die Begriffe *Sozialisation*, *Sozialisationsprozess*, *Sozialisationsphasen* und *Mediensozialisation*.

2 Analysieren Sie den Text, indem Sie herausarbeiten, welche Position zum neuen Konzept im Umgang mit Handys im Text vertreten wird.

3 Erörtern Sie vor dem Hintergrund Ihrer Kenntnisse über die Mediensozialisation Ihrer Generation mögliche Vor- und Nachteile des Konzeptes und beziehen Sie selbst Stellung.

3.2 Kann die Politik den Sozialisationsprozess beeinflussen? – Das Beispiel Bildungspolitik

Basiskonzept	Kategorie	Leitfragen
Akteure und deren Dispositionen	Ziele	· Wie müsste die Bildungspolitik gestaltet werden, um gleiche Chancen zu ermöglichen?

3.2.1 Folgen der Bildungsexpansion

Bildungsexpansion

Seit den 1960er Jahren wurde das weiterführende Bildungswesen enorm ausgedehnt (v.a. Realschulen, Gymnasien und Hochschulen) und die Bevölkerung erwarb immer häufiger höhere Bildungsabschlüsse. Ausgelöst wurde diese Entwicklung u.a. von Georg Picht mit der Debatte um die „deutsche Bildungskatastrophe" (1964), welche das Problem der mangelnden Chancengleichheit und die fehlenden qualifizierten Arbeitskräfte beleuchtete. Der große politische Aufbruch erfolgte dahingehend mit der sozialliberalen Regierungskoalition ab 1969.

M 1 ● Bildungsbeteiligung heute

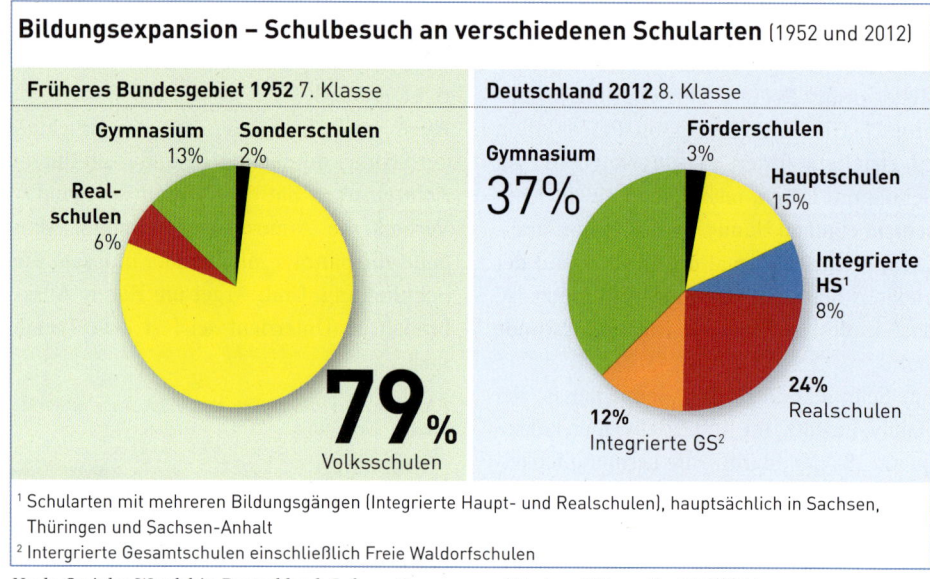

Bildungsexpansion – Schulbesuch an verschiedenen Schularten (1952 und 2012)

Früheres Bundesgebiet 1952 7. Klasse

Gymnasium 13% Sonderschulen 2%
Realschulen 6%
79% Volksschulen

Deutschland 2012 8. Klasse

Förderschulen 3%
Gymnasium **37%** Hauptschulen 15%
Integrierte HS[1] 8%
24% Realschulen
12% Integrierte GS[2]

[1] Schularten mit mehreren Bildungsgängen (Integrierte Haupt- und Realschulen), hauptsächlich in Sachsen, Thüringen und Sachsen-Anhalt
[2] Intergrierte Gesamtschulen einschließlich Freie Waldorfschulen

Nach: Sozialer Wandel in Deutschland, Informationen zur politischen Bildung Nr. 324/2014

M 2 ● Auswirkungen der Bildungsexpansion auf die Sozialstruktur

Die Bildungsexpansion hat kurz-, mittel- und langfristige Wirkungen und trägt zum Teil direkt, zum Teil indirekt zur Veränderung der Sozialstruktur bei. Einige Punkte
5 seien abschließend genannt:
- Mit der seit Beginn der 1960er-Jahre überproportionalen Bildungsexpansion von Mädchen und jungen Frauen änderte sich das Verhältnis der Geschlechter zueinander, wächst die Selbstbestim-
10 mung der Frau, aber auch die Konkurrenz um Studien- und Arbeitsplätze;
- die Bildungsexpansion hatte Auswirkungen auf die Prozesse der Individualisie-
15 rung, die gestiegene Kritikfähigkeit ge-

genüber der Politik und der Wahrnehmung beruflicher und sonstiger Optionen;
- die Bildungsexpansion hat im Zusammenhang mit der Individualisierung auch die Pluralisierung der Lebensstile 20 befördert;
- längere Ausbildungszeiten und Individualisierung führen auch zur Pluralisierung der Lebensformen, einem Anstieg der Singlehaushalte oder der Paare ohne 25 Kinder;
- die längeren Ausbildungszeiten bewirken schließlich eine veränderte Altersstruktur der Auszubildenden und Berufsanfänger, was dazu führte, dass sich das dritte Le- 30

M 10 ● Kindergarten gleicht soziale Unterschiede aus

Eine längere Zeit im Kindergarten kann Bildungslücken und Defizite des Elternhauses ausgleichen – das hat eine bundesweite Studie des Deutschen Instituts für
5 Wirtschaftsforschung ergeben. Dies trifft allerdings nur zu, wenn die Kinder den Kindergarten ab dem dritten Lebensjahr besucht haben. Ein einziges Kindergartenjahr hatte kaum positive Effekte für die
10 Schulreife, ergab die Studie „Soziale Ungleichheiten beim Schulstart". [...]
Demnach zeigen vor allem Kinder aus bildungsfernen sowie ausländischen Familien überproportional häufig Entwicklungsdefi-
15 zite. So werde jedes zweite Kind vom Schulbeginn zurückgestellt, wenn die Eltern keinen formalen Bildungsabschluss haben. Bei einem mittleren Bildungsabschluss der Eltern liege die Wahrschein-
20 lichkeit für eine Rückstellung noch bei 30 Prozent. In Akademikerhaushalten sind es laut Studie nur acht Prozent. [...]
Anders, wenn Kinder aus bildungsfernen Haushalten und Migrantenfamilien bereits
25 mit drei Jahren den Kindergarten besucht haben: Sie holen nahezu alles auf. Die Wahrscheinlichkeit einer Rückstellung vom Schulbesuch sinke dann von 50 Prozent auf 13 Prozent. Die Differenz der
30 Rückstellungswahrscheinlichkeiten zwischen höchstem und niedrigstem Bildungsabschluss der Eltern betrage dann nur noch fünf Prozentpunkte. [...]

Im Saarland, in Berlin, Rheinland-Pfalz, Niedersachsen und Hessen [sowie in Bay- 35 ern, Nordrhein-Westfalen, Schleswig-Holstein und Sachsen] ist das letzte Kindergartenjahr mittlerweile beitragsfrei. Soll das Kind den Kindergarten früher besuchen, müssen die Eltern dafür aufkommen – die 40 Preise in den Kommunen schwanken allerdings stark. Eine im März vorgestellte Studie der Initiative Neue soziale Marktwirtschaft und der Zeitschrift Eltern ergab, dass in Deutschland zwischen null und 45 4.000 Euro pro Jahr für die Halbtagsbetreuung von zwei Kindern fällig sind.

DIW-Studie, www.zeit.de, 15.5.2008

Kinder essen gemeinsam im Kindergarten zu Mittag.

Aufgaben

❶ Nehmen Sie kritisch Stellung dazu, wie der Eliteforscher Michael Hartmann (M 8) die Zukunftsfähigkeit des deutschen Bildungssystems sieht.

❷ Ordnen Sie in arbeitsteiliger Gruppenarbeit die in M 8, M 9 und vor allem in der Randspalte vorgestellten Handlungsansätze in ein Schema von wenig sinnvoll bis sehr wirksam ein. Erstellen Sie in der Gruppe eine Aufgabenliste für die verantwortlichen Politiker, welche die fünf Ihrer Ansicht nach sinnvollsten Maßnahmen für die deutsche Bildungspolitik enthält.

❸ Fassen Sie thesenförmig zusammen, welche Zusammenhänge es zwischen Kindergartenbesuch und Schulabschluss geben könnte. (M 10)

❹ Diskutieren Sie, ob man die Kindergartengebühren nicht grundsätzlich abschaffen sollte.

ORIENTIERUNGSWISSEN

**Bildungsbeteiligung
im Wandel der Zeit**
M 1, M 4

Mitte des 19. Jahrhunderts besuchte noch weniger als ein Prozent eines Altersjahrgangs das Gymnasium. 1960 lag dieser Wert in der Bundesrepublik bei rund sechs Prozent. Infolge der sog. **„Bildungsexpansion"**, aufgrund gestiegener beruflicher Anforderungen sowie höherer Bildungserwartungen und nicht zuletzt wegen der besorgniserregenden Meldungen von deutschen Hauptschulen stieg der Anteil der Abiturienten immer weiter an. Heute besucht etwa ein Drittel der Sekundarschüler das Gymnasium.

**Gesellschaftliche
Folgen der
Bildungsexpansion**
M 2

Die Bildungsexpansion veränderte die Sozialstruktur Deutschlands unter anderem dadurch, dass politische und gesellschaftliche Probleme infolge der **Höherqualifizierung** der Bevölkerung verändert bzw. verstärkt wahrgenommen werden. Zudem ist die **aufgebrochene geschlechtsspezifische Rollenverteilung** sowie die **Individualisierung bzw. Pluralisierung der Lebensstile und Biografien** zu einem erheblichen Teil darauf zurückzuführen. Damit einher gehen Auswirkungen auf die Berufswelt, wobei die Arbeitsmarktanforderungen wiederum Einfluss haben auf die Bildungsansprüche.

**Wirkung der
Herkunftseffekte**
M 5 – M 7

Die gestiegene Bildungsbeteiligung hatte nicht zur Folge, dass die sozialen Ungleichheiten im Bildungssystem beseitigt werden konnten. **Unterschiedliche Sozialisationsbedingungen** im Elternhaus sorgen für ungleiche Startbedingungen und in der Grundschule gelingt es oft nicht, die Defizite, die benachteiligte Kinder mitbringen, auszugleichen. Der **soziale Filter** wirkt vor allem durch die jeweilige Finanzsituation der Familie (unterstützende Lernmaterialien, Nachhilfe, ein eigenes Zimmer mit Schreibtisch …) und den Bildungsgrad der Eltern (Hilfe bei inhaltlichen und organisatorischen schulischen Fragen, Bildungsanspruch …). Er macht sich zum einen bei Übergangsentscheidungen (nach der Grundschule, nach dem Abitur) bemerkbar, zum anderen bezüglich der Chancen, bis zur Hochschulreife auf dem Gymnasium zu verbleiben. Während früher vor allem Mädchen und Kinder aus ländlichen Regionen im Bildungssystem benachteiligt waren, sind es heute aufgrund der oben genannten Aspekte Scheidungskinder und Kinder mit Migrationshintergrund.

Handlungsansätze
M 8, M 9,
Randspalte

In Deutschland besteht vor allem hinsichtlich der gravierenden Unterschiede zwischen hoch und gering Qualifizierten Handlungsbedarf. Auch angesichts des demografischen Wandels und des damit verbundenen Fachkräftemangels dürfen schlummernde Talente nicht unentdeckt bleiben. Dazu ist ein verstärktes Bemühen um die **Herstellung von Chancengleichheit** – also die Abschaffung des sozialen Filters – unumgänglich. Die Handlungsvorschläge der Wissenschaftler dazu sind vielfältig: z. B. von einer verlängerten Grundschulzeit bis hin zur Abschaffung des dreigliedrigen Schulsystems, von kleineren Klassen bis hin zur individuellen Einzelförderung. Besonders bedeutsam, darüber sind sich alle Ansätze einig, ist die frühkindliche Förderung.
Um auch international konkurrenzfähig zu bleiben, muss Deutschland dafür sorgen, dass die Schwachen nicht abgehängt werden und gleichzeitig aber die Qualität der Starken nicht sinkt.

Bildungsabschlüsse der Bevölkerung

höchster allgemeiner Schulabschluss	insgesamt	ohne Migrations- hintergrund	mit Migrations- hintergrund im weiteren Sinn	mit Migrations- hintergrund im engeren Sinn
Hauptschulabschluss	24.276	20.433	3.843	3.732
Abschluss Polytechnische Oberschule/DDR	4.926	4.839	87	84
Realschul- oder gleichwertiger Abschluss	15.624	12.879	2.745	2.590
Fachhochschule	4.806	4.014	792	731
Abitur	14.796	11.729	3.068	2.871
ohne Abschluss	2.563	989	1.574	1.565
noch nicht schulpflichtig bzw. noch in Ausbildung	13.106	8.791	4.316	4.230
keine Angabe zur Art des Abschlusses	250	178	72	69
keine Angaben zum Schulabschluss	264	222	41	41

Bildungsabschlüsse der Bevölkerung im Jahr 2013 in 1.000

KOMPETENZEN ANWENDEN

Zur Bevölkerung mit Migrationshintergrund im engeren Sinne...

...gehören alle Zugewanderte und alle in Deutschland geborene Ausländer/-innen.
5 Von den Deutschen mit Migrationshintergrund, die ihre deutsche Staatsangehörigkeit seit Geburt besitzen, haben nur jene einen Migrationshintergrund im engeren Sinne, die mit ihren Eltern oder einem El
10 ternteil im selben Haushalt leben, weil nur dann die für die Zuordnung entscheidende Elterninformation vorliegt.

Zur Bevölkerung mit Migrationshintergrund im weiteren Sinne...

...gehören zusätzlich jene Deutsche mit Mi- 15 grationshintergrund, die ihre deutsche Staatsangehörigkeit seit Geburt besitzen und nicht (mehr) mit den Eltern im selben Haushalt leben. Sie sind ausschließlich durch die bislang nur 2005 und 2009 ge- 20 stellten Zusatzfragen zum Migrationsstatus der nicht im Haushalt lebenden Eltern als Menschen mit Migrationshintergrund identifizierbar.

© *Statistisches Bundesamt, Mikrozensus, www.destatis.de, 2013*

Aufgaben

1 Erarbeiten Sie die Aussagen der Tabelle.

2 Werten Sie die Ergebnisse aus und ordnen Sie diese ein.

3 Diskutieren Sie angesichts dieser Ergebnisse Forderungen an die Politik.

Wirtschaftswachstum, Lebensqualität und Umweltschutz – ein Konflikt?

4

Ziele der (Wirtschafts-) Politik sind u.a. die Sicherung wirtschaftlichen Wachstums, der Schutz der natürlichen Umwelt sowie die Wahrung bzw. Steigerung der Lebensqualität der Bürgerinnen und Bürger.

In Kapitel 4.1 werden Sie im Rahmen eines Planspiels zum Bau eines Chemiewerks erarbeiten, inwiefern es Zielkonflikte zwischen Wirtschaftswachstum und Umweltschutz gibt, und diskutieren, wie Sie sich im Falle solcher Konflikte entscheiden. Vertiefend können Sie sich dann mit der Frage beschäftigen, wie es überhaupt dazu kommt, dass ökonomische und ökologische Vorhaben häufig im Konflikt zueinander stehen, indem Sie das Versagen des Marktes in der Umweltpolitik untersuchen und Lösungsansätze entwickeln.

In Kapitel 4.2 lernen Sie mit dem Bruttoinlandsprodukt (BIP) den gängigen Indikator für die wirtschaftliche Entwicklung eines Staates kennen. Im Anschluss erhalten sie die Möglichkeit, zu beurteilen, inwieweit sich das BIP für die Darstellung des Wohlstandes bzw. der Lebensqualität in einem Land eignet und ob es durch einen anderen Indikator ersetzt bzw. ergänzt werden sollte.

KOMPETENZEN

Am Ende dieses Kapitels sollten Sie Folgendes wissen und können:

... das Spannungsfeld zwischen wirtschaftlichem Wachstum und dem Schutz der Umwelt erklären sowie Wirtschaftswachstum von der Steigerung der Lebensqualität/des Wohlstands abgrenzen.

... in einem (wirtschaftspolitischen) Konflikt unterschiedliche Perspektiven und Argumente erarbeiten und präsentieren.

... Entscheidungen zu Produktionsstandorten ökonomisch und ökologisch bewerten sowie Nutzen und Grenzen (volks-)wirtschaftlicher Indikatoren beurteilen.

... die Auswirkungen von Marktversagen und negativen externen Effekten beim Umweltschutz erklären und Lösungsansätze entwickeln.

Was wissen und können Sie schon?

1 Setzen Sie die Bilder und die Überschrift dieses Kapitels zueinander in Beziehung.

2 Erarbeiten Sie ausgehend von den Bildern Fragen, die sich für Sie ergeben.

3 Positionieren Sie sich auf einer Entscheidungslinie: Besteht zwischen wirtschaftlichem Wachstum und Umweltschutz ein Konflikt?

4.1 (Wie) Können Wirtschaftswachstum und Umweltschutz sinnvoll vereinbart werden?

Basiskonzepte	Kategorien	Leitfragen
Akteure und Dispositionen	Interessen und Bedürfnisse, Ziele und Zielkonflikte	· Welche Interessen verfolgen die Akteure? · Wie können Individual- und Gemeinnutzen gesteigert werden?
System und Struktur	externe Effekte und Internalisierung	· Welche Instrumente sollen eingesetzt werden, um negative externe Effekte zu reduzieren?

4.1.1 Soll ein Chemiewerk in Weinstadt gebaut werden? – Ein Planspiel

M 1 ● Wie ist die aktuelle Situation in Weinstadt?

Weinstadt ist eine Kleinstadt mit 10.000 Einwohnern. Die Chemie-AG „Polyplex" beabsichtigt, in dem Ort ein Werk für Chemie-Fasern (Polyester/Polyacryl) zu bauen.
5 Diese Fasern werden in der Textil-Industrie z.B. für die Produktion von Goretex-Bekleidung eingesetzt. In Aussicht gestellt wird die Schaffung von 1.500 Arbeitsplätzen.
10 Die Arbeitslosigkeit in Weinstadt liegt über dem Bundesdurchschnitt. Zumeist arbeiten die Weinstädter in örtlichen Klein- und Mittelbetrieben oder sie fahren als Pendler in die nächste Stadt. Es gibt auch viele
15 Kleinlandwirte, deren Höfe kaum genug für den Lebensunterhalt abwerfen. Einige Landwirte würden ihre Höfe gerne an die Chemie-AG verkaufen, wenn sie eine andere Erwerbsgrundlage in dem neuen Werk finden würden.
20 Einige Weinstädter betrachten die mögliche Ansiedlung des Chemie-Konzerns aber auch mit großer Skepsis. Der geplante Standort liegt in den Flusswiesen (Bernbach-Aue) und stößt bei dem örtlichen
25 Verein für Naturschutz auf starken Widerstand. In dieser Wiesenlandschaft mit Baggerseen leben seltene Tier- und Pflanzenarten.
Die Chemie-AG „Polyplex" hat ein Interes-
30 se daran, in Weinstadt zu investieren. Die Bedingungen dafür sind gute Konditionen (z.B. Vergünstigungen bei Gewerbesteuern und Erschließungskosten).

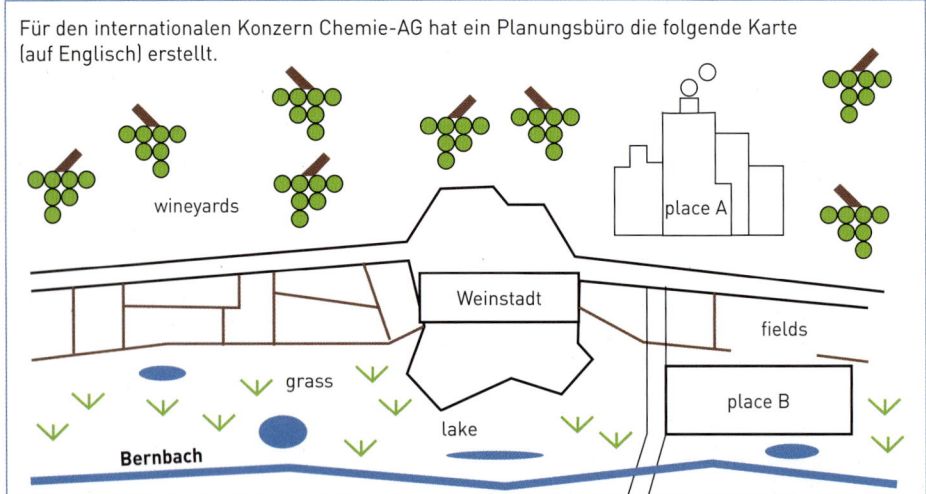

Für den internationalen Konzern Chemie-AG hat ein Planungsbüro die folgende Karte (auf Englisch) erstellt.

Zusatzinformationen:

Die Erschließungskosten sind bei beiden Standorten gleich. Zwar fallen beim Standort A weniger Kosten für den Bau von Straßen an, aber dafür sind die Grundstückskosten bei diesem Standort höher.

Die Chemie-AG möchte ein Gebiet von 100 Hektar (1 Hektar = 10.000 qm) von der Gemeinde kaufen.

Die Weinbaubetriebe sind überwiegend wirtschaftlich gesund. Die Winzerfamilien haben ein ausreichendes Einkommen. Anders ist dies bei den Weidebauern, die ihre Betriebe in der Bernbach-Aue haben. Die Weidebauern verdienen sehr wenig; viele sind darauf angewiesen, noch eine weitere Arbeit anzunehmen. Allerdings gibt es für sie wenig Arbeit in der Gegend.

Die Bernbach-Aue ist ein wichtiges Naturschutzgebiet. Sie ist ein intaktes feuchtes Wiesengelände, in dem seltene Arten von Libellen, Kröten und Wasservögel leben. Viele naturinteressierte Besuchergruppen aus nah und fern kommen in die Aue, um Tiere zu beobachten. Um das Gebiet kümmert sich der örtliche Verein für Naturschutz. Vor kurzem hat der Gründer des Vereins für sein Engagement das Bundesverdienstkreuz erhalten. Zur Zeit dreht das Fernsehen auch einen Naturfilm über die Aue.

Nach: Gerhard de Haan, www.transfer-21.de, 23.2.2015 (überarbeitet)

M 2 ● Erste Überlegungen in der Stadtverordnetenversammlung – Sollen wir die Ansiedlung unterstützen?

Die Stadtverordnetenversammlung ist für die Geschicke der Stadt verantwortlich und möchte alles dafür tun, um die Stadt wirtschaftlich voranzubringen. Die Finanzlage
5 sieht allerdings ziemlich schlecht aus, da momentan wenige Gewerbebetriebe vorhaben sind, die Steuereinnahmen bringen. Der Plan der Chemie-AG kommt daher sehr gelegen. Der Chemiebetrieb würde der
10 Stadt nach seiner Fertigstellung Arbeitsplätze und voraussichtliche Gewerbesteuereinnahmen von ca. 2 Mio. Euro jährlich bringen – allerdings ohne irgendwelche Ermäßigungen und ohne die Garantie da-
15 für, dass diese Einnahmen tatsächlich entstehen. Schließlich gibt es einige Beispiele dafür, dass staatlich geförderte Betriebe plötzlich schließen, nachdem sie hohe Subventionen erhalten haben. Abgesehen von
20 der Chemie-AG gibt es momentan kein Unternehmen, das sich in dieser Gegend ansiedeln will.

Die geschätzten 5 Mio. Euro Erschließungskosten (Grundstückskauf, Straßen-
25 bau, Kläranlagen) kann die Stadt jedoch auf keinen Fall alleine aufbringen. Sie müsste das z.B. über Kredite finanzieren.

Ansiedlungen von Großbetrieben werden auch vom Land gefördert. In anderen Fällen sind vom Land bereits bis zu 25 % der
30 Investitionskosten an die Ansiedlungsbetriebe gezahlt worden. Bei den Erschließungskosten wurde den Gemeinden ein Zuschuss von bis zu 50 % gewährt.

Viele Mitglieder der Stadtverordnetenver-
35 sammlung befürchten allerdings im Falle der Errichtung des Werks bei der nächsten Wahl massive Stimmenverluste. Die einen haben Angst, die Naturschützer gegen sich aufzubringen. Die anderen befürchten,
40 dass im Falle einer Absage an die Chemie-AG die Menschen in der Stadt das Gefühl bekämen, dass nicht genug gegen die Arbeitslosigkeit getan wird.

Insgesamt sind die Stadtverordneten noch
45 sehr unsicher, da sie Chancen und Risiken noch nicht ganz überblicken. Deshalb beschließen sie, sich genauer in das Thema einzuarbeiten und die Positionen und Interessen der beteiligten Akteure zu beleuch-
50 ten, bevor sie eine endgültige Entscheidung treffen.

Nach: Gerhard de Haan, www.transfer-21.de, 23.2.2015 (überarbeitet)

Stadtverordnetenversammlung

heißt in Hessen die Vertretung der Bürgerinnen auf kommunaler Ebene. Ihre Mitglieder sind die Stadtverordneten, ihr Vorsitzender ist der Stadtverordnetenvorsteher/die Stadtverordnetenvorsteherin.

Subventionen

siehe Infobox in Kapitel 6.1.4

KOMPETENZEN AUSBILDEN

Im Planspiel Konflikte erfahren und Entscheidungen simulieren (Handlungskompetenz I)

Planspiele sind komplex gemachte Rollenspiele mit klaren Interessensgegensätzen und hohem Entscheidungsdruck. Sie übernehmen in Planspielen die Rollen unterschiedlicher Akteure innerhalb eines vorgegebenen Szenarios und können so selbst darin ablaufende Vorgänge erfahren und Entscheidungen simulieren.

a) Versetzen Sie sich in folgende Situation

Sie sind Mitglied der Weinstädter Stadtverordnetenversammlung. Diese muss als Gremium eine Entscheidung fällen, ob und – wenn ja – unter welchen
5 Voraussetzungen die Chemie-AG in Weinstadt angesiedelt werden soll.

In dem eigens gebildeten Ausschuss „Chemie-AG Polyplex" setzen sich die Stadtverordneten intensiv mit der Streitfrage auseinander, indem sie Argumente
10 unterschiedlicher Interessengruppen für und gegen den Bau des Konzerns zusammentragen, diskutieren und auf dieser Grundlage eine Empfehlung für die Entscheidung der Stadtverordnetenversammlung abgeben. Als Mitglied dieses Ausschusses sind Sie dafür
15 zuständig, die Position einer Interessengruppe (z.B. die Position der Landwirte) zu präsentieren, aber nicht zu vertreten.

b) Bilden Sie Gruppen und verteilen Sie Aufgaben

Bilden Sie Ausschüsse mit jeweils sechs Personen, in
20 denen je zwei Ausschussmitglieder die Position einer Interessengruppe erarbeiten und anschließend präsentieren:
- Chemie-AG
- Landwirte
25 - Naturschutzbund

Verteilen Sie folgende Zusatzaufgaben in Ihrer Gruppe:
- Sitzungsleiter, der die Sitzung leitet und strukturiert
- Protokollant, der wesentliche Argumente 30 und das Ergebnis notiert
- Zeitwächter, der auf die Zeiteinteilung und -einhaltung achtet
- Pressesprecher, der die Ergebnisse Ihrer Sitzung im Plenum vorträgt 35

c) Nehmen Sie Ihre Rolle ein

Erarbeiten Sie die Position der Ihnen zugeteilten Interessensgruppe, indem Sie
- ausgehend von „Ihrer" Rollenkarte sowie den vorangegangenen Materialien wesentliche Informati- 40 onen für „Ihre" Position herausarbeiten,
- aus der Perspektive „Ihrer" Interessensgruppe Argumente für und/oder gegen den Bau des Chemiewerks entwickeln und erklären,
- Gegenargumente antizipieren und auf Grundlage 45 Ihrer Ergebnisse
- eine Verhandlungsstrategie entwickeln (z.B. Reihenfolge und Gewichtung der Argumente etc.)

d) Präsentieren und reflektieren Sie Ihre (Ausschuss-) Ergebnisse
50
- Präsentieren Sie Ihre Gruppenergebnisse jeweils vor der gesamten Klasse.
- Reflektieren Sie anschließend mit der Klasse, inwiefern Ihre Argumentation sowie Ihre Ergebnisse und Lösungsvorschläge plausibel bzw. realistisch sind.

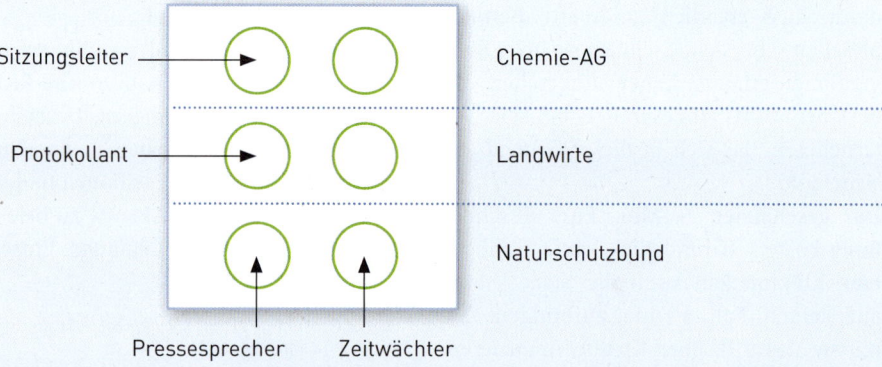

Stadtverordnetenversammlung

M 3 ● Ausschusssitzung – Tagesordnung

AUSSCHUSSSITZUNG

THEMA: **Soll die Chemie-AG Polyplex ein Werk in Weinstadt bauen dürfen?**

ZIEL: **Herbeiführen einer begründeten (Mehrheits-) Entscheidung**

TAGESORDNUNGSPUNKTE:

1. **Informationsaustausch: Präsentation der Ergebnisse der Vorbereitung durch die Stadtverordneten:** Welche Positionen vertreten die verschiedenen Interessengruppen und welche Argumente sprechen aus deren Sicht für bzw. gegen den Bau des Konzerns?

    a. Position der Chemie-AG
    b. Position der Naturschützer
    c. Position der Landwirte

2. **Diskussion der Ergebnisse:** Wie plausibel sind die Argumente? Welche Gegenargumente sind relevant? Welche Konsequenzen hätte die Entscheidung für bzw. gegen den Bau des Werks für unterschiedliche Akteure, z. B. die Stadt Weinstadt? Unter welchen Voraussetzungen soll die Ansiedlung unterstützt werden?

3. **Abstimmung**

4. **Pressekonferenz**

Entscheidung

Achtung: Bei der Diskussion und Abstimmung in der Ausschusssitzung entscheiden Sie „rollenunabhängig", d. h. Sie sind nicht an die von Ihnen erarbeitete und präsentierte Position (Landwirt etc.) gebunden.

M 4 ● Rollenkarten der Interessensgruppen

Position der Chemie-AG

Der Vorstand der Chemie-AG will in Weinstadt eine Zweigstelle bauen, da der Ort sehr verkehrsgünstig gelegen ist. Es gibt allerdings für den Konzern alternative Standorte in anderen Städten. Der Betrieb will in Weinstadt nur investieren, wenn er Zuschüsse erhält und ihm keine Kosten für die Erschließung des Landes entstehen. Von der Stadt erwartet die Chemie-AG zudem Vergünstigungen bei der Gewerbesteuer. In zwei Kleinstädten, in denen der Konzern Zweigbetriebe hat, wird ihm bei der Gewerbesteuer eine Ermäßigung von 50% gewährt. Vertragliche Garantien bezüglich der Lebensdauer des Betriebs werden von der Leitung der Chemie-AG abgelehnt. Der Konzern ist bereit, moderne Filteranlagen zu bauen, um so die Luftverschmutzung gering zu halten. Die erforderliche Kläranlage muss allerdings die Stadt bezahlen, hier lehnt die Chemie-AG eine finanzielle Beteiligung ab.

Position des Naturschutzbundes

Der Naturschutzbund sieht seine Aufgabe darin, die Bern-bach-Aue als wichtiges Naturschutzgebiet unverändert zu erhalten. Deshalb wenden sich seine Mitglieder entschie-den gegen den geplanten Standort, da das bedeutendste Feuchtgebiet mit seltenen Tier- und Pflanzenarten zerstört 5
würde. Zudem fordert der Naturschutzbund, dass Luft und Gewässer im Raum Weinstadt sauber bleiben, was im Falle der Errichtung des Chemie-Werks nicht sicher wäre. Damit vertritt der Naturschutzbund gleichzeitig die Interessen der Weinbauern, die durch die erhöhte Wasser-, Boden- und Luftbelastung eine Qualitätsminderung ihres Weins befürchten. 10
Des Weiteren geben die Mitglieder des Naturschutzbundes zu bedenken, dass die Stadt keine Investitionsmittel mehr hat und die Erschließungskos-ten somit durch Kredite finanziert werden müssten, was eine zusätzliche Verschuldung der Stadt zur Folge hätte.

Position der Landwirte

Der Großteil der Landwirte beschreibt seine wirtschaftliche Situation als sehr schwierig, da die Arbeit insbesondere der Weidebauern seit Jahren nur minimale Erträge einbringt. Einige von ihnen haben bereits Nebentätigkeiten aufgenom-men, um den Lebensunterhalt für ihre Familien zu sichern. 5
Andere wollten auch zusätzlich nebenher arbeiten, aber sie finden keine ge-eigneten Arbeitsplätze. Die Landwirte wären bereit, ihre Grundstücke in der Nähe der Bernbach-Aue (siehe Karte) an die Chemie-AG zu verkaufen, wenn sie dafür in dem Konzern Arbeit bekämen.
Die Landwirte machen sich zudem große Sorgen um die Zukunft ihrer Kin- 10
der. Die Übernahme des landwirtschaftlichen Betriebs der Eltern ist für sie auf Grund der geringen Erträge nicht mehr sinnvoll. Auch sie benötigen da-her berufliche Alternativen.
Die Familien geben zu bedenken, dass durch die Ansiedlung der Chemie-AG andere Großkonzerne durch die verbesserte Infrastruktur einen Anreiz hät- 15
ten, in die Kleinstadt zu investieren, was zu weiteren Arbeitsplätzen führen würde. Sie verweisen in diesem Zusammenhang auf die überdurchschnitt-lich hohe Arbeitslosigkeit, von der viele Familien in der Kleinstadt betroffen sind, nicht nur die der Bauern. Sie versuchen auch, die Stadtverordneten unter Druck zu setzen, indem sie mit dem Verlust von Wählerstimmen im 20
Falle einer Entscheidung gegen das Chemiewerk drohen.

M zu Aufgaben 2 und 3

Sie können zwischen der analytischen Aufgabe 2 oder der produktionsorientier-ten Aufgabe 3 wählen. In beiden Fällen sind Sie nicht mehr an Ihre Rolle gebunden und müssen in Ihrer Argumentation mehrere Perspektiven berücksichtigen.

Aufgaben

1. Führen Sie das Planspiel entsprechend des Ablaufplanes durch. (M 1 – M 4)

2. Nehmen Sie kritisch Stellung zu der Frage, ob der Chemiekonzern in Weinstadt gebaut werden sollte.

3. Verfassen Sie einen Leserbrief an die Stadtverordnetenversammlung, in dem Sie sich klar für/gegen den Bau des Chemiewerks in Weinstadt positionieren.

4.1.2 Versagt der Markt beim Umweltschutz?

M 5 ● Welcher Zusammenhang besteht zwischen Wirtschaft und Umwelt?

Allgemein versteht man unter Umwelt häufig den in einer bestimmten zeitlichen und räumlichen Situation bestehenden Zustand natürlicher Lebensgrundlagen, näm-
5 lich der Umweltmedien Wasser, Luft, Boden einschließlich der Tier- und Pflanzenwelt, der Landschaft und der Bodenschätze. Solche Definitionen werden operationaler, wenn man die Umwelt als
10 natürliche Ressource erfasst, die umfangreiche Nutzungen in verschiedener Form zulässt:

- Umwelt als Konsumgut
  Umwelt versorgt die Menschen mit le-
15 benswichtigen Gütern wie Luft und Wasser und bietet Erholung und Freizeitaktivitäten.

- Umwelt als Produktionsfaktor
  Die Umwelt liefert Rohstoffe, die als In-
20 put in den Produktionsprozess eingehen, wie Wasser, Bodenschätze oder Energie, und sie umfasst den Boden als Produktionsfläche.

- Umwelt als Aufnahmemedium für
25 Schadstoffe
  Schadstoffe wie Abwässer, Müll, Strahlungen oder Disprodukte, wie Lärm und Überhitzungen, werden von der Umwelt aufgenommen und zum Teil absorbiert.

30 In diesen Dimensionen gibt die Umwelt Leistungen ab, die im Prinzip über den Preis als optimales Informationskonzentrat zugeteilt und rationiert werden sollten, aber diese Preise gibt es nicht. Warum kommt es zu
35 einer Überbelastung der Umwelt? Es können im Wesentlichen zwei Kategorien von Ursachen ausgemacht werden:

- die entwicklungsbedingte Zunahme der Produktion und

- das Versagen des Preismechanismus. 40

Für die entwicklungsbedingte Zunahme der Produktion ist das Bevölkerungswachstum faktisch von entscheidender Bedeutung. [...] Ende 2009 lebten gut 6,8 Milliarden Menschen auf der Erde und nach dem 45 US-Bericht Global 2000 ist für das Jahr 2025 mit einer Bevölkerung von etwa 8 Milliarden zu rechnen. Es ist einleuchtend, dass sich aus dieser Entwicklung erhebliche Umweltprobleme ergeben. Denn zum 50 einen muss die Nahrungsmittelproduktion durch intensive Bodennutzung sowie eine Ausdehnung der Anbaufläche erhöht werden. Gefahren wie Erosion, Verkarstung, Versalzung, Zunahme von Düngemitteln 55 und der Einsatz von Schädlingsbekämpfungsmitteln sind die Folge. Zum anderen wird auch die industrielle Produktion erhöht werden müssen, z. B. für Kleidung und Wohnung, für Verkehrsmittel und 60 langlebige Konsumgüter. Mit der steigenden Produktion von Gütern geht ein steigender Verbrauch von Energie, Rohstoffen und Umwelt einher. Und schließlich entstehen auch mehr Abfälle und Schadstoffe, 65 deren ordnungsgemäße Entsorgung immer schwieriger wird. Es ist aber zu fragen, warum der zunehmende Verbrauch der knappen Umwelt nicht durch den Preismechanismus gesteuert wird. Die Antwort gibt 70 die ökonomische Analyse der Ursachen.

Ulrich Baßeler, Jürgen Heinrich, Burkard Utecht, Grundlagen und Probleme der Volkswirtschaft, 19. Auflage, Stuttgart, 2010, S. 906 ff.

Über unsere Verhältnisse

Obergrenze
Um unter der kritischen Grenze von 2 Grad Erwärmung zu bleiben, dürfte die Menschheit jährlich höchstens etwa 14,5 Milliarden Tonnen (Gt) CO_2 ausstoßen.

Globaler Durchschnitt
Für ihren globalen Ausstoß von derzeit etwa 30 Gt pro Jahr bräuchten die knapp 6,9 Milliarden Menschen also eigentlich schon zwei Erden.

Deutschland
Würden alle Menschen weltweit so viel CO_2 freisetzen wie der durchschnittliche Deutsche, wären vier Planeten nötig.

Ulrich Schnabel, Stefan Schmitt, Martin Burgdorff, Die Zeit, 3.12.2009, S. 50

Ökologie

Ökologie ist eine Wissenschaft, die die Erkenntnisse verschiedener Disziplinen (Biologie, Chemie, Ökonomie, Soziologie, Geografie) nutzt, um die Wechselwirkungen zwischen belebter und unbelebter Umwelt, Lebewesen und ihren Lebensbedingungen bzw. denen zwischen Mensch, Technik, Wirtschaft und Umwelt zu erforschen.
www.bpb.de, Abruf am 1.11.2014

Ökonomie

Bezeichnung für die Wirtschaftswissenschaften und für die Wirtschaft

Wirtschaft

die Gesamtheit aller Einrichtungen wie Unternehmen, private und öffentliche Haushalte sowie die notwendigen Abläufe wie Käufe und Verkäufe, die mit der Herstellung und dem Verbrauch von Gütern verbunden sind.
www.bpb.de, Abruf am 1.11.2014

Kompetenzen ausbilden am Beispiel des Operators „analysieren" (Analysekompetenz II)

A) Aufgabenstellung

Thema	Ökonomie und Ökologie – ein Konflikt?
Aufgabe	Analysieren Sie, wie die „entwicklungsbedingte Zunahme der Produktion" (Z. 38 f.) zu einer zunehmenden Beeinträchtigung der Umwelt führt (Probleme, Ursachen, Ausmaß, Folgen, Lösungsansätze, ...).
Operator	„analysieren" (AFB II): Merkmale eines Textes, Sachverhaltes oder Zusammenhanges kriterienorientiert bzw. aspektgeleitet erschließen und zusammenhängend darstellen

B) Hinweise zur Erarbeitung einer Analyseaufgabe

Verständnis der Aufgabe sichern: Erfassen der Aufgabenstellung

Wesentlich für die erfolgreiche Erarbeitung einer Lösung zu einer Aufgabe ist das Verständnis der Aufgabenstellung. Daher sollten Sie sich zunächst verdeutlichen, was genau die Aufgabenstellung verlangt.

	Analysieren Sie, wie die „entwicklungsbedingte Zunahme der Produktion" (Z. 38 f.) zu einer zunehmenden Beeinträchtigung der Umwelt führt (Probleme, Ursachen, Ausmaß, Folgen, Lösungsansätze, ...).	
Leitfragen	a. Welche Schlüsselbegriffe enthält die Aufgabe?	→ es geht um den Zusammenhang zwischen wachsender Produktion und steigender Umweltbelastung
	b. Gibt die Aufgabe Erarbeitungsschwerpunkte vor?	→ die in Klammern gesetzten Aspekte geben eine Hilfe zur Strukturierung der eigenen Darstellung
	c. Enthält die Aufgabenstellung Hinweise zum möglichen Aufbau der Lösung?	
	d. Was genau verlangt der Operator?	→ der Operator verlangt in diesem Fall die Untersuchung des o.a. Zusammenhangs zwischen wachsender Produktion und steigender Umweltbelastung, und zwar unter Zuhilfenahme bestimmter Kriterien/Aspekte, die in diesem Fall durch den Schwerpunkt und die in Klammern gesetzten Aspekte bereits vorgegeben sind

C) Die Analyse inhaltlich strukturieren und formulieren

• Formulieren Sie grundsätzlich einen Einleitungssatz, in dem Sie beispielsweise die Aufgabenstellung oder das Thema in eigenen Worten formulieren oder ankündigen, was Sie im Folgenden tun werden.

• Formulieren Sie am Ende Ihrer Ausführungen einen „Fazitsatz", in dem Sie wesentliche Erkenntnisse Ihrer Analyse zusammenfassen.

• Formulieren Sie Ihre Argumente aus: (Hypo-)These + Begründung + Veranschaulichung. Achtung: Eine (Hypo-)These ist KEIN Argument.

• Orientieren Sie sich beim Aufbau Ihrer Ausführungen – nach Möglichkeit – an den Hinweisen der Aufgabenstellung.

Beispiel:

Gliederungsaspekt (vgl. Aufgabenstellung)	Inhaltliche Stichpunkte (Tipp: Text- und Unterrichtsbezüge herstellen)
Darstellung des Problems (mit Textbezug, hier: M 5):	Hohe Umweltbelastung durch wirtschaftliches Wachstum, im Einzelnen • Steigerung der Nahrungsmittelproduktion (Folgen für Bodennutzung: Erosion, Düngemittel, …) • Steigerung der industriellen Produktion, z. B. Kleidung, Häuser, … (Folgen: hoher Rohstoff- und Energieverbrauch; Abfälle, …) → negative Auswirkungen auf die Umwelt
Ausmaß	• Exemplarische Veranschaulichung des Ausmaßes, z. B. Bodenübernutzung, Abfallproblematik etc. • Regionale Unterschiede
Ursachen, z. B.	• Bevölkerungswachstum sowie wachsende Ansprüche der Bevölkerung (Textbezug) • Konflikt zwischen ökonomischen und ökologischen Zielen → relativ hohe Kosten für umweltfreundliches Handeln (Unterrichtsbezug) • Nicht-Anwendung des Preismechanismus i.Hb. auf die Nutzung der Umwelt: Umweltnutzung hat keinen Preis, daher Übernutzung
Lösungsansätze	• „Bepreisung" der Umweltnutzung (Text) • Weitere Beispiele: Veränderung des individuellen Verhaltens, Vorgaben durch den Staat, …

Hinweis

Wichtig für die Qualität Ihrer Darstellung ist, dass sie zusammenhängend gestaltet ist (vgl. auch Operator). Das bedeutet,

- dass der Text in seiner Gesamtheit in sich logisch aufgebaut ist (Stichwort: roter Faden) und
- dass die einzelnen Sätze sinnvoll miteinander verknüpft (z. B. durch richtig verwendete Konjunktionen: denn, weil, nachdem, bevor, zudem, …) oder auch voneinander getrennt sind (z. B. durch Absätze).
- Beachten Sie, dass die Analyse eine sachliche Untersuchung ist. Das bedeutet im Umkehrschluss, dass sie keine persönlichen Wertungen enthält.

D) Die Analyse überarbeiten

Überprüfen Sie Ihre eigene Darstellung hinsichtlich folgender Kriterien:

Kriterien	+	0	–
In meinen Ausführungen gehe ich genau auf die Aufgabenstellung ein.			
Meine Ausführungen enthalten einen einleitenden und einen abschließenden Satz.			
Ich argumentiere stichhaltig, indem meine Argumente grundsätzlich aus einer These, einer Erklärung und einer Veranschaulichung bestehen. Meine Ausführungen sind klar gegliedert (z. B. durch Absätze) und logisch aufgebaut. Die Sätze sind sinnvoll miteinander verknüpft.			
Die Inhalte sind sachlich richtig, präzise formuliert und vollständig erklärt.			
Meine Analyse enthält keine wertenden Formulierungen (z. B. „Ich denke …" oder „Leider …").			

Externe Effekte

Externe Effekte sind die Wirkungen (Vor- und Nachteile), die von der ökonomischen Aktivität eines Wirtschaftssubjektes (Produzent oder Konsument) auf die Produktions- und Konsummöglichkeiten anderer Wirtschaftssubjekte ausgehen, ohne dass diese Wirkungen vom Preissystem berücksichtigt werden: Im Falle positiver externer Effekte (externe Nutzen, externe Ersparnisse) erhält der Verursacher der Vorteile (z. B. Klimaverbesserung durch Baumanpflanzung) kein Entgelt von den Begünstigten, im Falle negativer externer Effekte (externe Kosten) muss der Urheber der Nachteile (z. B. Umweltbelastung durch Schadstoffemissionen von Kraftfahrzeugen) den Betroffenen keine Entschädigung leisten.

Nach: Schülerduden Wirtschaft, Mannheim u.a. 1992, S. 130

M 6 ● Weshalb versagt der Markt beim Umweltschutz?

Mit einem funktionierenden Wirtschaftssystem allein ist der natürlichen Umwelt noch lange nicht gedient, weil im Bereich des Umweltschutzes Marktversagen vor-
5 liegt. Für Umweltgüter wie Wasser, Luft oder Landschaften bilden sich auf dem Markt keine Preise, welche die tatsächlichen Knappheiten ausdrücken. Weil entsprechende (internationale) Rahmenbedin-
10 gungen fehlen, wird die natürliche Umwelt als freies Gut betrachtet, das nahezu jeder in gleicher Menge konsumieren kann, unabhängig davon, ob er etwas zu dessen Erstellung beigetragen hat oder nicht und
15 von dessen Nutzung konkurrierende Benutzer nur sehr schwer ausgeschlossen werden können. Besonders bei den Umweltgütern „Luft" und „Wasser" ist ein Ausschluss nahezu unmöglich: Saurer Re-
20 gen fällt bekanntlich auch auf abgegrenzte Gebiete, und fließende Gewässer oder Luft können ebenfalls nicht durch Landesgrenzen kontrolliert werden. So treten [...] keine Nachteile bei unverantwortlichem Konsum
25 auf. Wenn es aber Konsumenten und Un-
ternehmen kostenfrei erlaubt ist, Luft und Flüsse zu verschmutzen, dann bestehen keine (oder kaum) Anreize dazu, freiwillig zur Verbesserung der Umweltqualität beizutragen. Ein Qualitätsverlust der Umwelt- 30 güter scheint somit vorprogrammiert zu sein.

Weil die verursachten Umweltschäden nicht in die Kalkulation der Unternehmen eingehen, werden sie auch nicht auf Märk- 35 ten abgegolten (sog. externe Effekte). Es kommt zu Preisverzerrungen: Produkte, deren Herstellung umweltbelastend ist, kosten zu wenig. Bei begrenztem Angebot an natürlichen Umweltgütern müsste aber 40 normalerweise eine Nachfrageerhöhung zu einem Preisanstieg führen. Der Mangel an [...] Rahmenbedingungen „verlockt" geradezu zu einer Übernutzung der freien Umweltgüter, weil deren maximale Nutzung 45 zu einem besseren Betriebsergebnis führt (von vereinzelten Kostenvorteilen durch Einsparungen abgesehen).

Oliver Fries, Treffpunkt Umweltethik, www.treffpunkt-umwelt-ethik.de, 3.5.2010

Info

Marktversagen

Marktversagen liegt vor, wenn der Marktmechanismus aus Angebot und Nachfrage nicht zu den volkswirtschaftlich wünschenswerten Ergebnissen führt und die Produktionsfaktoren nicht so verwendet werden, dass sie den größtmöglichen Ertrag für die Gesamtwirtschaft bringen. In Fällen des Marktversagens, z. B. bei externen Effekten, öffentlichen Gütern oder Monopolen greift der Staat in das Marktgeschehen ein, um Nachteile von Verbrauchern oder anderen Anbietern zu verhindern oder volkswirtschaftlich sinnvollere Ergebnisse zu erreichen. So werden vom Staat z. B. Forschungs- und Entwicklungsarbeiten von Unternehmen finanziell unterstützt, um damit einen Anreiz zu schaffen, Grundlagenforschung zu betreiben, die für das einzelne Unternehmen hohe Kosten verursacht, gleichzeitig aber das Know-how in der gesamten Volkswirtschaft verbessert [...].

Duden Wirtschaft von A bis Z, Bonn 2004

stellt wird und, anstatt sofort verbraucht
40 zu werden, die Lagerhaltung einer Unternehmung erhöht, um zu einem späteren Zeitpunkt genutzt oder verkauft zu werden. In diesem Fall wird das Zwischenprodukt im Betrachtungszeitraum als Endpro-
45 dukt behandelt, und dessen Wert fließt als Lagerinvestition in das BIP ein. Wird der Lagerbestand an Zwischenprodukten später genutzt oder verkauft, so ist dies gleichbedeutend mit negativen Lagerinvestitionen, und das BIP dieser späteren Periode 50 wird dementsprechend niedriger ausfallen.

N. Gregory Mankiw/Mark P. Taylor, Grundzüge der Volkswirtschaftslehre, 4. Aufl., Stuttgart 2008, S. 564 ff. (übers. v. Adolf Wagner und Marco Herrmann)

M 8 ● Wie entwickelt(e) sich das BIP in Deutschland?

Die Leistung unserer Wirtschaft

Bruttoinlandsprodukt (BIP) in Milliarden Euro (nominal)

2003	2004	2005	2006	2007	2008	2009	2010	2011	2012	2013	2014	2015
2 148 Mrd. €	2 196	2 224	2 314	2 429	2 474	2 374	2 495	2 610	2 666	2 738	2 787*	2 842*

Veränderung in Prozent

0,7 % real / nominal -0,4 | 2,2 1,2 | 1,3 0,7 | 4,0 3,7 | 5,0 3,3 | 1,9 1,1 | -4,0 -5,1 | 5,1 4,0 | 4,6 3,3 | 2,2 0,7 | 2,6 0,4 | 3,0 1,8* | 3,3 2,0*

Aufteilung 2013 in Prozent

Dort erarbeitet:
69,0 % Dienstleistungsbereiche
25,5 Produzierendes Gewerbe
4,7 Baugewerbe
0,8 Land- u. Forstwirtschaft

Dafür verwendet:
57,5 Privater Konsum*
19,5 Staatsausgaben
16,9 Bruttoinvestitionen
6,1 Außenbeitrag

So verteilt:
67,1 Löhne und Gehälter
32,9 Gewinne und Vermögenserträge

Quelle: Stat. Bundesamt   *einschließlich Organisationen   © Globus 6170

* Prognose des Deutschen Instituts für Wirtschaftsforschung; teilweise eigene Berechnung
Zahlen nach: Statistisches Bundesamt

F vor Bearbeitung von Aufgabe 1
Entwickeln Sie auf der Grundlage Ihrer Zusammenstellungen eine vorläufige Definition von „BIP". Arbeiten sie dazu mit einem Placemat.

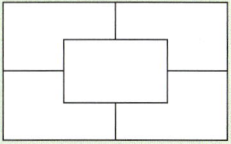

H zu Aufgabe 3
Stellen Sie dazu zunächst Elemente Ihres Verständnisses von „Lebensqualität" zusammen.

Aufgaben

1 Stellen Sie zusammen, der Wert welcher Güter – u. a. aus Ihrem Alltag – zum Bruttoinlandsprodukt gerechnet werden könnte.

2 Skizzieren Sie, was durch das BIP (nicht) erfasst wird, welche volkswirtschaftlichen Funktionen es erfüllen soll und wie es sich in den vergangenen beiden Jahrzehnten entwickelt hat (M 6, M 7, M 8).

3 Das BIP ist eine geeignete Messgröße für die Lebensqualität einer Gesellschaft! Diskutieren Sie diese These.

4.2.3 Ist das BIP ein sinnvoller Indikator für Lebensqualität?

Nachhaltigkeit

Der [ursprünglich aus der Forstwirtschaft stammende] Begriff „Nachhaltigkeit" [...] heißt, Umweltgesichtspunkte gleichberechtigt mit sozialen und wirtschaftlichen Gesichtspunkten zu berücksichtigen. Zukunftsfähig wirtschaften bedeutet also: Wir müssen unseren Kindern und Enkelkindern ein intaktes ökologisches, soziales und ökonomisches Gefüge hinterlassen.

www.nachhaltigkeit.info, 26.8.2014

M 9 ● Kritik am BIP

Eine wichtige Lehre der in den vergangenen Jahren durchlebten globalen Finanz- und Wirtschaftskrise lautet, dass Wohlstand und gesellschaftlicher Fortschritt stets einer umfassenden Einordnung bedürfen. Den Blick allein auf die aktuelle Wirtschaftsleistung und deren Wachstum zu richten, ist unzureichend. Kurzfristig sichtbare Erfolge könnten das Resultat exzessiver Verschuldung oder rücksichtsloser Ausbeutung der Natur sein und somit nicht auf einer nachhaltigen Erfolgsbasis beruhen. So wurden in den vergangenen Jahren in vielen Industrieländern erhebliche Teile des Wachstums früherer Jahre als Wohlstandsillusion entlarvt, die notwendigen Anpassungsprozesse sind schmerzhaft und dauern noch immer an.

Sachverständigenrat zur Begutachtung der gesamtwirtschaftlichen Entwicklung, Gegen eine rückwärtsgewandte Wirtschaftspolitik, Jahresgutachten 2013/14, Wiesbaden 2013, S. 479

M 10 ● Das BIP wächst durch ...

WACHSTUMSHELFER

Nahrungsmittelproduktion — Dienstleistungen — Verkehrsunfälle — Wasserverbrauch — Krankheitskosten — Ressourcenabbau — Massentierhaltung — Sachgütererzeugung — Bauwesen

Der Freitag, 9.12.2010

M 11 ● Der W3-Indikator – eine Alternative zum BIP?

In seinem Jahresgutachten 2013/14 stellt der von der Bundesregierung eingesetzte Sachverständigenrat zur Begutachtung der gesamtwirtschaftlichen Entwicklung einen neuen Wohlstandsindikator in Grundzügen vor, der von einer Enquete-Kommission des Deutschen Bundestages entwickelt worden ist:

Materieller Wohlstand	Soziales und Teilhabe	Ökologie
Leitindikatoren		
Bruttoinlandsprodukt *BIP pro Kopf Veränderungsrate des BIP pro Kopf (Rang des absoluten BIP global)* [2]	**Beschäftigung** *Beschäftigungsquote*	**Treibhausgase** *nationale Emissionen*
Einkommensverteilung *P80/P20*	**Bildung** *Sekundärabschluss-II-Quote*	**Stickstoff** *nationaler Überschuss*
Staatsschulden *Schuldensstandsquote (Tragfähigkeitslücke)* [3]	**Gesundheit** *Lebenserwartung*	**Artenvielfalt** *nationaler Vogelindex*
	Freiheit *Weltbank-Indikator „Voice & Accountability"*	
Warnlampen		
Nettoinvestitionen *Nettoinvestitionsquote*	**Qualität der Arbeit** *Unterbeschäftigungsquote*	**Treibhausgase** *globale Emissionen*
Vermögensverteilung *P90/P50*	**Weiterbildung** *Teilnahmequote an Fort- und Weiterbildung*	**Stickstoff** *globaler Überschuss*
Finanzielle Nachhaltigkeit des Privatsektors *Kreditlücke in Relation zum BIP reale Aktienkurslücke reale Immobilienpreislücke*	**Gesundheit** *gesunde Lebensjahre*	**Artenvielfalt** *globaler Vogelindex*

1) Neben den Leitindikatoren und Warnlampen umfasst das W³-Indikatorensystem in der ersten Säule, dem materiellen Wohlstand, noch die sogenannte Hinweislampe „nicht-marktvermittelte Produktion". Zu dieser gehören etwa Hausarbeit oder ehrenamtliche Tätigkeiten. – 2) Angegeben wird hier zusätzlich der Rang, den die jeweils betrachtete Volkswirtschaft in der Rangliste aller Volkswirtschaften bezogen auf das Niveau des Bruttoinlandsprodukts (in Kaufkraftparitäten) einnimmt. – 3) Die Tragfähigkeitslücke gibt als zusätzliche Information an, um wieviel die Primärsalden ab dem Betrachtungszeitpunkt dauerhaft höher sein müssten, damit die öffentlichen Haushalte langfristig tragfähig sind.

Nach: Sachverständigenrat zur Begutachtung der gesamtwirtschaftlichen Entwicklung, Gegen eine rückwärtsgewandte Wirtschaftspolitik, Jahresgutachten 2013/14, Wiesbaden 2013, S. 485

Das Indikatorensystem W3 folgt [...] in seiner Struktur zwei Grundüberlegungen: Die drei Dimensionen der Nachhaltigkeit werden in drei in etwa gleichgewichtigen Säulen abgebildet. Somit werden die Säulen „Materieller Wohlstand", „Soziales und Teilhabe" sowie „Ökologie" unterschieden. [...] Innerhalb jeder dieser drei Säulen gliedern sich die dort enthaltenen Einzelindikatoren in zwei unterschiedliche Gruppen, die insgesamt zehn Leitindikatoren und die insgesamt neun Warnlampen.

Die Leitindikatoren sollen bei jeder Aufbereitung und Kommentierung des Indikatorensystems explizit dokumentiert und ausführlich diskutiert werden. Indikatoren, die als Warnlampen dienen, sollen hingegen im Normalfall lediglich im Hintergrund mitgeführt werden und nur dann in den Vordergrund treten, wenn ihre Entwicklung einen Warnhinweis gibt. [...] [Es] soll diese zweistufige Verdichtung – die Beschränkung auf lediglich 19 Indikatoren insgesamt und die Delegation [= Verlagerung] eines guten Teils der Information an ein Teilsystem von Warnlampen – garantieren, dass dieses Indikatorensystem viele Bürger erreicht [...].

Die erste Säule des Indikatorensatzes beschäftigt sich mit dem aktuellen Stand und der künftigen Entwicklung des materiellen Wohlstands. Das Bruttoinlandsprodukt ist

Postwachstumsökonomie / Degrowth

Der derzeitigen ökonomischen Grundvorstellung entgegengesetzte Haltung, wonach sowohl Konsum- als auch Produktionswachstum zurückgehen müssen, wenn sie als ökologisch, sozial, wirtschaftlich oder politisch schädlich aufzufassen sind (auch A-growth oder Entwachstum).

Zusatzkapitel zu Postwachstumsökonomie/Degrowth

Mediencode: 72023-02

Aufgabe: Diskutieren Sie die Einführung des „Degrowth-Konzepts" für unser Wirtschaftssystem.

homo oeconomicus
→ (ökonomisches Verhaltensmodell), siehe Kap. 6.2.1

Jigme Khesar Namgyel Wangchuck, seit 2008 König von Bhutan

und bleibt dabei das zentrale Maß der Wirtschaftsleistung einer Volkswirtschaft.
35 Hier werden als erster Leitindikator das (preisbereinigte) Niveau pro Kopf und dessen (preisbereinigte) Wachstumsrate ausgewiesen, um einerseits einen internationalen Vergleich zu ermöglichen und
40 andererseits Fortschritte über die Zeit rasch zu erkennen. [...]
Der zweite Leitindikator dieser Säule spricht die Verteilung der Einkommen an. [...] Dieser Indikator gibt die Relation des
45 Einkommens jenes Prozents der Bevölkerung, das mehr als die unteren 79 % und weniger als die oberen 20 % der Bevölkerung an Einkommen zur Verfügung hat, gegenüber dem Einkommen jenes Prozents
50 der Bevölkerung an, das mehr als die unteren 19 % und weniger als die oberen 80 % an Einkommen realisiert. [...]
Mit dem dritten Leitindikator dieser Säule, der staatlichen Schuldenstandsquote, soll
55 schließlich erfasst werden, inwieweit die Wirtschaftsleistung mit tragfähigen öffentlichen Haushalten einhergeht. [...]
In der zweiten Säule des Indikatorensystems finden sich vier Leitindikatoren zum
60 Fragenkomplex Soziales und Teilhabe. Als erster Leitindikator dieser Säule informiert die Beschäftigungsquote über die Situation auf dem Arbeitsmarkt. Sie gibt den prozentualen Anteil der Erwerbstätigen an der
65 Bevölkerung im Alter von 15 bis 64 Jahren an. [...]
Der zweite Leitindikator spricht das Bildungsniveau der Gesellschaft an: Dies soll durch die Abschlussquote der 20- bis
70 24-Jährigen im Sekundarbereich II erfasst werden, da dieses Niveau künftig als Mindestqualifikation für eine gelungene gesellschaftliche Teilhabe angesehen werden kann. [...]
Die für das menschliche Wohlergehen zen- 75 trale Gesundheitssituation wird durch einen dritten Leitindikator, die durchschnittliche Lebenserwartung, erfasst. Da die durchschnittliche Lebenserwartung jedoch lediglich die Quantität, nicht aber die Qua- 80 lität der Lebensjahre abbildet, leuchtet hier eine [...] Warnlampe dieser Säule, wenn die Zahl der „Gesunden Lebensjahre" sinkt. [...]
Den Abschluss dieser Säule bildet als vierter Leitindikator der [...] Indikator „Voice 85 and Accountability" als Maß für Freiheit, Rechtsstaatlichkeit und das Ausmaß demokratischer Teilhabe in einer Gesellschaft. [...]
[Im Nachhaltigkeitsbereich Ökologie sind] 90 drei Leitindikatoren vorgesehen, die sich am Konzept der globalen Umweltgrenzen orientieren. Im Einzelnen sollen dabei die Treibhausgas-Emissionen, der Stickstoff-Überschuss und der Vogelindex als Maß 95 für die Entwicklung der Artenvielfalt jeweils die nationalen Entwicklungen erfassen. Da diese jedoch nur wenig Aussagekraft für die entsprechenden globalen Entwicklungen und damit aufgrund der 100 globalen Natur des Problems für die Gesellschaft in Deutschland besitzen, sollen entsprechende Warnlampen jeweils dann aufleuchten, wenn die analog definierten Indikatoren auf globaler Ebene eine Ver- 105 schlechterung gegenüber dem Vorjahr anzeigen.

Sachverständigenrat zur Begutachtung der gesamtwirtschaftlichen Entwicklung, Gegen eine rückwärtsgewandte Wirtschaftspolitik, Jahresgutachten 2013/14, Wiesbaden 2013, S. 485-488.

M 12 ● Neuer Wohlstandsindikator – auch in Deutschland?

Wer wissen will, wie sehr die Welt der Ökonomen ins Wanken geraten ist, der sollte nach Bhutan reisen. Das Königreich im Himalaja hat sich [...] vom puren Glauben an
5 die Märkte verabschiedet. In Bhutan haben der König und seine Regierung nicht mehr das Ziel, das Bruttoinlandsprodukt zu mehren – sondern sie wollen das sogenannte Bruttonationalglück steigern.
Auch das ist eine Zahl, auch sie wird aus 10 Millionen von Daten errechnet, die Statistiker erheben; sie befragen die Bürger, stel-

len ihnen Hunderte Fragen zu ihrer Lebenssituation und ihrer Lebenszufriedenheit – und verdichten das dann zu einer Zahl. Aber dieser Glücksindikator besagt eben etwas ganz anderes als das Bruttoinlandsprodukt; er beinhaltet weit mehr als nur den Wert von Waren.

Nun ist es nicht so, dass die Ökonomen dieser Welt alle am Bruttoinlandsprodukt zweifeln – und damit am Konzept, das dahinter steht: der unsichtbaren Hand des Marktes, die alles regelt. Aber es hat doch, unverkennbar, in den letzten Jahren in Teilen der Wirtschaftswissenschaften ein Umdenken begonnen. Ein Umdenken, das vor allem im Ausland stattfindet. Vielerorts wachsen die Zweifel am perfekten, entfesselten Markt, der – so die klassische Theorie – stets im Gleichgewicht ist (oder zumindest dahin tendiert); und es wachsen die Zweifel am Homo oeconomicus, diesem Kunst- und Gedankenwesen der Ökonomie, das stets alles weiß und deshalb vollkommen rational handelt.

Auch in Deutschland denkt eine kleine Minderheit von Ökonomen darüber nach, wie sich die Wirtschaftswissenschaften erneuern und öffnen können. [...] [Es] dominieren hierzulande immer noch die Vertreter des klassischen Mainstreams die wirtschaftspolitische Debatte. Sie argumentieren so, als sei der Zusammenbruch der Wall Street vor sechs Jahren nur ein Unglücksfall der Geschichte gewesen, aber kein Anlass, die Regelfähigkeit mancher Märkte – insbesondere der Finanzmärkte – grundsätzlich zu hinterfragen. Sie thematisieren unentwegt, was der Staat falsch macht (und haben dabei auch in sehr vielen Punkten recht), aber sie wenden sich viel zu selten dem zu, was in manchen Märkten falsch läuft – und der Frage, wie Wirtschaft funktioniert.

Dabei hat schon John Maynard Keynes, der große britische Nationalökonom, vor acht Jahrzehnten erkannt, dass vor allem die Gefühle der Menschen die Wirtschaft prägen: diese Mischung aus Gier und Glücksstreben, aus Angst und Überschwang. Die Amerikaner Robert Shiller und George Akerlof, die beide mit dem Nobelpreis für Wirtschaftswissenschaften ausgezeichnet wurden, haben über diese „animal spirits" [...] ein kluges Buch veröffentlicht. In Deutschland dagegen machten sich führende Ökonomen zur selben Zeit Gedanken darüber, ob nicht in Wahrheit der Staat für die Finanzkrise verantwortlich gewesen sei. Sie verwiesen zum Beleg auf die Misere der Landesbanken (und unterschlugen dabei, dass ja gerade der Einstieg der Landesbanken in unregulierte Produkte und ungezügelte Märkte diese ins Unglück gestürzt hatte).

Das Umdenken in Deutschland fällt auch deshalb so schwer, weil nicht nur sehr viele Ökonomen in ihrem alten Denken verharren, sondern auch jene, die die Debatte ebenfalls prägen: von den Wirtschaftsverbänden über die Analysten der Banken bis hin zur Bundesbank. Anderswo hat sich die Ökonomie viel weiter geöffnet und die eigenen Fehler und Missdeutungen hinterfragt. Kritische Köpfe wie Joseph Stiglitz in den USA oder Thomas Piketty in Frankreich sind weithin anerkannt und bekannt. Stiglitz [...] klagt, es habe in den Wirtschaftswissenschaften den „Exzess" eines einzigen Modells gegeben. „Die Abwesenheit von Pluralismus hat unsere Gesellschaften viel gekostet."

Ulrich Schäfer, Sucht das Bruttonationalglück, in: Süddeutsche Zeitung, 23./24.8.2014

Brutto-nationalglück

Offizieller, seit 1979 mit umfassend erhobenen Daten „berechneter" Wohlstandsindikator des südasiatischen Staates Bhutan mit den vier Säulen
- Förderung einer sozial gerechten Gesellschafts- und Wirtschaftsentwicklung,
- Bewahrung und Förderung kultureller Werte,
- Schutz der Umwelt und
- gute Regierungs- und Verwaltungsstrukturen.

Ⓗ zu Aufgabe 1
Beziehen Sie dazu auch auf Ihre Ergebnisse aus Kapitel 4.2.2.

Ⓗ zu Aufgabe 3
Berücksichtigen Sie u. a. die Kriterien Wirksamkeit, Validität/Passgenauigkeit, Nachhaltigkeit und politische Durchsetzbarkeit.

Aufgaben

1 Stellen Sie die Grenzen des Bruttoinlandsprodukts als Wohlstandsindikator dar. (M 9, M 10)

2 Erläutern Sie den neu vorgeschlagenen W3-Wohlstandsindikator sowie die geforderten neuen wirtschaftspolitischen Ziele an eigenen Beispielen. (M 10, M 11)

3 Bewerten Sie den W3-Wohlstandsindikator kriteriengeleitet. (M 11, M 12)

**Wirtschafts-
politische Ziele
der Bundesre-
publik und deren
Zielbeziehungen
M 3, M 4**

Seit 1967 (Stabilitäts- und Wachstumsgesetz) hat die Bundesrepublik Deutschland vier wirtschaftspolitische Ziele (stetiges Wirtschaftswachstum, ausgeglichene Außenbilanz, hoher Beschäftigungsstand, weitgehende Preisniveaustabilität), die später durch Umweltschutz und gerechte Einkommens- und Vermögensverteilung ergänzt wurden, die aber nicht rechtlich niedergelegt sind. Zwischen den genannten Zielen des sogenannten **„Magischen Vier- bzw. Sechsecks"** existieren unterschiedliche Zielbeziehungen. Ein wichtiger Zielkonflikt besteht zwischen Wirtschaftswachstum und Umweltschutz, da (bislang) ökonomisches Wachstum auch immer mit einem höheren Ressourcenverbrauch und Umweltbelastungen einhergeht. Oft wird **Zielkomplementarität** (= Übereinstimmung) zwischen Wirtschaftswachstum und Beschäftigungsstand behauptet; gibt es Ersteres, gäbe es Letzteres, so die (empirisch nicht immer haltbare) Annahme.

**Bruttoinlands-
produkt als Wirt-
schaftsindikator
M 7, M 9**

Mit dem Bruttoinlandsprodukt (BIP) wird der **Wert aller pro Jahr in einer Volkswirtschaft produzierten Güter** (Waren und Dienstleistungen) abgebildet. Von der Entwicklung dieses Indikators wird politisch oft der (Miss-)Erfolg der Wirtschaftspolitik abgeleitet. Das BIP erfasst allerdings unentgeltliche Arbeiten (z. B. Haus- und Erziehungsarbeit, ehrenamtliche Arbeit) nicht.

**Alternative
Indikatoren für
Wohlstand bzw.
Lebensqualität
M 8, M 10 – M 12**

Das BIP wird auch positiv durch eigentlich als problematisch anzusehende Vorkommnisse beeinflusst: Beispielsweise wird es genauso durch Autounfälle erhöht (Gesundheitsdienstleistungen, Neuwagenkäufe, Reparaturen ...) wie durch den Wiederaufbau nach Kriegen oder Naturkatastrophen (zumindest wenn sich Produktionsausfälle in Grenzen halten).

Reformvorschläge für Indikatoren fassen den Wohlstandsbegriff deutlich weiter (im Sinne von Lebensqualität in einer Gesellschaft) und versuchen, u. a. die Einkommensverteilung, die Qualität des Gesundheits- und Bildungssystems und Schäden durch Umweltverschmutzung einzubeziehen. Politisch konnten sich diese in Deutschland, obwohl teilweise öffentlich in Auftrag gegeben, bisher nicht durchsetzen. Dies ist wahrscheinlich dem größeren Kriterienreichtum dieser Indikatoren geschuldet, die sie gegenüber dem BIP weniger greifbar erscheinen lassen.

Nationaler Wohlfahrtsindex – eine Alternative zum BIP?

KOMPETENZEN ANWENDEN

a) BIP und NWI – Verläufe im Vergleich

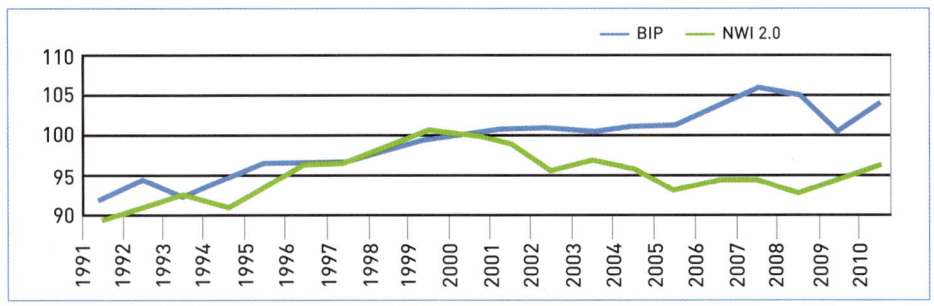

Indexzahlen (2000 = 100)

Im Auftrag des Umweltbundesamtes und des Umweltministeriums entwickelten die Wirtschaftswissenschaftler Hans Diefenbacher und Roland Zieschank mit dem Nationalen Wohlfahrtsindex (NWI) eine alternative Kenngröße zum BIP.

b) Was berücksichtigt der NWI?

	Variablen		
1	Gesellschaftliche Einkommensverteilung (gemessen am Gini-Koeffizienten)	13	Schäden im Zuge von Bodenbelastungen
2	Gewichtete Konsumausgaben	14	Schäden durch Luftverschmutzung
		15	Schäden durch Lärm
3	Wert der Hausarbeit	16	Verlust bzw. Gewinn durch die Veränderung der Fläche von Feuchtgebieten
4	Wert der ehrenamtlichen Arbeit		
5	Öffentliche Ausgaben für Gesundheits- und Bildungswesen	17	Schäden durch Verlust von landwirtschaftlich nutzbarer Fläche
6	Dauerhafte Konsumgüter Kosten/Nutzen (Differenz aus Kosten für Gebrauchsgüter und dem Nutzen, der pro Jahr aus ihrem Gebrauch realisiert wird)	18	Ersatzkosten durch Ausbeutung nicht erneuerbarer Ressourcen
		19	Schäden durch CO_2-Emissionen
7	Fahrten zwischen Wohnung und Arbeitsstätte	20	Nettowertänderungen des Anlagevermögens (Veränderung der Ausstattung der Erwerbstätigen mit Produktionsmitteln (ohne Bauten), Investitionen)
8	Kosten von Verkehrsunfällen		
9	Kosten von Kriminalität		
10	Kosten alkoholassoziierter Krankheiten	21	Veränderungen der Kapitalbilanz (Außenhandelsbilanz)
11	Gesellschaftliche Ausgaben zum Ausgleich von Umweltbelastungen	22	Kosten anthropogen (mit)verursachter Naturkatastrophen [geplant]
12	Schäden durch Wasserverschmutzung	23	Kosten des Artenschwundes [geplant]

Hans Diefenbacher u. a., NWI 2.0 – Weiterentwicklung und Aktualisierung des Nationalen Wohlfahrtsindex, Berlin/Heidelberg, 2013, S. 44

Aufgaben

1. Beschreiben Sie die Kurvendiagramme.
2. Arbeiten Sie heraus, inwieweit das Konzept des Nationalen Wohlfahrtsindex auf die Kritik am Bruttoinlandsprodukt als Messgröße für Wohlstand reagiert.
3. Beurteilen Sie den Nationalen Wohlfahrtsindex als Alternative zum BIP.

Südpolarmeer: Klimawandel lässt antarktische Seebären hungern

Antarktische Seebären finden laut einer Studie nicht mehr genug Futter im Südpolarmeer. Sie hungern über Jahre, ihr Nachwuchs ist kaum überlebensfähig. Auch Albatrosse, Pinguine und Wale könnten auf der Suche nach Futter öfter leer ausgehen.

Julia Merlot, www.spiegel-online.de, 24.7.2014

Klimawandel als Sicherheitsproblem

Die Furcht vor Klimaflüchtlingen, zerfallenden Staaten oder Kriegen um Nahrungsmittel und Wasser infolge des Klimawandels lässt diesen mittlerweile als Sicherheitsbedrohung erscheinen. *(Susanne Dröge, Stiftung Wissenschaft und Politik, swp)*

Jahrelange Dürre in den USA: Braun ist Kaliforniens neues Grün

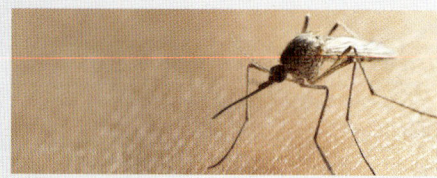

AP/dpa, www.spiegel-online.de, 5.8.2014

Leishmaniose-Gefahr:

Sandmücken erstmals in Hessen

Der Klimawandel verändert Lebensräume - und kann damit auch die Gesundheit von Deutschen bedrohen. Forscher haben jetzt Sandmücken, potenzielle Überträger der gefährlichen Leishmaniose, in Hessen gefunden - so weit nördlich wie nie zuvor.

Markus Becker, dpa, www.spiegel-online.de, 4.8.2014

Einwanderung in Neuseeland: Klimaflüchtlinge erstmals anerkannt

Eine Familie aus Tuvalu darf in Neuseeland bleiben. Zum ersten Mal wurde damit der Klimawandel als Bedrohung in einem Asylbescheid berücksichtigt.

www.taz.de, 4.8.2014

Ökologische Entwicklungen und ihre Folgen

Die ökologischen Entwicklungen im Ökosystem Erde bieten seit vielen Jahren Anlass zur Besorgnis: Die Folgen des Klimawandels tragen z.B. in Form von Wetterextremen dazu bei, die Lebensbedingungen vieler Menschen zu verschlechtern. In Kapitel 5.1 haben Sie Gelegenheit, sich mit dem Problem des Klimawandels und seinen Folgen auseinanderzusetzen. Davon ausgehend beschäftigen Sie sich mit Lösungsansätzen in Form von internationalen Klimakonferenzen und hinterfragen diese Ansätze kritisch.

In Kapitel 5.2 können Sie schließlich anhand konkreter Maßnahmen der EU-Klimapolitik (z.B. Emissionshandel) überprüfen, welche Chancen und Risiken diese Maßnahmen bieten, und bewerten, inwiefern sie wirksam sind.

KOMPETENZEN

Am Ende dieses Kapitels sollten Sie Folgendes wissen und können:

... Entstehung, Ursachen, Ausmaß und Folgen des Klimawandels erklären.

... Chancen und Probleme internationaler Umweltpolitik am Beispiel der Weltklimakonferenzen darstellen.

... Positionen und Interessen unterschiedlicher Akteure (z. B. Entwicklungsländer, Schwellenländer, Industrieländer) herausarbeiten und bewerten.

... aktuelle Entwicklungen der internationalen Umwelt-/ Klimapolitik recherchieren und beurteilen.

... Chancen und Grenzen europäischer Klimapolitik am Beispiel des Emissionshandels diskutieren.

... die Effektivität eines Markteingriffs („Backloading") in den Emissionshandel bewerten.

Was wissen und können Sie schon?

1. Erschließen Sie anhand der Schlagzeilen und des Bildmaterials, inwiefern der Klimawandel ein Problem darstellt.
2. Tragen Sie in Kleingruppen Ihr Vorwissen zum Klimawandel zusammen und strukturieren Sie dieses in Form einer Mindmap.
3. Entwickeln Sie Fragen in Ihrer Kleingruppe, die Sie im Zusammenhang mit dem Klimawandel im Politikunterricht gerne klären würden.

5.1 Klimawandel – ein komplexes politisches Problem?

Basiskonzept	Kategorie	Leitfragen
Prozesse und Handeln	Politische Gestaltung und Legitimation	· Welche Chancen und Risiken sind mit einer (umweltpolitischen) Entscheidung verbunden? · Welche Gestaltungsmöglichkeiten sind geeignet, um das Problem des Klimawandels zu lösen?

5.1.1 Klimawandel – Entstehung, Ursachen und Folgen

M 1 ● Klimawandel – Entstehung und Folgen

Der Treibhauseffekt

Natürlicher Treibhauseffekt

Vor allem Gase aus diesen Quellen wirken in der Atmosphäre wie die Glasscheibe eines Gewächshauses:

Verantwortliche Gase

Methan	CH_4
Wasser	H_2O
Kohlendioxid	CO_2
Fluorkohlenwasserstoff	FCKW
Distickstoffoxid	N_2O

Anteile am **natürlichen** Treibhauseffekt
CO_2 20 · 20 andere · H_2O 60 %

Anteile am **anthropogenen** Treibhauseffekt
CH_4 · N_2O 19 · 6 · FCKW und übrige 12 · CO_2 63 %

CO_2 · N_2O · CH_4 · H_2O

Boden   Vulkane   Sümpfe   Gewässer

Anthropogener Treibhauseffekt

CO_2 FCKW CO_2 CO_2 CH_4 CO_2 CH_4

Verbrennung von Kohle, Erdöl, Erdgas (z.B. Kraftwerke, Heizungen)   Kühlanlagen   Verkehr   Industrie   Organische Abfälle   Brandrodung, Waldbrände   Landwirtschaft (z.B. Reisanbau, Rinderhaltung)

Seit Beginn der Industrialisierung vor etwa 150 Jahren trägt der Mensch zum Klimawandel bei; rund 40 Gase sind beteiligt, bedeutsam sind vor allem: CO_2, CH_4 und FCKW.

Folgen

| Pole und Gletscher schmelzen | Wetterextreme nehmen zu | Meeresspiegel steigt | Vegetationszonen verschieben sich | Golfstrom wird geschwächt | Erreger erobern neue Regionen |

© Globus   3189

M 2a ● Verursacher des Klimawandels

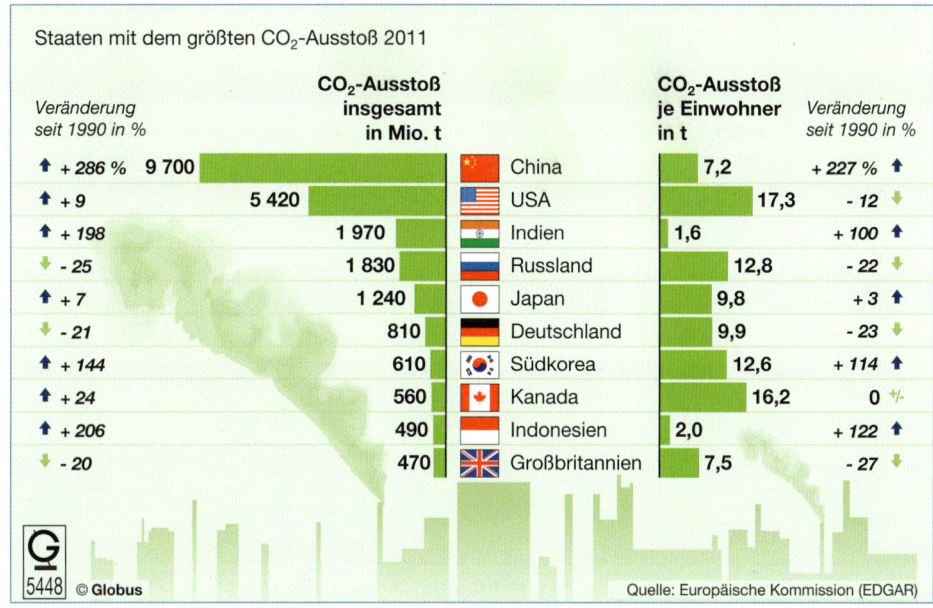

Staaten mit dem größten CO$_2$-Ausstoß 2011

Veränderung seit 1990 in %	CO$_2$-Ausstoß insgesamt in Mio. t		CO$_2$-Ausstoß je Einwohner in t	Veränderung seit 1990 in %
↑ + 286 %	9 700	China	7,2	+ 227 % ↑
↑ + 9	5 420	USA	17,3	- 12 ↓
↑ + 198	1 970	Indien	1,6	+ 100 ↑
↓ - 25	1 830	Russland	12,8	- 22 ↓
↑ + 7	1 240	Japan	9,8	+ 3 ↑
↓ - 21	810	Deutschland	9,9	- 23 ↓
↑ + 144	610	Südkorea	12,6	+ 114 ↑
↑ + 24	560	Kanada	16,2	0 +/-
↑ + 206	490	Indonesien	2,0	+ 122 ↑
↓ - 20	470	Großbritannien	7,5	- 27 ↓

G 5448 © Globus

Quelle: Europäische Kommission (EDGAR)

Filmtipp:

Mit seinem Film „Eine unbequeme Wahrheit" trug der ehemalige US-Präsidentschaftskandidat Al Gore zur Sensibilisierung für die Folgen des Klimawandels bei. 2007 erhielten Al Gore sowie der Klimarat IPCC den Friedensnobelpreis.

M 2b ● Klimafaktor Mensch

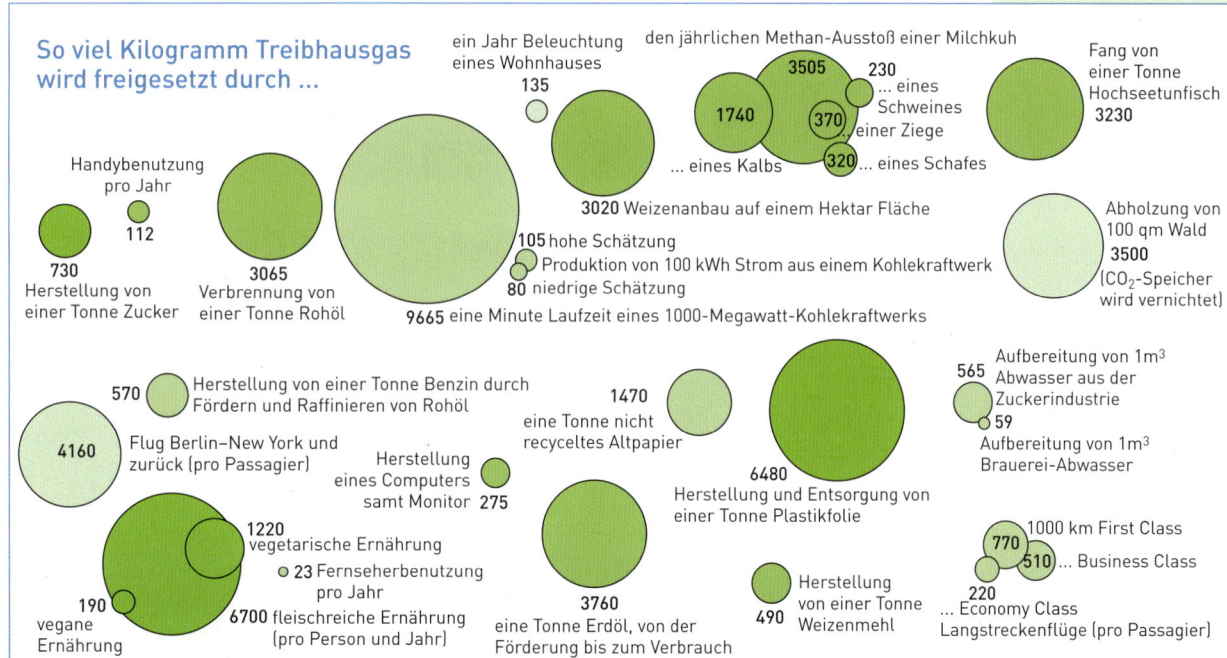

So viel Kilogramm Treibhausgas wird freigesetzt durch ...

ein Jahr Beleuchtung eines Wohnhauses 135

den jährlichen Methan-Ausstoß einer Milchkuh 3505
230 ... eines Schweines
1740
370 einer Ziege
... eines Kalbs
320 ... eines Schafes

Fang von einer Tonne Hochseetunfisch 3230

Handybenutzung pro Jahr 112
730 Herstellung von einer Tonne Zucker
3065 Verbrennung von einer Tonne Rohöl

3020 Weizenanbau auf einem Hektar Fläche
105 hohe Schätzung
Produktion von 100 kWh Strom aus einem Kohlekraftwerk
80 niedrige Schätzung
9665 eine Minute Laufzeit eines 1000-Megawatt-Kohlekraftwerks

Abholzung von 100 qm Wald 3500 (CO$_2$-Speicher wird vernichtet)

570 Herstellung von einer Tonne Benzin durch Fördern und Raffinieren von Rohöl
4160 Flug Berlin–New York und zurück (pro Passagier)
Herstellung eines Computers samt Monitor 275

1470 eine Tonne nicht recyceltes Altpapier

565 Aufbereitung von 1m^3 Abwasser aus der Zuckerindustrie
59 Aufbereitung von 1m^3 Brauerei-Abwasser

6480 Herstellung und Entsorgung von einer Tonne Plastikfolie

1220 vegetarische Ernährung
23 Fernseherbenutzung pro Jahr
190 vegane Ernährung
6700 fleischreiche Ernährung (pro Person und Jahr)

3760 eine Tonne Erdöl, von der Förderung bis zum Verbrauch

490 Herstellung von einer Tonne Weizenmehl

770 1000 km First Class
510 ... Business Class
220 ... Economy Class
Langstreckenflüge (pro Passagier)

Le monde diplomatique, Atlas der Globalisierung, Berlin, 2010, S. 72 f.

Info

IPCC

Das Intergovernmental Panel on Climate Change (IPCC, Zwischenstaatlicher Ausschuss zum Klimawandel, kurz Weltklimarat) wurde 1988 von der Weltorganisation für Meteorologie (WMO) und dem Umweltprogramm der Vereinten Nationen (UNEP) gegründet. Das IPCC soll politischen Entscheidungsträgern, Industrie und der Öffentlichkeit als objektive Informationsquelle über das komplexe Thema des Klimawandels dienen. Das Beratungsgremium, dessen Sekretariat in Genf sitzt, betreibt keine eigene Forschung, sondern liefert einen Überblick über die Erkenntnisse, die in Studien und Untersuchungen zum Klimawandel weltweit gewonnen wurden – in Universitäten, Instituten und anderen Forschungseinrichtungen.

Auf Basis dieser Auswertungen ist es die Aufgabe des IPCC, wissenschaftliche, technische und sozioökonomische Informationen bereitzustellen, die zum Verständnis der Ursachen, Wirkungen und Risiken des von Menschen verursachten Klimawandels beitragen. Diese Informationen sollen eine Wissensbasis zur politischen Entscheidungsfindung bilden.

Zu diesem Zweck veröffentlicht das IPCC vielbeachtete Berichte, die seit Jahren die wesentliche Grundlage der politischen und wissenschaftlichen Diskussionen über die globale Erwärmung darstellen.

Nach: Thorsten Koska www.bpb.de, 1.11.2014, bearbeitet

Klimaflüchtlinge

Im August 2014 hat Neuseeland erstmals einer Familie aus dem Pazifik-Inselstaat Tuvalu Bleiberecht aufgrund der drohenden Gefahren des Klimawandels gewährt.

M 3 ● Die möglichen Folgen des Klimawandels ab 2050

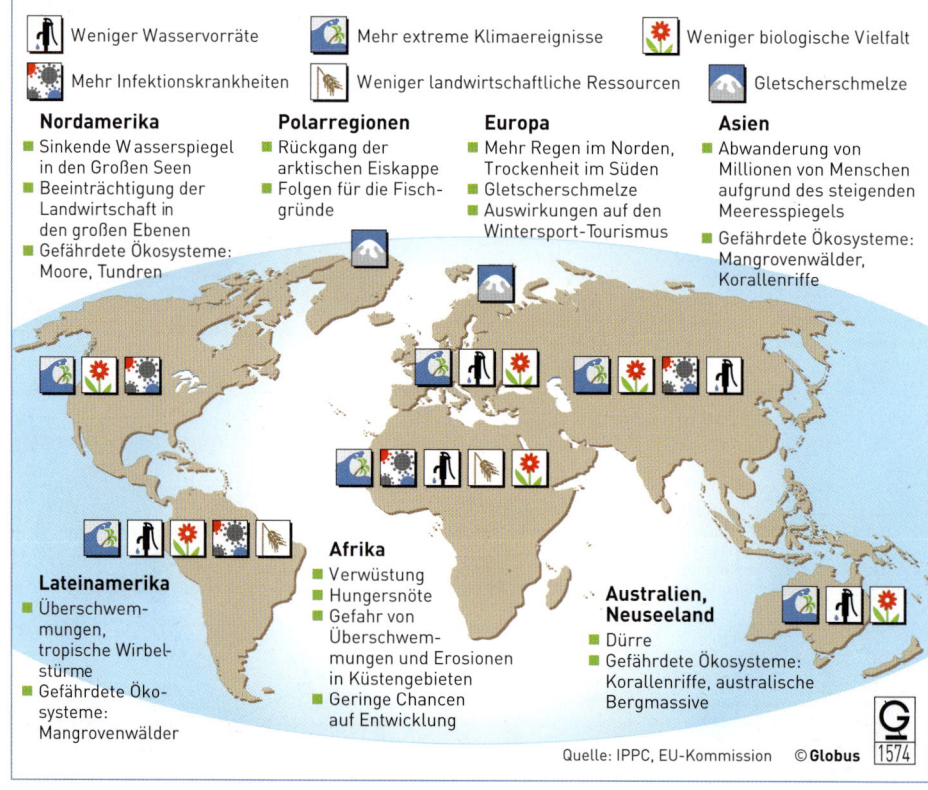

Weniger Wasservorräte   Mehr extreme Klimaereignisse   Weniger biologische Vielfalt

Mehr Infektionskrankheiten   Weniger landwirtschaftliche Ressourcen   Gletscherschmelze

Nordamerika
- Sinkende Wasserspiegel in den Großen Seen
- Beeinträchtigung der Landwirtschaft in den großen Ebenen
- Gefährdete Ökosysteme: Moore, Tundren

Polarregionen
- Rückgang der arktischen Eiskappe
- Folgen für die Fischgründe

Europa
- Mehr Regen im Norden, Trockenheit im Süden
- Gletscherschmelze
- Auswirkungen auf den Wintersport-Tourismus

Asien
- Abwanderung von Millionen von Menschen aufgrund des steigenden Meeresspiegels
- Gefährdete Ökosysteme: Mangrovenwälder, Korallenriffe

Lateinamerika
- Überschwemmungen, tropische Wirbelstürme
- Gefährdete Ökosysteme: Mangrovenwälder

Afrika
- Verwüstung
- Hungersnöte
- Gefahr von Überschwemmungen und Erosionen in Küstengebieten
- Geringe Chancen auf Entwicklung

Australien, Neuseeland
- Dürre
- Gefährdete Ökosysteme: Korallenriffe, australische Bergmassive

Quelle: IPPC, EU-Kommission   © Globus   1574

M 4 ● Konfliktforschung: Mehr Gewalt durch den Klimawandel

Die mögliche Zunahme von Krieg und Gewalt durch den Klimawandel hat neben Autoren wie dem Militärhistoriker Dyer schon viele Sozialwissenschaftler beschäf-
5 tigt. [...] Wie kaum anders zu erwarten, haben die empirischen Befunde bisher nicht eindeutig belegt, ob zunehmende Wärme oder ausbleibender Regen tatsächlich zu Gewalt führen werden.
10 Das will eine neue Studie ändern. „Große Abweichungen von normalen Niederschlägen und milden Temperaturen steigern das Risiko für viele Arten von Konflikten systematisch", schreiben Solomon Hsiang und
15 zwei Kollegen von der Universität Berkeley in Science (online). Es handele sich nicht um bloße Korrellationen, bei denen sich die Größen im Gleichklang ändern, sondern um kausale Zusammenhänge. [...] Die
20 bis 2050 erwarteten Klimaveränderungen könnten die Häufigkeit von Gewalt zwischen einzelnen Menschen um acht bis 16 Prozent ansteigen lassen und Konflikte zwischen Gruppen sogar um 28 bis 56 Pro-
25 zent. [...]

Sechzig nach ihrer Ansicht solide Studien haben die Autoren aus der Literatur ausgewählt und zusammengefasst; [...]
Die einzelnen Aufsätze untersuchen zum Beispiel, ob bei höheren Temperaturen 30 mehr gehupt wird oder ob sich Spieler in Baseball-Matches ruppiger behandeln. Aber es geht auf der persönlichen Ebene auch um Vergewaltigungen und Morde und bei der Gewalt zwischen Gruppen um 35 Unruhen zwischen Hindus und Moslems in Indien, Streitigkeiten um Land in Brasilien und Bürgerkriege in Afrika. [...]
Internationale Organisationen bis zum Sicherheitsrat der Vereinten Nationen haben 40 bereits (ähnliche) Bedrohungen identifiziert. Besonders die Zahl der Flüchtlinge könnte große Konflikte auslösen. Schätzungen der UN sprechen von 150 bis 200 Millionen Menschen, die im Jahr 2050 vor 45 Klimaveränderungen fliehen [...]. Darum stellen sich vielerorts Generalstäbe und Geheimdienste darauf ein, dass der Klimawandel die nationale Sicherheit bedroht.

Christopher Schrader, Mehr Gewalt durch den Klimawandel, www.sueddeutsche-zeitung.de, 2.8.2013

M 5 ● Reaktionen auf die Klimaschwankungen laut IPCC = zwischenstaatl. Ausschuss zum Klimawandel

Die aktuelle Situation fasst der IPCC so zusammen: In Europa trieben Regierungen vor allem den Küstenschutz und das Wassermanagement voran. In Afrika kümmere
5 man sich bislang vor allem um die Anpassung an Wetterkatastrophen. Auch in Asien baue man Frühwarnsysteme. Zudem gehe es dort zunehmend um die Vereinigung von Forstwirtschaft und Landwirt-
10 schaft - Bäume schützen den Boden vor Erosion. Viele Inseln verstärkten die Dei-

che. In Nordamerika finde Klimaschutz vorwiegend auf kommunaler Ebene statt, etwa mit Investitionen in alternative Ener- 15 gie. In Zentral- und Südamerika stehe der Landschaftsschutz im Mittelpunkt. Die Anpassungskosten für Entwicklungsländer beliefen sich voraussichtlich auf 70 bis 100 Milliarden Dollar pro Jahr, prophezeit der 20 Klimarat, allerdings mit „geringem Vertrauen" in seine Vorhersage.

Alexander Bojanowski, UNO sieht Fortschritte im Kampf gegen globale Erwärmung, www.spiegel-online.de, 31.3.2014

H zu Aufgabe 1
Gehen Sie mindestens auf Entstehung, Ursachen sowie Folgen des Klimawandels ein.

M zu Aufgabe 1
Bereiten Sie einen Kurzvortrag vor. Erstellen Sie zunächst eine klar gegliederte Mindmap, in der Sie wesentliche Informationen, die Sie den Materialien entnommen haben, anschaulich strukturieren.

Aufgaben

1 Erläutern Sie, inwiefern der Klimawandel ein politisches Problem darstellt. (M 1 – M 4)

2 Beschreiben und bewerten Sie die in M5 skizzierten Lösungsansätze. (M 5)

3 Entwickeln Sie erste Lösungsansätze für verschiedene Ebenen (lokal, national und international).

5.1.2 Internationale Klima- und Umweltpolitik – Möglichkeiten und Grenzen

M 6 ● Klimawandel und Weltklimakonferenzen in der Karikatur

a)

Karikatur: Gerhard Mester

b)

Karikatur: Jürgen Janson, 2015

c)

Karikatur: Til Mette

d)

Karikatur: Horst Haitzinger

Karikaturen analysieren und interpretieren

Die Karikatur nimmt zu politischen oder ökonomischen Sachverhalten kritisch und oft polemisch Stellung, indem sie diese überspitzt und verzerrend darstellt. Dazu bedient sich der Karikaturist gezielt gestalterischer Mittel, die vor der Interpretation und einer abschließenden Bewertung analysiert werden müssen.

Zu diesem Zweck empfiehlt es sich, die Karikatur zunächst genau zu beschreiben. Die unter 1 aufgeführten Leitfragen können dabei helfen (siehe auch die folgende Beispielanalyse). Danach muss die Intention, die der Karikaturist mit der Wahl der gestalterischen Instrumente verfolgt, interpretiert und alle Schritte zu einer Gesamtaussage der Karikatur zusammengefügt werden (vgl. die Leitfragen unter 2). Erst dann sind die Voraussetzungen für eine abschließende Bewertung (vgl. die Leitfragen unter 3) der Karikatur erfüllt.

Beispiel:

"We can't stay here, and your father has connections in China."

Karikatur: Felipe Galindo

1 Beschreibung:

– Wie ist die Karikatur aufgebaut (Bildelemente, Textelemente …)
– Wen oder was zeigt die Karikatur?
– Was wird thematisiert?
– Welche Darstellungsmittel werden gewählt und was bedeuten sie?

2 Deutung:

– Auf welchen politischen Sachverhalt bezieht sich die Karikatur?
– Wozu nimmt die Karikatur konkret Stellung?
– Welche Bedeutung haben/worauf verweisen verwendete Symbole?
– Was ist die Kernaussage?
– An wen wendet sich die Karikatur?
– Welchen Standpunkt nimmt der Karikaturist ein?

3 Bewertung:

– Worin ist dem Karikaturisten zuzustimmen?
– Was ist dem Karikaturisten entgegen zu halten?
– Wie ist die zeichnerische Qualität einzuschätzen?

5.1.3 Internationale Klima- und Umweltpolitik – Rückblick und Ausblick

M 9 ● 15 Jahre Kyoto – eine Bilanz

China hat die USA längst als größter Treibhausgas-Produzent überholt, die Wirtschaften (und damit der CO_2-Ausstoß) von Staaten wie Vietnam, Indien, Mexiko, Brasilien oder Indonesien wachsen so rasant, dass sie die Einsparungen der Industriestaaten mehr als wett machen. Die reichen Staaten fordern von den Schwellenländern deshalb, endlich selbst mit dem Klimaschutz anzufangen – und

Kraftwerk und Pagode in Peking

in der zweiten Verpflichtungsperiode eigene Reduktionspflichten völkerrechtlich bindend einzugehen. Die Schwellenländer aber bestehen auf dem Prinzip der „Gemeinsamen Verantwortung, aber unterschiedlichen Pflichten". Die Industriestaaten müssten immer noch ihre historische Schuld abtragen und stärkere Klimaschutzschritte unternehmen, tatsächlich aber haben sie nicht einmal die zugesagten Ziele von Kyoto eingehalten [...]. Statt einer Neujustierung der Kyoto-Ziele in einer zweiten Verpflichtungsperiode droht also das Scheitern des Klimadialogs. Industriestaaten und Entwicklungsländer können sich nicht einmal über die Grundkonstruktion des neuen Klimaabkommens einigen. Unter den wichtigen Verhandlungsparteien scheint nur die EU zu einer Verlängerung von Kyoto bereit zu sein. Entscheidend aber sind China und die USA, und deren Positionen wirken unversöhnlich.

Die USA hatten das Kyoto-Protokoll unter Präsident Bill Clinton zwar unterzeichnet und eine Senkung der Emissionen um sieben Prozent zugestimmt. Doch daheim in Washington verweigerte der Kongress die Ratifizierung, heute liegt der Treibhausgasausstoß nicht unter dem Niveau von 1990, sondern 25 Prozent darüber. Zugleich hat sich die innenpolitische Stimmung für ein Klimaschutzabkommen weiter verschlechtert, mittlerweile dominieren in den USA Leugner des Klimawandels die öffentliche Debatte. China hingegen will das Kyoto-Protokoll unbedingt erhalten und beharrt auf seinem 1997 festgelegten Status als Entwicklungsland. Allerdings wissen die Chinesen, dass sie der Welt etwas anbieten müssen: Sie wollen die Erneuerbaren Energien drastisch ausbauen und die Energieeffizienz innerhalb von fünf Jahren um 16 Prozent steigern. Allenfalls relative Emissionssenkungen (gemessen in CO_2-Ausstoß pro erwirtschafteten Yuan) will China akzeptieren, aber keine absolute Minderung. Der Streit wird so hart ausgefochten, weil in der Klimadiplomatie wirtschaftspolitische Interessen eine entscheidende Rolle spielen: Laut wissenschaftlichen Simulationen verträgt die Erdatmosphäre insgesamt nur noch rund 700 Milliarden Tonnen Kohlendioxid, wenn das Zwei-Grad-Ziel erreicht werden soll. Und weil Wirtschaftswachstum immer noch gleichbedeutend ist mit Energieverbrauch und CO_2-Emissionen, lautet die Frage, wer von diesen 700 Milliarden Wirtschaftswachstum wie viel abbekommt.

Toralf Staud, Das Rätsel von Durban, www.bpb.de, 23.11.2011

M 10 ● Anspruch und Wirklichkeit der Kyoto-Vorgaben

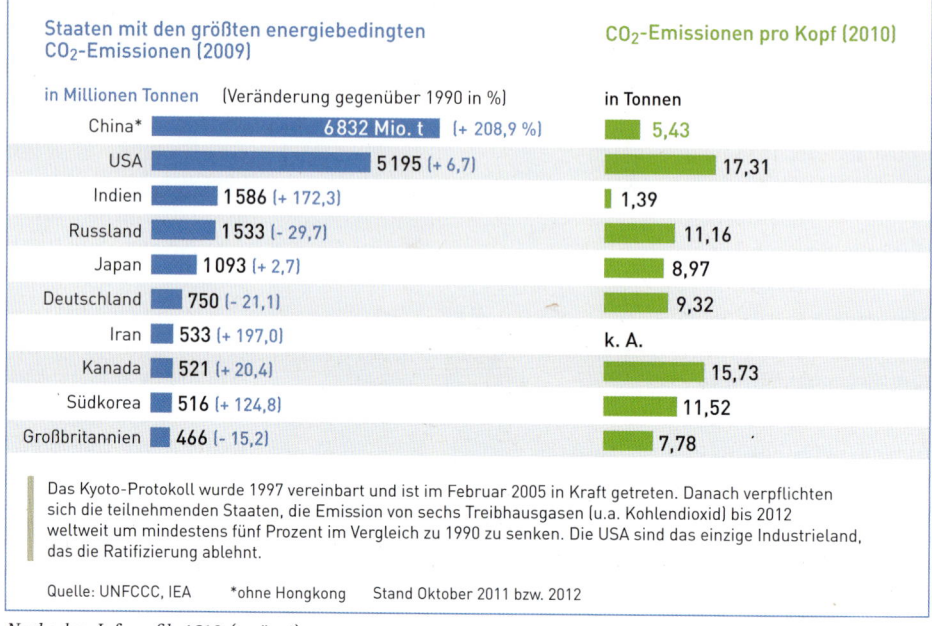

Staaten mit den größten energiebedingten CO_2-Emissionen (2009)		CO_2-Emissionen pro Kopf (2010)
in Millionen Tonnen (Veränderung gegenüber 1990 in %)		in Tonnen
China*	6832 Mio. t (+ 208,9 %)	5,43
USA	5195 (+ 6,7)	17,31
Indien	1586 (+ 172,3)	1,39
Russland	1533 (- 29,7)	11,16
Japan	1093 (+ 2,7)	8,97
Deutschland	750 (- 21,1)	9,32
Iran	533 (+ 197,0)	k. A.
Kanada	521 (+ 20,4)	15,73
Südkorea	516 (+ 124,8)	11,52
Großbritannien	466 (- 15,2)	7,78

Das Kyoto-Protokoll wurde 1997 vereinbart und ist im Februar 2005 in Kraft getreten. Danach verpflichten sich die teilnehmenden Staaten, die Emission von sechs Treibhausgasen (u.a. Kohlendioxid) bis 2012 weltweit um mindestens fünf Prozent im Vergleich zu 1990 zu senken. Die USA sind das einzige Industrieland, das die Ratifizierung ablehnt.

Quelle: UNFCCC, IEA   *ohne Hongkong   Stand Oktober 2011 bzw. 2012

Nach: dpa-Infografik 4612 (ergänzt)

M 11 ● Uno-Klimatagung in New York: Heute die Welt retten

Außerplanmäßig trifft sich die Weltgemeinschaft zum Klimagipfel in New York. Und um was geht es genau? Spiegel online beantwortet die [...] wichtigsten Fragen zu
5 den Weltklimaverhandlungen:

[...] Wie ist der Plan für einen Weltklimavertrag?

Das große Ziel der UNO ist es, Ende 2015 bei der Klimakonferenz in Paris einen Ver-
10 trag zur Minderung des CO_2-Ausstoßes zu verabschieden, der 2020 in Kraft tritt. Jährlich müsste sich der CO_2-Ausstoß um fünf Prozent verringern, damit die globale Erwärmung unter zwei Grad bleiben kann,
15 rechnen Forscher vor. Vor allem die USA und China, die mit Abstand größten CO_2-Verursacher, müssten mitmachen. Im Dezember in Lima auf der turnusgemäßen UNO-Klimakonferenz sollen die Details für
20 den großen Vertrag von Paris erarbeitet werden. Bis April 2015 sollen alle Staaten ihre Treibhausgas-Minderungsziele für den Weltklimavertrag mitteilen. [...]

Und was ist mit dem neuen Kyoto-Proto-
25 **koll?**

Das Protokoll „Kyoto 2" wurde 2012 festgelegt, für die Zeit bis 2020. Das Kyoto-Protokoll umfasst aber nur noch die EU-Länder und zehn weitere Staaten. Weder China, noch die USA und Russland sind 30 dabei. Die EU möchte ihre Treibhausgase bis 2020 im Vergleich zu 1990 um 20 Prozent reduzieren, Deutschland um 40 Prozent. Der Effekt auf das globale Klima wäre jedoch kaum messbar. [...] 35

Was stärkt die Aussicht auf Erfolg in New York?

Zeichen des klimapolitischen Fortschritts kamen zuletzt aus den wichtigsten CO_2-Erzeuger-Staaten: den USA und China. Die 40 USA wollen ihre Kraftwerke modernisieren und damit ihren Treibhausgasausstoß bis 2030 um ein Drittel mindern im Vergleich zu 2005. China baut wie kein anderes Land Kraftwerke für erneuerbare Energien. 45 Schon in drei Jahren soll China nach eigenen Plänen sechsmal mehr Strom aus erneuerbare Energien erzeugen als Deutschland.

50 Ist also ein Weltklimavertrag in Sicht? Nein. Allein China hat in den vergangenen Jahren Hunderte Kohlekraftwerke gebaut. Bei den UNO-Klimaverhandlungen gilt China weiterhin als Entwicklungsland, es 55 muss folglich keine strikten Abgasverpflichtungen eingehen. [...] Zudem zweifeln Experten daran, dass China oder die USA sich von der Weltgemeinschaft ihre Wirtschaftspolitik vertraglich bindend vorschreiben lassen. Statt eines Weltklimaver- 60 trags könnte in Paris 2015 ein unverbindliches Abkommen stehen, das mit großen Worten als Durchbruch gefeiert wird.

Axel Bojanowski, UN-Klimatagung in New York: Heute die Welt retten, www.spiegel.de, 23.9.2014

Trinkwasserbeschaffung in Gauhati, Indien: Im Zuge des Klimawandels würden vermutlich mehr Menschen von Wasserknappheit betroffen, mahnt der Uno-Klimarat.

Hochwasser der Donau in Ungarn: Womöglich gibt es mehr Extremregen in der Zukunft - und häufiger Hochwasser.

Regenguss in Venedig: Extremregen wird wahrscheinlich häufiger in Südeuropa, warnt der UNO-Klimabericht.

Aufgaben

❶ Beschreiben Sie die Entwicklung der internationalen Klimapolitik, ihre Erfolge und Misserfolge. (M 9, M 10)

❷ Vergleichen Sie die Interessen von Industrie- und Entwicklungsländern hinsichtlich der Klimapolitik. (M 9–M 11)

❸ Nehmen Sie Stellung zu dem von den Schwellenländern geforderten Prinzip der „Gemeinsamen Verantwortung aber unterschiedlichen Pflichten". (M 9, Z. 20 f.)

Kyoto-Protokoll

Das Kyoto-Protokoll gilt als Meilenstein in der internationalen Klimapolitik. Es wurde auf der dritten Vertragsstaatenkonferenz der Klimarahmenkonvention in Kyoto 1997 verabschiedet und enthielt erstmals rechtsverbindliche Begrenzungs- und Reduzierungsverpflichtungen für die Industrieländer. Mittlerweile haben 191 Staaten das Protokoll ratifiziert, darunter alle EU-Mitgliedstaaten sowie wichtige Schwellenländer wie Brasilien, China und Südkorea. Die USA hat das Kyoto-Protokoll bis heute nicht ratifiziert. Kanada ist im Jahr 2013 ausgetreten. Damit das Kyoto-Protokoll völkerrechtlich wirksam werden konnte, mussten mindestens 55 Staaten der Klimarahmenkonvention, die zusammen mindestens 55 Prozent der gesamten CO_2-Emissionen der Industrieländer aus dem Jahr 1990 verursachten, das Protokoll ratifizieren. Mit der Ratifizierung durch Russland, das für rund 16 Prozent der CO_2-Emissionen der Industrieländer in 1990 verantwortlich war, konnte das Kyoto-Protokoll 2005 in Kraft treten.
www.bmub.bund.de, Abruf am 3.4.2015

Ⓗ zu Aufgabe 2
Legen Sie dazu eine Tabelle an und arbeiten Sie Gemeinsamkeiten und Unterschiede heraus.

5.1.4 Aktuelle Entwicklungen – eine Annäherung?

M 12 ● CO_2-Reduzierung: Obama bekehrt Chinas Klimakiller

Die US-Regierung spricht von einem „historischen Schritt": Washington und Peking haben sich neue Klimaziele gesetzt. China will spätestens 2030 5 **den Höhepunkt seiner CO_2-Emissionen erreichen. Doch Umweltschützern reicht das nicht.**

Peking/Washington - Barack Obama sieht bereits „einen Meilenstein in den 10 Beziehungen zwischen den USA und China". In der Großen Halle des Volkes in Peking präsentierte der US-Präsident zusammen mit Chinas Staats- und Parteichef Xi Jinping die neuen Klimaziele 15 der beiden Großmächte: Xi kündigte an, dass Peking spätestens 2030 den Höhepunkt seiner klimaschädlichen Kohlendioxid-Emissionen erreichen will. Bis dahin soll der Anteil erneuerbarer Energien auf etwa 20 Prozent steigen. China 20 verpflichtete sich aber nicht direkt zu einer Reduktion von Treibhausgasen. Um den Energiehunger in dem Boomland zu decken, setzt die Volksrepublik weiterhin auf den Bau von neuen Kohle- 25 kraftwerken. China hatte bislang eine Erhöhung des Anteils der erneuerbaren Energien um 15 Prozent bis zum Jahr 2020 bekannt gegeben.

Die USA wollen nach Angaben von Ob- 30 ama bis zum Jahr 2025 den Ausstoß von Treibhausgasen um 26 bis 28 Prozent im Vergleich zum Jahr 2005 reduziert haben. US-Regierungsvertreter lobten die Einigung als Durchbruch. „Es ist ein 35 historischer Schritt", sagte ein Regierungsbeamter. China habe erstmals einem solchen Abkommen zugestimmt. […]

Erstmals tun sich damit die zwei größten 40 Wirtschaftsmächte und CO_2-Umweltverpester der Welt zusammen, um die Treibhausgase bis 2025 zu drosseln. Diese seltene Allianz zwischen zwei Weltmächten, die sich bisher in diesen 45 Fragen oft vehement gegenübergestanden haben, könnte wegweisend sein für andere Industriestaaten - und für den Pariser Klimagipfel Ende nächsten Jahres. Bislang hatten sich unter anderem je- 50 doch die USA und China gegen verbindliche Minderungsziele gesperrt.

Alwin Schröder, mpi, www.spiegel.de, 12.11.2014

Es gab noch ein paar weitere Hoffnungs-
70 zeichen. Der Green Climate Fonds wurde
wenigstens zu einem Drittel gefüllt,
Deutschland gab eine Milliarde Dollar. Das
Geld soll Entwicklungsländern helfen, sich
gegen die Folgen der Erderwärmung zu
75 wappnen. Abkommen zum Waldschutz
wurden verabschiedet, an denen auch
Deutschland beteiligt war. Zahlreiche Regierungen, Unternehmen, Umweltschützer
und Vertreter indigener Gruppen verpflich-
80 teten sich sogar, die Entwaldung in Entwicklungsländern bis 2030 völlig zu stop-
pen.
Doch solange wir so vom Wachstum abhängig sind, wird all das nicht reichen. Wer
85 das Klima wirklich schützen will, muss unsere Art des Wirtschaftens in Frage stellen.
Das aber trauen sich bisher nur die wenigs-
ten.
Wir wissen längst, wie Wirtschaftswachs-
90 tum und Klimaschutz zu vereinen wären:
durch Investitionen in erneuerbare Energi-
en, ressourcensparende Techniken, Rechts-
sicherheit. Aber statt die schönen Erkenntnisse in die Praxis umzusetzen, bauen wir
95 weiter schmutzige Kohlekraftwerke. Das zu
ändern, ist Sache der Politik. Es wäre

höchste Zeit, dass Regierungsvertreter über
grünes Wachstum reden statt über die alt-
hergebrachten Konjunkturmaßnahmen.
Weil aber selbst das effizienteste Wachs- 100
tum Ressourcen verbraucht, reicht selbst
das nicht aus. Auch die Verbraucher müssten umdenken, gerade in den reichen Ländern. Unsere Gesellschaft basiert auf Mas-
senkonsum. Wer mithalten will, braucht 105
Geld. Die Unternehmen wecken ständig
neue Bedürfnisse, um weiter und mehr
produzieren zu können. Aber brauchen wir
wirklich immer höher auflösende Fernseh-
geräte, immer mehr und weitere Urlaubs- 110
reisen, immer die neueste Mode im Klei-
derschrank?
Wer Verzicht fordert, macht sich nicht nur
unbeliebt, er rührt auch an den Grundlagen unseres Wirtschaftssystems. Aber es ist 115
höchste Zeit, die Debatte darüber zu führen, wo Wachstum überhaupt noch nötig
ist – und wie man dort, wo die breite Mas-
se schon auskömmlich lebt, durch bewussteren Konsum und Umverteilung eine Al- 120
ternative möglich machen kann.

Alexandra Endres, Klimagipfel: Es ist das Wachstum,
Dummkopf, www.zeit.de, 24.9.2014

Aufgaben

❶ Fassen Sie die wesentlichen Aussagen des Textes zusammen.

❷ Erklären Sie den Zusammenhang zwischen wirtschaftlichem Wachstum und Klima-/
Umweltschutz.

❸ Entwickeln Sie ein Konzept, wie durch „bewussteren Konsum und Umverteilung"
(Z.119 f.) ein Beitrag zum Umwelt- und Klimaschutz geleistet werden kann.

5.2　EU-Klimapolitik

Basiskonzepte	Kategorien	Leitfragen
Akteure und deren Disposition	Interessen; Kosten/ Nutzen	· Wie können Individual- und Gemeinnutzen gesteigert werden?
System und Struktur	Anreize und Restriktionen durch Staatseingriffe	· Welche Maßnahmen verhelfen dem Emissionshandel zu mehr Effizienz?

5.2.1　Europäische Klima- und Umweltpolitik: der Emissionshandel

M 1 ● Wie funktioniert der Emissionshandel?

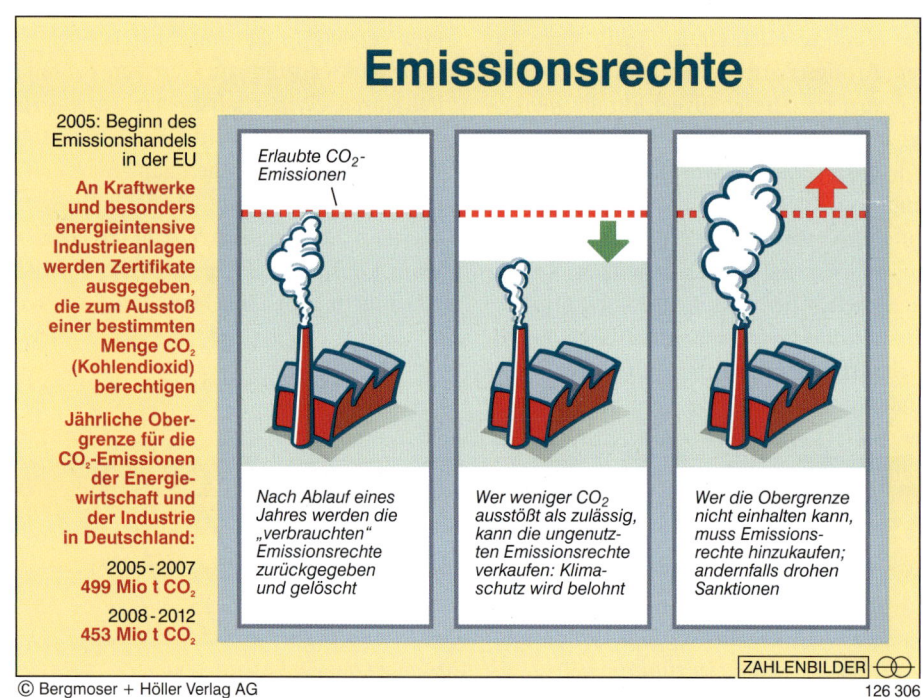

© Bergmoser + Höller Verlag AG　　　126 306

M 2 ● Fragen und Antworten zum Emissionshandel

Als er vor acht Jahren eingeführt wurde, waren die Erwartungen an den europäischen Emissionshandel groß. Er sollte Ökonomie und Ökologie miteinander versöhnen, indem er einen Markt für Verschmutzungsrechte schuf. Acht Jahre später aber ist der Handel mit den Zertifikaten zum Streitfall in der EU geworden - und das, obwohl er sein Ziel offenbar erreicht hat. Die wichtigsten Fragen und Antworten zum europäischen Emissionshandel.

Welches Ziel hat der Handel mit Emissionszertifikaten in Europa?
Treibhausgase, allen voran Kohlendioxid

(CO$_2$), gelten als Verursacher der Klimaerwärmung. Im Kyoto-Protokoll, das 2005 in Kraft trat, haben sich Staaten erstmals zu konkreten Einsparzielen verpflichtet. Ver-
20 glichen mit 1990 strebt die EU an, die Emissionen bis 2020 im Durchschnitt um 20 Prozent zu senken. Als Beitrag dazu sollen Energiekonzerne und Industrie den Ausstoß um 21 Prozent reduzieren. Um das
25 zu erreichen, hat die EU 2005 das Emissionshandelssystem (EU-ETS) eingeführt. [...]

Wie funktioniert der Emissionshandel?
Die Stärke des Emissionshandels ist sein Mechanismus, der das Klimaziel mit einem
30 marktwirtschaftlichen Verfahren verbindet. Der Politik kommt nur die Aufgabe zu, die Höchstgrenze der erlaubten Emissionen zu bestimmen - wer welchen Anteil dieser Menge ausstoßen kann, regelt der Markt:
35 Für jede Tonne CO$_2$, die die Industrie ausstoßen möchte, muss sie ein entsprechendes Zertifikat vorweisen. Dieses Zertifikat kann gehandelt werden. Der Preis wird an den Strombörsen in Leipzig und London
40 festgelegt. Die Emittenten haben die Wahl: Sie können Zertifikate kaufen oder ihren Ausstoß durch Investitionen in klimaschonende Technik senken und die dadurch eingesparten Zertifikate verkaufen. Sie
45 entscheiden, was sich für sie eher lohnt, nicht der Staat. So wird stets dort in den Klimaschutz investiert, wo das am günstigsten ist.

Welche Unternehmen und Branchen
50 **müssen sich am Emissionshandel beteiligen - und wer ist befreit?** [...] In den 27 EU-Staaten sind rund 12.000 Unternehmen betroffen: Stromkonzerne, Chemieunternehmen, Eisen- und Stahlwerke, Papier-
55 und Kalkfabriken. Nicht beteiligt sind die Landwirtschaft und Privathaushalte. Eine Sonderrolle spielt der Flugverkehr: Seit Januar 2012 müssen Fluganbieter für jede in Europa verursachte Tonne CO$_2$ zahlen. [...]

Wer besitzt wie viele Zertifikate - und bis 60 **wann haben sich die Unternehmen mit** **Zertifikaten eingedeckt?** Zwar ist bekannt, wie viele Zertifikate jede Woche neu in Umlauf gebracht werden, wer genau welche Mengen besitzt, ist dagegen unklar. 65 Fachleute sind sich allerdings einig, dass sich Unternehmen in den vergangenen Jahren im großen Stil mit Zertifikaten eingedeckt haben, die sie nicht unmittelbar benötigen. Zwischen 1,5 und 2 Milliarden 70 überschüssige Zertifikate sind demnach im Umlauf. Zum Vergleich: Das ist etwa die Menge, die ausreicht, um den CO2-Ausstoß aller regulierten Anlagen für ein Jahr zu decken. [...] 75

Wie ist es zu der Flut an Zertifikaten gekommen? Die Flut an Zertifikaten hat zwei Hauptgründe. Der eine ist die Wirtschaftskrise. Als das Handelssystem auf den Weg gebracht wurde, gingen die Planer von ei- 80 nem jährlich Wachstum des Bruttoinlandsprodukts von 1,5 Prozent in der EU aus - heute steckt die EU insgesamt gesehen in einer Rezession. Weil Fabriken nicht ausgelastet sind und Maschinen stillstehen, 85 benötigen die Betriebe weniger Verschmutzungsrechte als erwartet. [...] Der zweite Grund ist die Möglichkeit, mit Klimaschutzmaßnahmen in Entwicklungs- und Schwellenländern an Zertifikate zu gelan- 90 gen ("Certified Emission Reductions"). Dieser Mechanismus ist umstritten, da Fachleute den tatsächlichen Wert dieser Klimaschutzmaßnahmen anzweifeln.

Hendrik Kafsack, Johannes Pennekamp, www.faz.net,
17.5.2013

Erklärfilm zum Emissionshandel

Mediencode:
72023-03

Aufgaben

① Erklären Sie Idee und Funktionsweise des Emissionshandels. (M 1, M 2)

② Entwickeln Sie erste Ideen zu der Frage, welche Chancen der Emissionshandel bietet und wo er an Grenzen stößt. Notieren Sie Ihre Ergebnisse in einer Tabelle.

5.2.2 Der Emissionshandel in der Praxis

M 3 ● Preisentwicklung für CO$_2$-Zertifikate

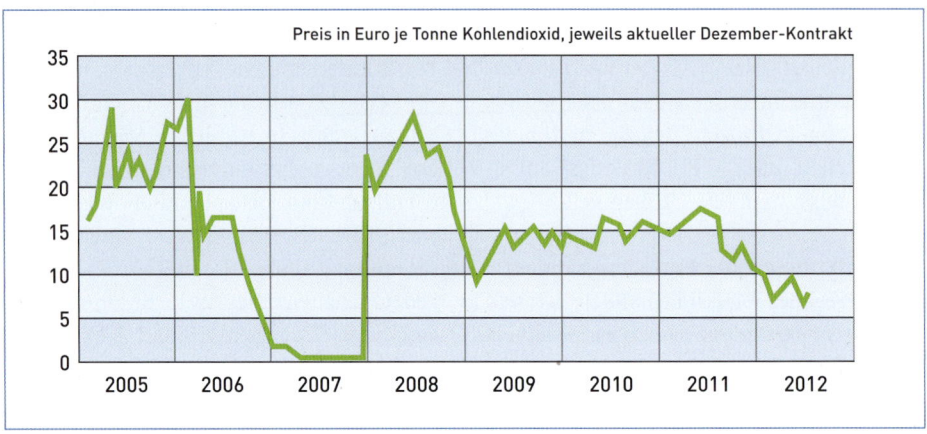

Nach: www.faz.net, 1.11.2014

M 4 ● Der Emissionshandel braucht eine Not-OP!

Der Klimawandel bleibt die größte ökologische Herausforderung weltweit. Und der 2005 eingeführte Handel mit Emissionszertifikaten ist das Herzstück der europäischen Klimapolitik. Doch der Emissions-
5 handel liegt am Boden. Die gehandelten CO$_2$-Zertifikate haben seit 2008 ganze 80 Prozent ihres Wertes verloren. Der Handel kann bei den aktuell niedrigen Preisen sei-
10 ne Funktion, nämlich Investitionen in kohlenstoffarme Technologien zu lenken, nicht mehr erfüllen. Damit ist das Herzstück der EU-Klimapolitik klinisch tot. Eingreifen oder zuschauen? Das ist derzeit die Frage.
15 Doch die potenziellen Retter zaudern. Das bleibt nicht ohne Folgen: Stirbt der Emissionshandel, wird Klimaschutz in Europa zum Bettvorleger. Deshalb muss Deutschland jetzt die Stimme erheben. Unser Vo-
20 tum in dieser Frage gilt etwas in der EU. [...] [E]s steht viel auf dem Spiel: Für den Klimaschutz, aber auch für die Wirtschaft. Die Unternehmen wollen Investitionssicherheit durch einen verlässlichen klima-
25 politischen Handlungsrahmen. Dieser gibt ihnen die Gewissheit, dass sich Investitionen zur Emissionsreduktion von heute

Morgen bezahlt machen. Diese Verlässlichkeit wird gerade untergraben. Investitionen in neue klimaschonende Technologien 30 werden auf Eis gelegt.
Gerechnet wurde einmal mit einem Zertifikatspreis von über 30 Euro. Ende Januar diesen Jahres sank der Preis für den Ausstoß einer Tonne Kohlendioxids dagegen 35 auf einen neuen Tiefststand von unter drei Euro. Das bedeutet Herzstillstand der europäischen Klimapolitik! Und damit ist auch die Blutzufuhr zum Energie- und Klimafonds gestoppt. Die Einnahmen aus dem 40 Emissionshandel fehlen bei zentralen Projekten wie der Gebäudesanierung und der Elektromobilität. Die Energiewende wird gefährdet.
Der Preisverfall ist dabei nicht Ausdruck 45 eines funktionierenden Marktes, er wurde durch Sondereffekte hervorgerufen. Zum einen durch die Wirtschaftskrise. Die eingebrochene Produktion führte automatisch zu einer schwachen Nachfrage nach CO$_2$- 50 Zertifikaten. Zum anderen durch das Überschwemmen des Marktes mit Zertifikaten aus Drittstaaten - teilweise aus ökologisch fragwürdigen Projekten.

Andreas Jung
MdB (CDU) ist Vorsitzender des Parlamentarischen Beirats für nachhaltige Entwicklung.

Max Schön
sitzt im Vorstand der Stiftung 2 Grad – Deutsche Unternehmer für Klimaschutz.

Ein Markteingriff kann immer nur die ultima ratio sein. Doch wann, wenn nicht jetzt, sollte eine solche Sondersituation vorliegen? Deshalb muss jetzt gehandelt werden, der Emissionshandel braucht eine Not-OP! Die EU-Kommission hat mit dem so genannten Backloading einen Erfolg versprechenden Reparatureingriff in die Debatte eingebracht. EU-Klimakommissa-rin Connie Hedegaard schlägt vor, 900 Millionen CO_2-Zertifikate später zu versteigern als ursprünglich geplant, um den Angebotsüberschuss nicht weiter auszubauen. Ein konstruktiver Vorschlag, der schon die Zustimmung vieler Mitgliedstaaten findet.

Andreas Jung, Max Schön, www.tagesspiegle.de, 18.2.2013

M 5 ● „Backloading" beschlossen: EU stärkt Handel mit CO_2-Emissionen

Der Weg für das sogenannte „Backloading" von 900 Millionen CO_2-Zertifikaten im EU-Emissionshandel ist frei. Vertreter der EU-Staaten folgten gestern (Mittwoch) einem entsprechenden Vorschlag der Europäischen Kommission vom November 2012. Statt zwischen 2014 und 2016 werden die Zertifikate nun erst in den Jahren 2019 und 2020 auf den Markt kommen. Die Gesamtzahl der CO_2-Zertifikate im Emissionshandelssystem bleibt damit unverändert, jedoch wird das „Backloading" starken Preisschwankungen beim Handel mit den Verschmutzungsrechten entgegen wirken. Das soll das Emissionshandelssystem, das wichtigste Werkzeug der EU im Kampf gegen den gefährlichen Klimawandel, stärken.

©Europäische Kommission, 9.1.2014

Aufgaben

❶ a) Beschreiben Sie die Entwicklung der Preise für CO_2-Zertifikate sowie deren Ursachen.

b) Arbeiten Sie heraus, welche Vor- und Nachteile sich aus dieser Preisentwicklung für unterschiedliche Akteure ergeben. (M 3, M 4)

❷ Erklären Sie, was „Backloading" ist und inwiefern es dazu geeignet ist, den Preisverfall der CO_2-Zertifikate zu verhindern. (M 4, M 5)

❸ Arbeiten Sie weitere Chancen und Grenzen des Emissionshandels heraus und ergänzen Sie diese in Ihrer Tabelle (vgl. Kap. 5.2.1, Aufgabe 2).

5.2.3 Markt und Preisbildung – Wie entsteht der Preis?

M 6 ● Preisverfall der Emissionszertifikate

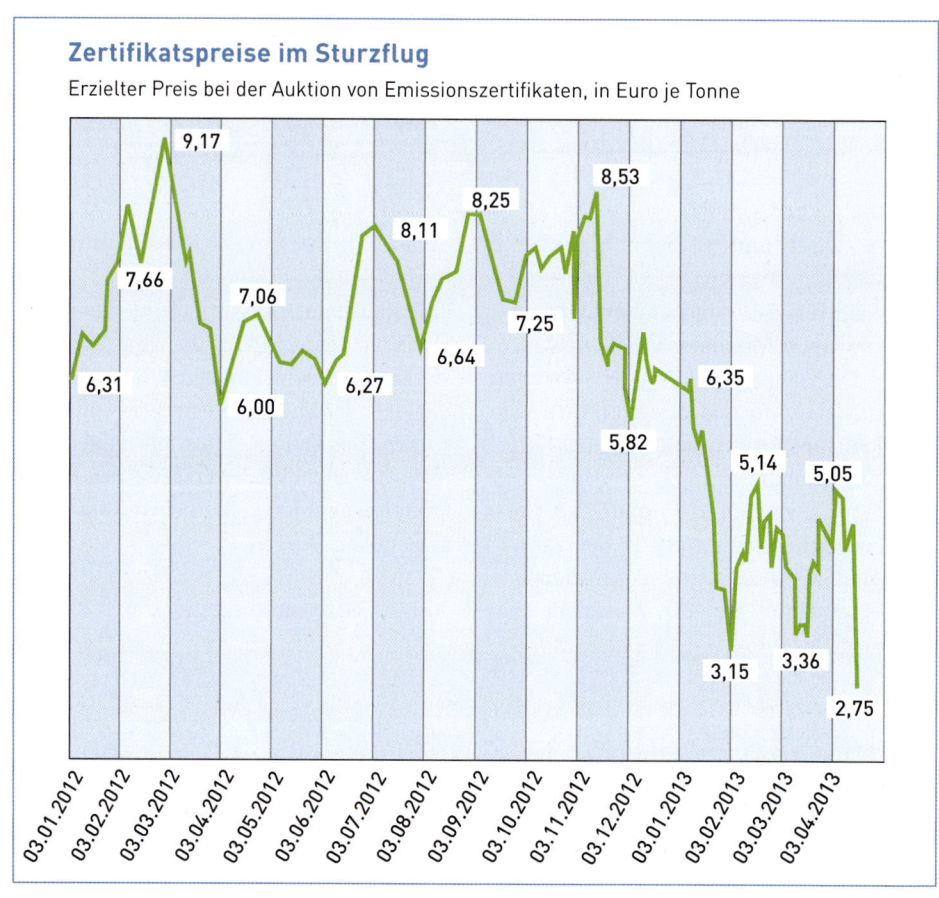

Zertifikatspreise im Sturzflug
Erzielter Preis bei der Auktion von Emissionszertifikaten, in Euro je Tonne

Nach: www.insm-oekonomenblog.de, 30.12.2014

M 7 ● Wie Angebot und Nachfrage den Preis bestimmen

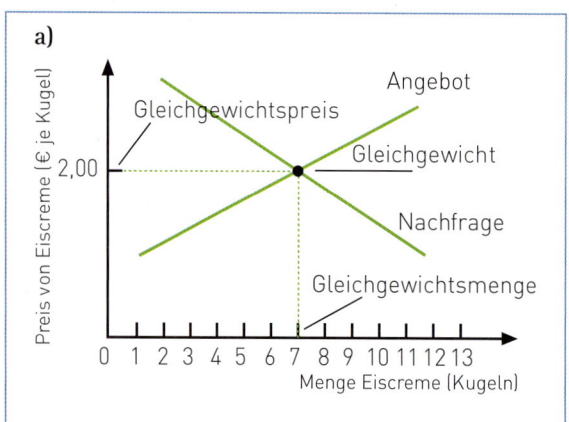

Das **Gleichgewicht** findet man da, wo sich Angebots- und Nachfragekurve schneiden (a). Beim Gleichgewichtspreis entspricht die angebotene Menge 5 der nachgefragten Menge. Hier beträgt der Gleichgewichtspreis € 2,– (je Kugel Eiscreme): Zu diesem Preis werden 7 Kugeln Eiscreme angeboten und 7 Kugeln Speiseeis nachgefragt. 10

Märkte abseits des Gleichgewichts

Im Diagramm (b) herrscht ein Angebotsüberschuss. Da der Marktpreis von € 2,50
15 über dem Gleichgewichtspreis liegt, übersteigt die angebotene Menge (10 Kugeln)
die nachgefragte Menge (4 Kugeln). Die
Anbieter versuchen, den Absatz durch
Preissenkungen zu steigern; und dies ver-
20 ändert den Preis in Richtung auf den
Gleichgewichtspreis.

Wenn der Marktpreis von € 1,50 unter
dem Gleichgewichtspreis liegt, übersteigt
die nachgefragte Menge (10 Kugeln) die
25 angebotene Menge (4) (Nachfrageüber-
schuss). Da zu viele Käufer Jagd auf die zu
geringe Gütermenge machen, können die
Anbieter den Preis erhöhen, so führen An-
passungsbewegungen auch hier zum
30 Marktgleichgewicht.

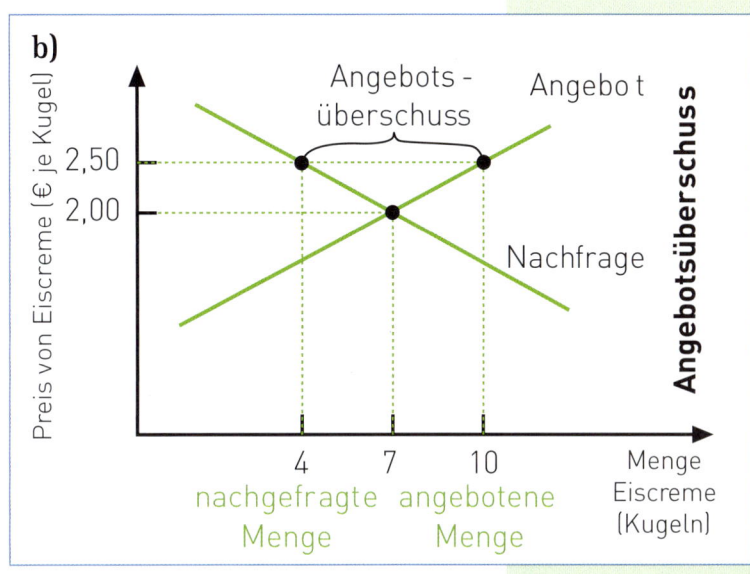

**Wie ein Angebotsrückgang das Gleich-
gewicht verändert**

Ein Ereignis, das die Angebotsmenge zu
jedem beliebigen denkbaren Preis vermin-
35 dert, bewirkt eine Linksverschiebung der
Angebotskurve (c). Der Gleichgewichtspreis steigt und die Gleichgewichtsmenge
sinkt. Annahmegemäß habe ein Erdbeben
die Angebotskurve von A1 nach A2 ver-
40 schoben und dadurch den Gleichgewichtspreis von € 2,– auf € 2,50 ansteigen sowie
die Gleichgewichtsmenge von 7 auf 4
Stück absinken lassen. Ein Ereignis, das die
Nachfragemenge zu beliebigen denkbaren
45 Preisen erhöht (z.B. ein ungewöhnlich hei-
ßer Sommer), bewirkt eine Rechtsverschie-
bung der Nachfragekurve. Sowohl der
Gleichgewichtspreis als auch die Gleichgewichtsmenge steigen.

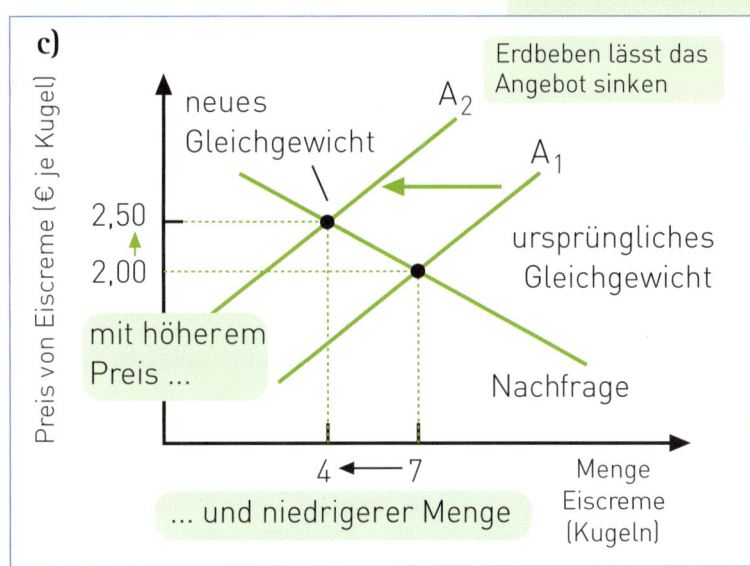

*Nach: N. Gregory Mankiw, Mark P. Taylor, Grundzüge der Volkswirtschaftslehre, übersetzt von: Marco Herrmann,
Adolf Wagner, 5. Auflage, Stuttgart 2012, S. 93 ff.*

M 8 ● Welche Funktionen haben Preise auf den Märkten?

In einer Marktwirtschaft erfüllen die Preise wichtige Funktionen bei der Steuerung und Koordinierung des Marktgeschehens:

Information

Die Preise informieren über den relativen Knappheitsgrad der einzelnen Güter und Dienstleistungen. Die Preise werden deshalb auch als Knappheitsindikatoren bezeichnet. Sie spiegeln die Wertschätzung für einzelne Güter und Dienstleistungen wider. Der Preismechanismus bewertet so die wirtschaftlichen Leistungen für eine Gesellschaft. Unternehmen, die Gewinne erwirtschaften, verbessern die Knappheitssituation. Unternehmen, die Verluste verzeichnen, verzehren mehr Werte, als sie herstellen.

Koordination und Ausgleich

Preisveränderungen sorgen tendenziell dafür, dass sich Angebot und Nachfrage ausgleichen. Die Preisbildung ist ein fortlaufender Prozess, da sich die Bedürfnisse und Knappheitsverhältnisse ständig verändern.

Funktionen

Anreiz und Lenkung

Die Preise lenken die Produktionsfaktoren Arbeit und Kapital (in Form von Rohstoffen und Maschinen) an den Ort, wo die Nachfrage und damit die erzielbaren Einkommen am höchsten sind. Somit ist ein ständiger Anreiz gegeben, sich in der Produktion knapper Güter besonders zu engagieren und knappe Produktionsfaktoren (z.B. Energie) besonders sparsam einzusetzen. Gleichzeitig stellen hohe Preise einen Anreiz dar, das Angebot ständig zu optimieren und neue Waren herzustellen.

Zuteilung und Auslese

Auf der Nachfrageseite teilen die Preise das Angebot den Nachfragern zu, die bereit sind, den jeweiligen Angebotspreis zu akzeptieren. Auf der Angebotsseite können nur diejenigen bestehen, die zumindest kostendeckend anbieten. Somit hat der Preis sowohl auf der Nachfrage- als auch auf der Angebotsseite eine Auslesefunktion.

Nach: Werner Heiring, Walter Lippens, Im Kreislauf der Wirtschaft, Einführung in die Volkswirtschaftslehre, Köln 2002, S. 91 f.

M 9 ● Der vollkommene Markt – ein Idealbild?

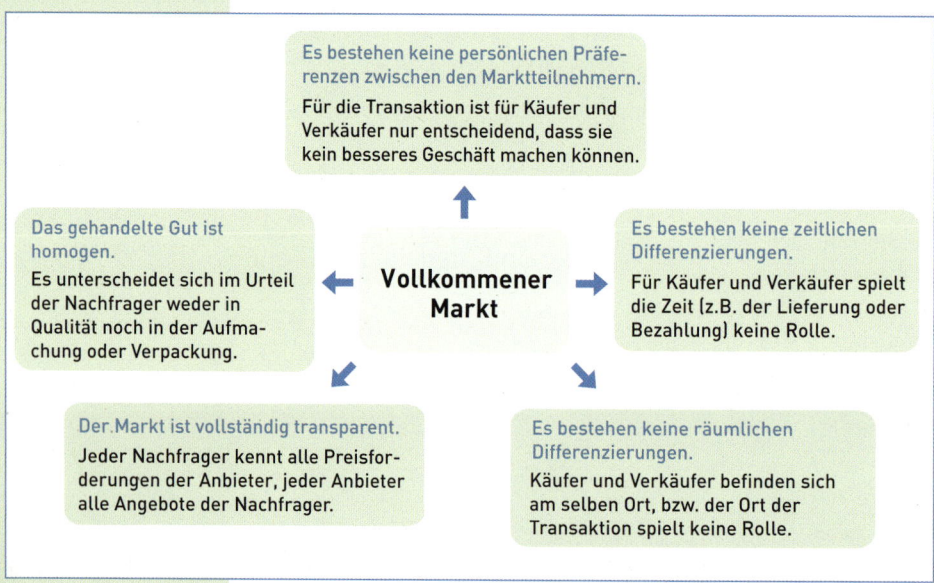

Es bestehen keine persönlichen Präferenzen zwischen den Marktteilnehmern.
Für die Transaktion ist für Käufer und Verkäufer nur entscheidend, dass sie kein besseres Geschäft machen können.

Das gehandelte Gut ist homogen.
Es unterscheidet sich im Urteil der Nachfrager weder in Qualität noch in der Aufmachung oder Verpackung.

Vollkommener Markt

Es bestehen keine zeitlichen Differenzierungen.
Für Käufer und Verkäufer spielt die Zeit (z.B. der Lieferung oder Bezahlung) keine Rolle.

Der Markt ist vollständig transparent.
Jeder Nachfrager kennt alle Preisforderungen der Anbieter, jeder Anbieter alle Angebote der Nachfrager.

Es bestehen keine räumlichen Differenzierungen.
Käufer und Verkäufer befinden sich am selben Ort, bzw. der Ort der Transaktion spielt keine Rolle.

Der vollkommene Markt dient in der ökonomischen Theorie der Preisbildung als Bezugspunkt für die in der Wirklichkeit vorherrschenden unvollkommenen Märkte (heterogene Märkte). Für die Existenz eines vollkommenen Marktes müssen verschiedene Voraussetzungen erfüllt sein. [5] [10]

Autorentext und -grafik

Die Vereinbarkeit von Klimaschutz und Wirtschaftswachstum bewerten

Nicolas Stern, britischer Ökonom, wird auch als wandelnder „Klimaschutz-Rechner" bezeichnet und ist Co-Chef der sogenannten Calderon-Kommission. Die
5 *Kommission untersucht, inwiefern Wirtschaftswachstum und Klimaschutz vereinbar sind.*

Glaubt's endlich: Klimaschutz und Wirtschaftswachstum sind vereinbar. [...]
10 „Mit klimaverträglichen Investitionen können wir starkes und qualitativ hochwertiges Wachstum erzeugen", sagt Stern. „Nicht erst in Zukunft, sondern jetzt." Sein deutscher Kollege Caio Koch-Weser [...] er-
15 gänzt: „Der angebliche Zielkonflikt zwischen Wirtschaftswachstum, Versorgungssicherheit und Klimaschutz entpuppt sich als Mythos." Entscheidend seien verlässliche politische Rahmenbedingungen und
20 die richtigen Anreize für Investitionen.

Der Finanzbedarf ist riesig: Allein in den kommenden 15 Jahren würden weltweit Investitionen von rund 90 Billionen Dollar getätigt. Milliarden fließen in neue Stra-
25 ßen, Kraftwerke und Stromnetze. Dieses Geld müsse so eingesetzt werden, dass es klimafreundliches Wachstum erzeuge [...].

Das klimaschädliche Wirtschaftsmodell der Vergangenheit dürfe nicht wiederholt wer-
30 den. Beispiel Städteplanung: Das unstrukturierte Wachsen von Megacitys mit wild ausufernden Vorstädten müsse ein Ende haben [...]. Klein, kompakt und besser vernetzt sei effizienter und klimafreundlicher.
35 Oder die Landwirtschaft: Wer zwölf Pro-

zent der brach liegenden Flächen reaktiviere und nachhaltige Landwirtschaft betreibe, könne bis zum Jahr 2030 nicht nur 200 Millionen Menschen zusätzlich ernähren, sondern auch die CO_2-Emissionen re- 40 duzieren.

Es geht aber nicht nur ums Geld, stabile Rahmenbedingungen sind [...] ebenso wichtig: Kaum ein anderer Wirtschaftszweig hat derart lange Abschreibungszyk- 45 len wie beispielsweise der Energiesektor (Gaskraftwerke rund 20 Jahre). Wer heute investieren soll, der braucht einen stabilen Geschäftsausblick. Monatelanges Gezänke über den gesetzlichen Rahmen – bestes 50 Beispiel ist etwa die Novelle des deutschen Erneuerbaren-Energien-Gesetzes (EEG) – sei Gift für Investitionen. [...]

Wie hoch genau ein globales grünes Wirtschaftswachstum am Ende ausfallen könn- 55 te, darüber schweigen die Autoren jedoch. Die Erkenntnisse des Reports sind auch nicht wirklich neu. Unzählige Studien, ob von der EU-Kommission, der OECD, von Greenpeace oder McKinsey belegen, dass 60 grünes Wachstum möglich ist und langfristig der Wirtschaft mehr nützt als schadet. Vom „Positivsummenspiel" spricht Koch-Weser. Allerdings ist es aus Sicht des einzelnen Unternehmers oft rationaler, 65 kurzfristig zu denken und ein klimaschädigendes Investment zu tätigen, als das große Ganze im Blick zu haben und langfristig zu planen.

*Marlies Uken, Klimawandel – Das Plussummenspiel,
Die Zeit, 16.9.2014*

Aufgaben

1 Fassen Sie die wesentlichen Aussagen des Textes zusammen und ordnen Sie sie in den Problemzusammenhang ein.

2 Erläutern Sie das Problem des Klimawandels und arbeiten Sie am Text heraus, wie die Kommission „grünes Wachstum" erreichen möchte (Maßnahmen, Chancen, Grenzen).

3 In dem Text wird behauptet, für einzelne Unternehmer sei es „oft rationaler, kurzfristig zu denken und ein klimaschädigendes Investment zu tätigen" (Z. 65 f.). Entwickeln Sie ein Konzept, wie solche Unternehmer dazu motiviert werden können, umweltfreundliche Investitionen zu tätigen.

Ökologische Mobilität: Herausforderungen für nationale Umweltpolitik und Aufgabe jedes Einzelnen

Neben anderen Elementen ist die Senkung des CO_2-Ausstoßes im privaten und gewerblichen Kraftfahrzeugverkehr ein notwendiger Bestandteil zur Bekämpfung des fortschreitenden Klimawandels. Dazu regeln nicht nur (umstrittene) EU-Verordnungen den durchschnittlichen Maximalausstoß von Kohlendioxid, sondern es wird auch seitens der Bundesregierung der Bau von rein elektrisch betriebenen Fahrzeugen als wesentliches strategisches Ziel verfolgt.

Mit Hilfe von Kapitel 6.1 erschließen Sie die Dimension der Automobilisierung in Deutschland und deren Gründe genauso wie die möglichen Klimavorteile von PKWs mit Elektro- gegenüber solchen mit Verbrennungsmotoren. Diskutieren können Sie sowohl über die umweltpolitische Bedeutung von Elektromobilität an sich als auch über die Frage, ob der Bau bzw. Verkauf entsprechender Wagen direkt finanziell bezuschusst – also staatlich subventioniert – werden sollte.

Im Anschluss erhalten Sie noch die Möglichkeit, geeignete Maßnahmen zu entwickeln, die (Ihre) Gemeinden ergreifen können, um umweltfreundliche Mobilität zu fördern bzw. generell dem Nachhaltigkeitsgedanken zu folgen.

Ebenfalls ausgehend vom Beispiel der Elektroautos lernen Sie Theorien kennen, wie Wirtschaftswissenschaftler Verhalten von Menschen in ökonomischen Entscheidungssituationen erklären (Kap. 6.2). Diese (konkurrierenden) Modelle über Verbraucherverhalten können Sie auf ihre Schlüssigkeit hin prüfen, bevor Sie – auch mithilfe des Wirtschaftskreislauf-Modells – den Blick auf gesamtwirtschaftliche Auswirkungen individuellen ökonomischen Verhaltens richten (Investieren, Konsumieren, Sparen).

KOMPETENZEN

Am Ende dieses Kapitels sollten Sie Folgendes wissen und können:

... den klima- und ressourcenschädigenden Einfluss des PKW-Verkehrs sowie die besondere Bedeutung der Automobilität in Deutschland beschreiben.

... Statistiken analysieren, um auf dieser Grundlage ...

... die Wirksamkeit wirtschaftspolitischer Maßnahmen [hier die Elektroauto-Strategie] zu überprüfen.

... Ökonomische Modelle zu menschlichem Verhalten und gesamtwirtschaftlichen Zusammenhängen anwenden und begründet deren Nutzen und Grenzen einschätzen.

Was wissen und können Sie schon?

1. Beschreiben und interpretieren Sie die Abbildung.
2. Halten Sie Fragen, die sich durch die Abbildung ergeben, in einem Fragenspeicher (Karten an Pinnwand o. ä.) in Ihrem Klassenraum fest und beantworten Sie sie im Laufe der Beschäftigung mit dem folgenden Kapitel.

6.1 Autofahrernation Deutschland umwelt-freundlich wandeln? Nationale und kommunale Verkehrspolitik

Basiskonzept	Kategorien	Leitfragen
System und Struktur	externe Effekte	· Welche negativen, nicht eingepreisten Folgen hat Automobilität in Deutschland?
	Anreize und Restriktionen durch Staatseingriffe	· Wie können bzw. sollen wirtschaftliche (Kauf-) Entscheidungen staatlicherseits beeinflusst werden?

6.1.1 Deutsche Mobilität als Problem?!

M 1 ● Autofahrernation Deutschland?

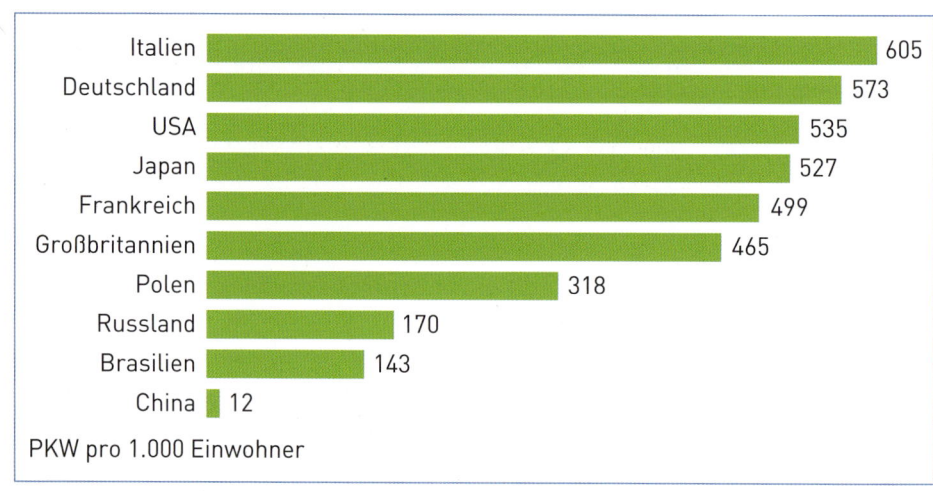

Italien 605
Deutschland 573
USA 535
Japan 527
Frankreich 499
Großbritannien 465
Polen 318
Russland 170
Brasilien 143
China 12

PKW pro 1.000 Einwohner

Zahlen nach: www.welt-in-zahlen.de, 9.9.2014

VW-Käfer aus den 1940er Jahren

BMW-Isetta aus den 1950er Jahren

Porsche 911 S (Urmodell) aus den 1960er Jahren

Trabant P50 Anfang der 1960er Jahre

M 2 ● Warum hängen Deutsche an ihren Autos?

Das Auto lebt in uns [Deutschen]. [...] Seit ich mich mit Fragen des Klimawandels beschäftige, steht mir die Notwendigkeit eines radikalen Wandels unseres Lebensstils,
5 und das heißt notwendigerweise auch und vor allem unserer Mobilitätskultur, glasklar vor Augen. In jeder Diskussion komme ich auf die Themen Energie, Emissionen und Mobilität zu sprechen und verleihe re-
10 gelmäßig meiner tiefen Überzeugung Ausdruck, dass es pathologisch [= krankhaft] ist, mit großvolumigen Geländewagen durch Großstädte zu fahren. [A]ber nichts davon hat mich bis jetzt dazu bringen können, meine Autos abzuschaffen. [...]
[Ab] 1976 [begann ich ein] Autoleben [...] 15
voller Käfer, Scirocco, Alfa, BMW und Audi jeder Spielart. Mit einem Faltdachkäfer bin ich bei Glatteis gegen einen Alleebaum geknallt, einen anderen Käfer hat ein unbedachtes Wendemanöver meinerseits das 20
Leben gekostet. Personen sind bei diesen Unfällen zum Glück nie zu Schaden gekommen. [...] Tatsächlich bestand mein

25 Freiheitsbegriff zwischen, sagen wir 16 und 25 genau in einer Trilogie von Verbrennungsmotoren, Kino und Mädchen [...].

An dieser für Männer meines Alters nicht untypischen Autobiografie ist mühelos abzulesen, dass sich das Auto ganz jenseits meines kognitiven Vermögens so in meinen Habitus eingeschrieben hat, dass es weder aus meiner physischen noch aus meiner mentalen Welt wegzudenken ist.

35 Die Autopresse benutzt dafür die treffende (allerdings anerkennend gemeinte) Redensart: „Er hat Benzin im Blut." [...]

[M]eine Biografie passt gut zu jener der Bundesrepublik, die auf das Engste an das Auto gebunden ist – von der Generation Kübelwagen bis zur Generation Golf. Die Zunahme des Fahrzeugbestands begleitet ihre Geschichte ebenso wie der Ausbau der Infrastrukturen. Dabei fällt deren explosionsartige Ausweitung ziemlich genau mit meiner eigenen Lebenszeit zusammen: denn 1960 verabschiedete der Bundestag das Gesetz, dass die Zweckbindung der Mineralölsteuer an den Straßenbau festschrieb. „Straßenbau statt Rüstung" forderte die SPD seinerzeit im Wahlkampf, und der ADAC nahm seinen erfolgreichen Kampf gegen die Alleebäume auf.

All dies ging mit einem Rückgang der Investitionen in die Bahn einher. Auch das Ideal der autogerechten Stadt [...] begann

sich in den 1960er Jahren in Wirklichkeit zu verwandeln. Die besonders heftig im Ruhrgebiet anzutreffende Stadtautobahn, die jede nichtautomobile Fortbewegung 60 zerschneidet, war die Folge, in Hannover noch überboten durch die grandiose Maßnahme, Fußgänger unterirdisch flanieren zu lassen, damit oben die Autos besser fahren konnten. 65

Aus all dem wird deutlich: [...] [Was] besonders schwer vorstellbar ist, ist der Umbau der mentalen Infrastrukturen. Dies ist exakt der Punkt, an dem Aufklärung an ihre Grenze stößt und immer gestoßen ist: 70 Sie erreicht nämlich nur den kognitiven [hier: rational-bewussten] Teil unseres Orientierungsapparats; der weitaus größere Teil unserer Orientierungen, der über Routinen, Deutungsmuster und unbewusste 75 Referenzen – also über den Habitus – organisiert ist, bleibt davon völlig unbeschadet. Wäre das anders, würde ich keine Flugzeuge mehr benutzen und hätte schon gar nicht diese beiden Autos in der Garage [...]. 80 Mit anderen Worten: Ich selbst bin das Problem, das gelöst werden muss, wenn unsere Welt zukunftsfähig werden soll.

Harald Welzer, Ich bin das Problem. Je kaputter die Umwelt, umso größer meine Wagen, in: Die Zeit, 3.12.2009

Harald Welzer ist Honorarprofessor für Transformationsdesign an der Universität Flensburg.

Habitus

Soziologischer Fachbegriff einerseits für das Auftreten, andererseits für die gesamten Gewohnheiten und Vorlieben eines Individuums

VW Golf I (1974)

Opel Kadett aus den 1970er Jahren

Mercedes Benz 190 E aus den 1980er Jahren

Audi A6 C4 aus den 1990er Jahren

VW New Beatle aus dem Jahr 2000

BMW 116i M-Sportpaket seit 2011

M 3 ● Wirtschaftlicher Nutzen des PKW

Rund zwei Millionen Menschen in Deutschland gehen einer Beschäftigung nach, die in unmittelbarem Zusammenhang mit dem Pkw-Verkehr steht, so eine Studie des ADAC. Hinzugezählt hat der Club neben Automobilproduktion, -reparatur und -wartung beispielsweise auch Beschäftigte im Straßenbau, bei Autoversicherungen oder Taxifahrer. Alle zusammen erwirtschaften jährlich Steuereinnahmen von über 50 Milliarden Euro.

Rund ein Drittel der Verkehrsleistungen mit dem Pkw wird aus beruflichen Gründen erbracht. Pro Jahr pendelt jeder Erwerbstätige im Schnitt 3.700 Kilometer mit 15 dem Pkw. Sowohl privat wie auch beruflich ist jeder Einwohner im Jahr durchschnittlich 11.400 Kilometer mit dem Pkw unterwegs. Basis der ADAC-Studie waren Daten des statistischen Bundesamtes und 20 des Kraftfahrtbundesamtes aus 2012.

Hanne Lübbehüsen, Ein Drittel für den Job, www.focus.de, 10.6.2013

M 4 ● Kosten von (deutscher) Automobilität

Lärmschutzwand an einer Schnellstraße

[Nach einer von dem] Verkehrswissenschaftler Udo Becker erstellten Studie der TU-Dresden [...] ist der Autoverkehr ein teures Zuschussgeschäft für die Gesell- ⁵schaft. Jedes in der EU angemeldete Auto verursacht jährlich Kosten von durchschnittlich 1.600 Euro.

Im EU-Schnitt muss demnach jeder Bürger 750 Euro für den Autoverkehr zuschießen. ¹⁰Deutschland gehört zu den fünf EU-Ländern, in denen die Subventionen [= Zuschüsse] für den Individualverkehr mit mehr als 2.000 Euro besonders hoch sind. Der Betrag errechnet sich aus den Folge- ¹⁵kosten der Autounfälle, der medizinischen Behandlung von Lärm, Schadstoffausstoß und andere durch den Autoverkehr verur-

sachte Umweltschäden. Die Datenbasis stammt aus zahlreichen Teilstudien, die in den letzten Jahren in europäischen Län- ²⁰dern erstellt wurden und im ersten Teil der Studie vorgestellt werden.

Auf dieser Grundlage kommen die Verfasser zu dem Fazit, dass im EU-Raum durch den Autoverkehr jährlich Kosten in der ²⁵Größenordnung von ca. 373 Milliarden pro Jahr nach der hohen Schätzung und 258 Milliarden Euro nach einer niedrigen Schätzung entstehen. Bei der Größenordnung liegt es auf der Hand, dass die Beträ- ³⁰ge nicht durch die Autobenutzer selber getragen werden können. In der Zusammenfassung der Studie heißt es: „Gleichzeitig ist anzumerken, dass der Autoverkehr in der EU durch andere Personen ³⁵und Regionen hoch subventioniert wird und dass dieser auch durch künftige Generationen subventioniert werden wird: Anwohner von Hauptverkehrsstraßen, Steuerzahler, ältere Menschen, die kein Auto ⁴⁰besitzen, Nachbarländer und Kinder, Enkel und alle künftigen Generationen subventionieren den heutigen Verkehr. Sie müssen einen Teil der Rechnung bezahlen oder werden einen Teil der Rechnung bezahlen ⁴⁵müssen."

Peter Nowak, Wie lange können wir uns den Autoverkehr noch leisten?, www.heise.de, 25.12.2012

Ⓜ zu Aufgabe 2
Fassen Sie zunächst arbeitsteilig M 2 und M 3 zusammen (Partnerarbeit). Der geübtere Leser sollte M 2 bearbeiten.

Ⓕ zu Aufgabe 2
Führen Sie selbst geplante, strukturierte Interviews (Befragungen) mit älteren Verwandten (Eltern, Großeltern) zur Bedeutung des Automobils in ihrer Sozialisation durch und stellen Sie die Ergebnisse Ihrer Klasse vor.

Aufgaben

❶ Beschreiben Sie das Diagramm und stellen Sie Hypothesen zu dessen Erklärung auf. (M 1)

❷ Vergleichen Sie die angeführten Gründe für die Automobilität der Deutschen mit ihren Hypothesen aus Aufgabe 1. (M 2, M 3)

❸ Formulieren Sie möglichst prägnant das umweltpolitische Problem, das aus der Automobilität in Deutschland mitbedingt wird. (M 4)

6.1.2 Peak-Oil – (nicht nur) das Ende des Verbrennungsmotors?

M 5 ● Peak-Oil – wann droht das Ende des Erdöls?

Wann das Ende der weltweiten Erdölreserven erreicht sein wird, kann niemand genau vorhersagen. Schätzungen bewegen sich zwischen 40 und 100 Jahren. Die Erdölreserven sind deshalb so schwer einzuschätzen, weil ungewiss ist, wie viele Erdölvorkommen, z.B. im Zuge des Klimawandels, neu entdeckt werden. Auch geben die erdölexportierenden Staaten (OPEC) ihre Reserven nur ungenau an. Je höher die angegebenen Reserven, desto höher liegt die von der OPEC vergebene Förderquote und damit der Exportgewinn.

Sicher ist, dass die Reserven endlich sind und ihr Auslaufen drastische Folgen für die Industriestaaten haben wird. Verteilungskonflikte um die letzten Reserven sind wahrscheinlich.
Autorentext

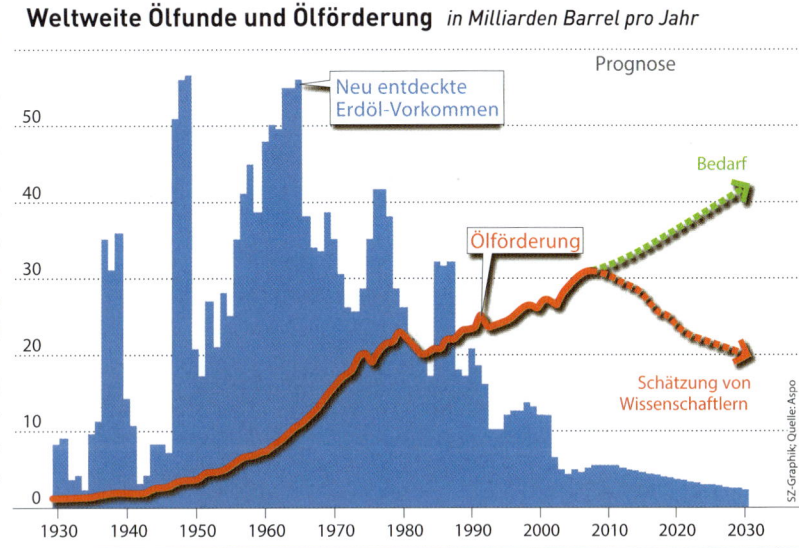

Weltweite Ölfunde und Ölförderung *in Milliarden Barrel pro Jahr*

SZ-Grafik, 17.5.2010

M 6 ● Bedeutung des Peak-Oil für Wirtschaft und Gesellschaft

Etwa 90 Prozent aller industriell gefertigten Produkte hängen heute von der Verfügbarkeit von Erdöl ab. Erdöl ist nicht nur der Ausgangsstoff für die Produktion von
5 Treib- und Schmierstoffen, sondern als Kohlenwasserstoff auch für die meisten organischen Polymere (Kunststoffe). Es ist damit einer der wichtigsten Rohstoffe bei der Herstellung von so unterschiedlichen
10 Produkten wie Pharmazeutika [= Arzneimittel], Farbstoffen oder Textilien.
Als Ausgangsstoff für verschiedene Treibstoffarten ist Erdöl eine Grundvoraussetzung für den Transport großer Warenmen-
15 gen über lange Strecken. Containerschiffe, Lastkraftwagen und Flugzeuge bilden neben der Informationstechnologie das Rückgrat der Globalisierung. Die internationale Arbeitsteilung, der viele Länder ihren
20 Wohlstand verdanken, wäre ohne den kostengünstigen Warentransport im heutigen Umfang nicht denkbar. Auch regional und lokal hat die ölbasierte Mobilität unseren

Lebensstil geprägt. Das Leben in Vorstädten etwa, mehrere Kilometer von der Ar- 25 beitsstelle entfernt, wäre für viele Menschen ohne die Verfügbarkeit eines Autos nicht möglich. Die klassische Vorstadt verdankt ihre Existenz also ebenfalls zu einem gewissen Grad dem Erdöl. [...] 30
Eine starke Verteuerung des Erdöls würde ein systemisches Risiko darstellen, da die Funktionalität großer Teile heutiger Wirtschafts- und Gesellschaftssysteme von der Verfügbarkeit relativ preiswerten Erdöls 35 abhängig ist. Die Bedeutung von Öl liegt bei einigen Subsystemen, etwa dem weltweiten Warentransport oder dem Individualverkehr, klar auf der Hand. Die gesamte Bandbreite möglicher Herausforderungen, 40 die sich aus dem Überschreiten des Peak Oil ergeben könnten, ist insgesamt jedoch nur schwer zu überschauen.

Planungsamt der Bundeswehr (Hg.), Peak Oil, Sicherheitspolitische Implikationen knapper Ressourcen, 3., überarbeitete Auflage, Berlin, 2012, S. 15 f.

Peak-Oil im Comic

Mediencode:
72023-04

M 7 ● Peak-Oil in der Karikatur

Karikatur: Polyp

Karikatur: Kjell Aleklett

M zu Aufgabe 2
Tragen Sie zunächst in 4er-Gruppen in den Seitenfeldern eines Placemat zusammen, welche der von Ihnen täglich genutzten Waren und Dienstleistungen (un)mittelbar von Erdöl abhängen. Ziehen Sie dann ein gemeinsames Fazit in der Mitte des Placemat.

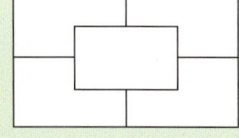

Aufgaben

1. Werten Sie das Schaubild aus. (M 5)
2. Erklären Sie, welche Folgen der Peak-Oil für Ihr eigenes Leben und die Gesellschaften in industrialisierten Staaten als Ganze haben könnte. (M 6)
3. Interpretieren Sie eine der beiden Karikaturen vor dem Hintergrund Ihrer bisherigen Kenntnisse. (M 7)

6.1.3 Elektroautos – zentraler Baustein der Mobilitätswende?

M 8 ● Das Regierungsvorhaben

Was ist unser Ziel? Wir wollen gerne, dass bis 2020 eine Million Elektrofahrzeuge auf unseren Straßen im Einsatz sind. Und bis 2030 könnten es sechs Millionen Fahrzeuge sein.

Aus: Angela Merkel, Elektroautos gehört die Zukunft
(Video-Podcast der Bundeskanzlerin vom 14.05.2011), www.bundeskanzlerin.de, 9.9.2014

M 9 ● Welche Klimavorteile können Elektroautos haben?

Die Klimabilanz von Elektro-Pkw hängt stark von der Lebensfahrleistung und vom Strommix ab: Bei Nutzung zusätzlicher erneuerbarer Energie haben Elektrofahrzeuge
5 in ihrer Klimawirkung deutliche Vorteile gegenüber konventionellen Fahrzeugen – sogar wenn diese Biokraftstoffe tanken. [...] [D]er Strommix [ist] ein entscheidender Einflussparameter: Müssen z.B. neue
10 Kraftwerke gebaut bzw. ältere genutzt werden, um die zusätzlichen Stromnachfrage durch Elektrofahrzeuge zu befriedigen, führt dies im Fall von Steinkohlekraftwerken zu einer deutlich höheren Klimawir-
15 kung über den Lebensweg [vgl. M 10]. Werden dagegen für die zusätzliche Stromnachfrage von Elektrofahrzeugen moderne Gaskraftwerke gebaut, verbessert sich die Klimabilanz. Elektrofahrzeuge erlauben
20 zudem den Einsatz zahlreicher erneuerbarer Energieträger im Verkehr, die bisher nicht zur Verfügung standen. Damit verbessert sich die Klimabilanz der Nutzungsphase deutlich.
25 Die gegenüber konventionellen Pkw insbesondere durch die Batterie höhere Klimawirkung der Fahrzeugherstellung stellt heute einen relevanten „Geburtsnachteil" des Elektrofahrzeugs dar. Dieser kann
30 durch den effizienten Antrieb und den Ein-

satz erneuerbarer Energien in vielen Fällen ausgeglichen werden. Über den gesamten Lebensweg ist die Klimabilanz eines mit deutschem Strommix betriebenen und ge-
35 mischt genutzten batterieelektrischen Pkw gegenüber einem Otto-Pkw bei einer Fahrleistung von etwa 100.000 km ausgeglichen [...]. Bei Diesel-Pkw ist die Klimawirkung in der Nutzungsphase aufgrund des
40 höheren Wirkungsgrades des Dieselmotors geringer, die Batterieherstellung kann daher bei gemischter Nutzung gegenüber Diesel-Pkw erst ab Fahrleistungen über 200.000 km ausgeglichen werden.
45 Bei Nutzung von erneuerbaren Energien aus zusätzlichen Anlagen (z.B. Windkraft) verbessert sich die Klimabilanz deutlich: Bereits nach etwa 30.000 km ist die zusätzliche Klimawirkung der Batterieherstellung gegenüber einem konventionellen Pkw mit
50 fossilem Kraftstoff kompensiert [...]. Wichtig für die Anrechnung des Windstroms für die Bilanz des Elektrofahrzeugs ist jedoch, dass es sich um zusätzliche Anlagen handelt, die ohne den Betrieb von Elektrofahr-
55 zeugen nicht installiert worden wären.

Jan Hanusch u. a., Institut für Energie- und Umwelt-
forschung Heidelberg GmbH, UMBReLA – Umweltbi-
lanzen Elektromobilität. Ergebnisbericht, Heidelberg,
2011, S. 17 f.

Strommix

Ausdruck für „Mischung" der Gesamtstrommenge von Strom aus unterschiedlichen (regenerativen und fossilen) Quellen

Otto-Pkw

Personenkraftwagen mit Verbrennungsmotor

CO₂-Äquivalent

Treibhauspotenzial eines den Treibhauseffekt verstärkenden Gases (verglichen mit dem Treibhauseffekt der analogen Menge CO_2)

M 10 ● Elektroautos und konventionelle PKW im Vergleich

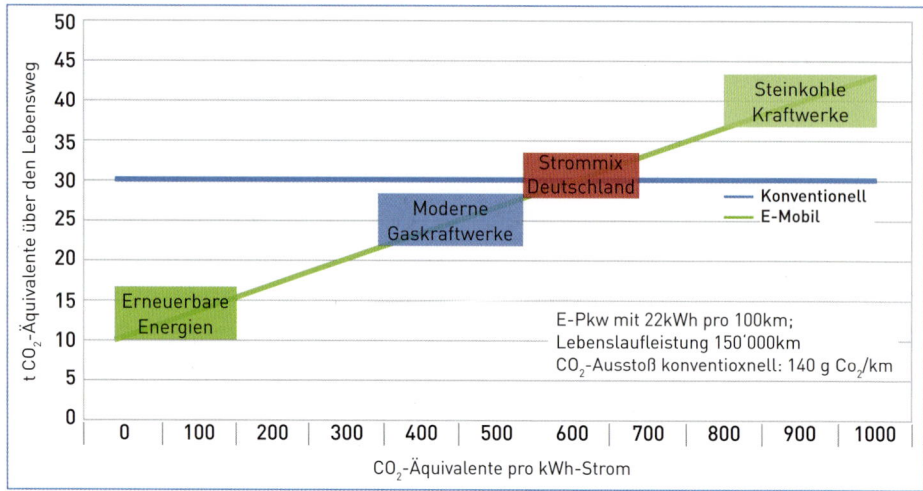

Institut für Energie- und Umweltforschung Heidelberg GmbH, UMBReLA – Umweltbilanzen Elektromobilität. Ergebnisbericht, Heidelberg, 2011, S. 18

M 11 ● Kontrovers diskutiert: Elektromobilität 2020 – (umweltpolitisch) zielführend?

Die Entwicklung von Batterien mit mehr Speicherkapazität ist überaus kostenintensiv und langwierig.

Allein für Elektromobilität wird sicherlich kein Ökostrom-Kraftwerk errichtet.

E-Autos stoßen kein klimaschädliches CO_2 aus, wenn der Strom fürs Fahrzeug aus erneuerbaren Quellen wie Sonne oder Wind gewonnen wird.

Durch Elektroautos macht man sich unabhängiger von Öllieferanten aus dem Nahen Osten oder Mittelamerika.

Nach derzeitigem Preisniveau kosten 100 gefahrene Kilometer mit einem E-Auto unter 2,- Euro Antriebsmittel, mit einem konventionellen PKW durchschnittlich über 11,- Euro.

Die Herstellung der großen, leistungsstarken Batterie hat eine deutlich negativere Klimawirkung als die Herstellung eines Verbrennungsantriebs.

Elektroautos werden noch lange Zeit eine (deutlich) geringere Reichweite und eine deutlich längere Ladezeit haben als Autos mit Verbrennungsmotoren.

Durch die Entwicklung von Elektroautos können Zukunftsmärkte in den wirtschaftlich aufstrebenden ostasiatischen Staaten erschlossen werden. In Deutschland könnten dadurch Arbeitsplätze entstehen.

Elektroautos fördern den Individualverkehr. Dabei ist gerade in größeren Städten und anderen Ballungszentren der öffentliche Personennahverkehr (Busse, Stadtbahnen ...) sehr gut ausgebaut bzw. sollte weiter ausgebaut werden.

Autorentext

H zu Aufgabe 2
Gliedern Sie die angegebenen Pro- und Contra-Argumente, indem Sie diese auf einer inhaltlichen Ebene einander zuordnen (M 11).

M zu Aufgabe 2
Führen Sie in Ihrer Klasse eine Ampelkartenabfrage durch (vgl. Methodenglossar S. 211 ff.)

Aufgaben

1 Fassen Sie mögliche Vorteile von Elektromobilität zusammen (M 9, M 10), die die Bundeskanzlerin zu ihrer verkehrspolitischen Position bewegt haben könnten. (M 8)

2 Die Förderung von Elektromobilität ist in Deutschland (umweltpolitisch) sinnvoll. Diskutieren Sie diese Aussage.

6.1.4 Mobilitätswende staatlich flankieren? Der Konflikt um Subventionen

M 12 ● Wie gut verkaufen sich Elektroautos?

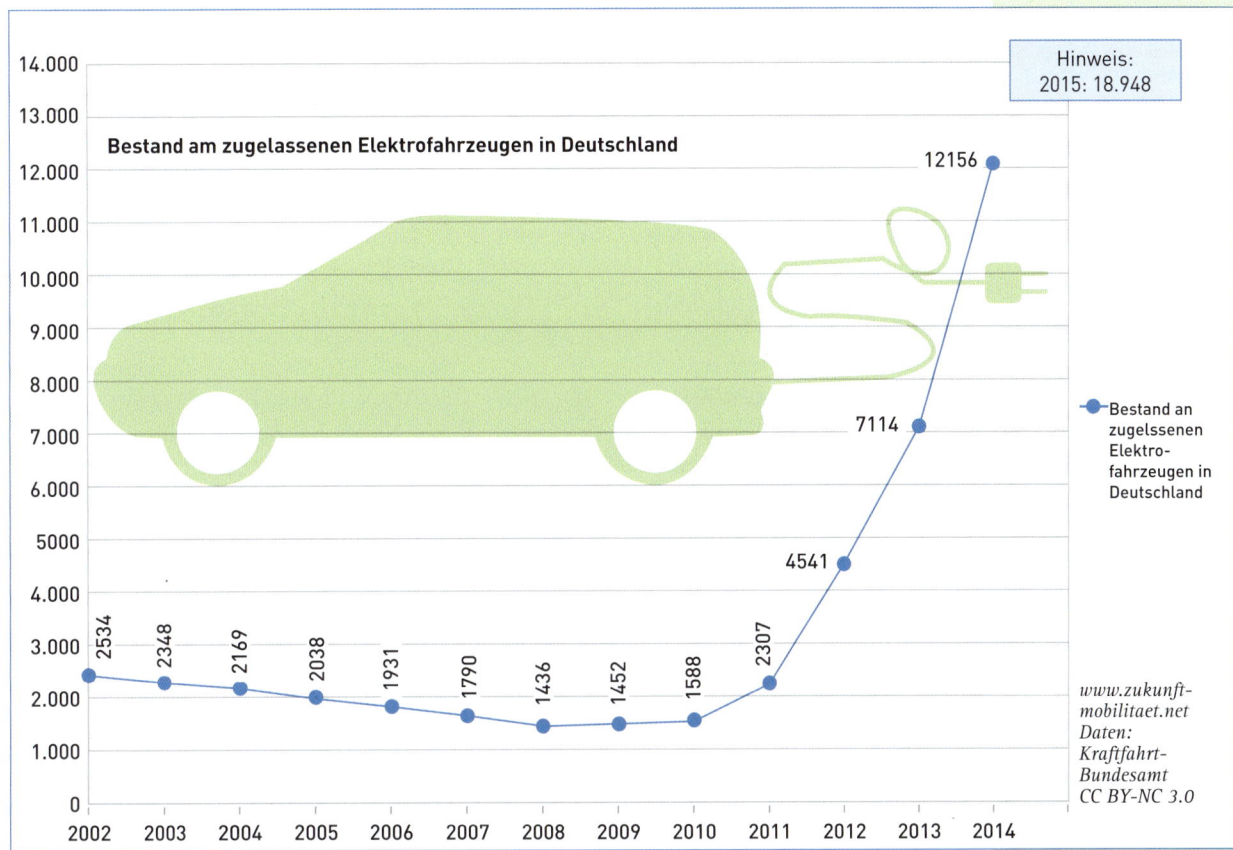

Bestand an zugelassenen Elektrofahrzeugen in Deutschland

Hinweis: 2015: 18.948

Bestand am zugelassenen Elektrofahrzeugen in Deutschland

12156

7114

4541

2534 2348 2169 2038 1931 1790 1436 1452 1588 2307

Bestand an zugelssenen Elektro-fahrzeugen in Deutschland

www.zukunft-mobilitaet.net
Daten:
Kraftfahrt-Bundesamt
CC BY-NC 3.0

Bestand an zugelassenen Elektrofahrzeugen in Deutschland (Stand jeweils 1. Januar des Jahres)
Zahlen nach: www.static.zukunft-mobilitaet.net, Abruf am 11.2.2015

PKW-Zulassungen

Die Gesamtzahl der am 3.2.2015 in Deutschland zugelassenen Pkw betrug ca. 43,9 Millionen.

M 13 ● Serienmäßige deutsche E-Autos 2014

	Smart ed	VW e-up!	BMW i3	Opel Ampera
Höchstgeschwindigkeit:	125 km/h	130 km/h	150 km/h	161 km/h
Reichweite (eine Batterieladung):	145 km	160 km	160 km	80 km (mit benzinbe-triebenem Generator bis zu 500 km)
Preis:	ca. 23.500,– Euro	ca. 26.900,– Euro	ca. 35.000,– Euro	ca. 38.600,– Euro
Preis eines vergleichbaren PKW derselben Firma mit Brennstoffantrieb:	ca. 12.000,– Euro	ca. 10.000,– Euro	ca. 22.000,– Euro	ca. 24.800,– Euro

Auswahl; eigene Recherche (Stand: September 2014)

M 14 ● Kontrovers diskutiert: Staatliche Kaufprämie für Elektroautos?

Staatliche Kaufprämie 2016

Ab Juli 2016 können Käufer für Elektroautos 4.000 EUR (ab 2018: 3.000 EUR) und für Plug-in-Hybrid-Autos 3.000 EUR (ab 2018: 2.000 EUR) staatliche Kaufprämie erhalten. Max. Listenpreis der Autos: 60.000 EUR; Laufzeit der Maßnahme: bis 2019 oder bis 1,2 Milliarden Euro Staatsmittel aufgebraucht sind.

a) Elektroauto-Kauf subventionieren!

[I]m Vergleich zu anderen Ländern ist die Förderung von Elektroautos [in Deutschland] faktisch bei null, wie eine Berechnung des International Council on Clean

5 Transportation (ICCT) zeigt. [...] Die Analyse der unabhängigen Forschungsorganisation betrachtet nicht die reine Fördersumme von Elektroautos, sondern [...] den Endpreis beim Kunden. Gleichzeitig wird

10 am Beispiel des Volkswagen Up sowie dessen Stromzwilling e-Up klar, wie differenziert und trickreich einige Staaten bei der Finanzierung vorgehen.

Das zeigt das Beispiel Frankreich. Der Staat

15 gibt 7.000 Euro für den Kauf eines e-Up. Aber auch für den normalen Up erhält ein Kunde wegen vergleichsweise niedriger CO_2-Emissionen 2.000 Euro. In einem ersten Schritt liegt der Vorteil des Stromautos

20 also bei 5.000 Euro. Weil der e-Up deutlich teurer ist, zahlt sein Käufer zugleich aber eine um 2.610 Euro höhere Mehrwertsteuer an den Fiskus. Das reduziert die staatliche Förderung auf 2.390 Euro. Unter dem Strich

25 ergibt sich eine Preisdifferenz zwischen e-Up und Benzin-Up von 10.925 Euro. [...] Der ICCT nimmt die Mehrwertsteuer in seine Berechnung auf, weil sie zum Beispiel in Norwegen Teil des Fördermechanismus

30 ist. Dort werden dem Käufer eines e-Up die Mehrwertsteuer und die Zulassungsgebühr komplett erlassen. Im Ergebnis kostet ein Benzin-Up in Norwegen 17.643 Euro, die Elektroversion kommt – die üppige Förde-

35 rung von 6.911 Euro einbezogen – auf 24.048 Euro. Das ist in Europa der geringste Abstand.

Auch andere skandinavische Länder unterstützen den Kauf von Elektroautos fast

40 ebenso kräftig. In Dänemark liegt die Fördersumme bei 6.049 Euro, was den e-Up noch 10.595 Euro teurer macht als den Benziner. In Schweden beträgt die Differenz bei 4.921 Euro Subvention 10.643

45 Euro. In Deutschland sind es 15.765 Euro Unterschied – Schlusslicht.

Norwegen ist inzwischen zum Eldorado der Elektromobilität geworden. Wegen der massiven Förderung ist der Mehrpreis niedrig genug, um sich vergleichsweise 50 schnell über die niedrigen Kilometerkosten zu amortisieren [= auszugleichen]: In Norwegen ist der Strompreis ähnlich hoch wie in Deutschland, das Benzin aber deutlich teurer. Mehr als drei Prozent der Neuwagen 55 fahren mit Strom. [...]

Zurück zur Mehrwertsteuer. Genau hier zeigt sich, wie geizig der deutsche Staat ist. Er befreit das Elektroauto zehn Jahre lang von der Kfz-Steuer. Das bedeutet im Fall 60 des VW e-Up eine Ersparnis von 200 Euro. Aus Sicht des Bundesfinanzministers ist der e-Up trotzdem ein Geschäft: Über die Mehrwertsteuer verdient er beim Verkauf eines e-Up zusätzlich 2.450 Euro im Ver- 65 gleich zu einem Benzin-Up. Nach Abzug der 200 Euro Förderung bleiben dem Staat also immer noch 2.250 Euro Gewinn. Deutschland bestraft also faktisch das Elektroauto. [...]   70

Natürlich kann man Deutschland nicht mit Norwegen gleichsetzen, einem Land mit nur fünf Millionen Einwohnern, eigenen Rohölvorkommen und 100 Prozent Ökostrom. Aber eine zeitlich limitierte, kräftige 75 Kaufprämie sollte neu und gegen alle Widerstände durchdacht werden. Die Skepsis gegenüber dem Elektroauto und dessen Förderung ist [...] übertrieben.

Christoph M. Schwarzer, Deutschland bestraft das Elektroauto, www.zeit.de, 31.10.2013

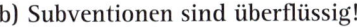

b) Subventionen sind überflüssig!

Dass Elektroautos ohne staatliche Förderung nicht wettbewerbsfähig werden, lässt sich schlüssig kaum begründen. Denn auch
5 bei der Elektromobilität gelten die Gesetze, die den Siegeszug des Kapitalismus begründeten: Kostenreduzierung durch Wettbewerb, technischen Fortschritt und Massenproduktion.

10 Elektroautos könnten schön billig sein, weil der Elektromotor weniger kostet als ein Verbrennungsmotor und viele teure Teile wie Getriebe oder Abgasreinigung entfallen – wäre da nicht die Batterie. Doch
15 es tut sich was bei dem teuren Herzen des Elektroautos: Eine durchschnittliche Batterie hat eine Stärke von 25 Kilowattstunden. 2008 sei man noch von einem Preis von 1000 Euro pro Kilowattstunde ausge-
20 gangen, sagt Rudolf Krebs, Elektroauto-Chef des Volkswagen-Konzerns. Ein Jahr später habe sich der Preis auf 500 Euro halbiert. „Ich halte 200 Euro für realistisch", sagt Krebs. Und selbst diesen Wert
25 könnten die Hersteller auf lange Sicht „noch weit unterbieten". Damit kostet eine Durchschnittsbatterie mit 25 Kilowattstunden 5.000 Euro – eine Batterie mit hoher Reichweite mehr, eine für Hybridautos mit
30 kleiner Reichweite weniger.

Das ist noch immer viel, könnte aber durch einfachere Antriebskomponenten mit entsprechend geringeren Investitionen in Produktionsanlagen teilweise eingespart wer-
35 den, sagt Gregor Matthies, Autoexperte bei der Unternehmensberatung Bain. So lägen die Kosten für den Aufbau einer hoch automatisierten Dieselmotoren-Fertigungsstraße heute bei rund 200 Millionen Euro – die Investitionskosten einer Fertigungsanlage 40 für gleich starke Elektromotoren betragen dagegen lediglich fünf Millionen Euro.

Martin Seiwert, Max Haerder, Florian Zerfaß, Deutschlands Autobauer brauchen keine Elektro-Subventionen, www.wiwo.de, 23.5.2011

Subventionen

Subventionen werden von Bund, EU, Ländern und Gemeinden gewährt, um die sektorale und regionale Wirtschaftsstruktur zu beeinflussen (Strukturpolitik). Folgende Ziele werden zur Begründung angegeben:

- Erhaltung bestimmter Sektoren, die aus sozialen und politischen Gründen erwünscht sind („bäuerliche Landwirtschaft");
- Versorgungssicherheit (Kohle);
- Entlastung von Unternehmen vom übermäßigen Anpassungsdruck: Bei schnellem Wandel der Wettbewerbsbedingungen, etwa durch Auftreten neuer Wettbewerber auf dem Weltmarkt, könnten die Unternehmen notwendige Umstellungen allein nicht immer bewältigen. Anpassungssubventionen seien dann notwendig, um Restrukturierung ohne Verlust zahlreicher Arbeitsplätze zu ermöglichen (Schiffbau);
- Ausgleich von Wettbewerbsnachteilen, die einer Branche durch Subventionen in anderen Staaten entstehen […];
- Risiken bei der Forschung und Entwicklung: Technologisch schwierige, aufwendige Innovationen könnten die Finanzkraft eines einzelnen Unternehmens überfordern […];
- Ausgleich unterschiedlicher Wirtschaftskraft einzelner Regionen im Rahmen der regionalen Strukturpolitik;
- Ökologische Ziele, vor allem bei der Förderung von Bahn und öffentlichem Nahverkehr.

Daniel Buhr, in: Woyke / Andersen, Handwörterbuch des politischen Systems der BRD, Heidelberg, 7. aktualisierte Auflage 2013.

ℍ **zu Aufgabe 2**
Nutzen Sie zur Ordnung der Argumente Urteilskriterien (vgl. Kompetenzen ausbilden Kap .6.1.4, S. 186 – 189)

ℍ **zu Aufgabe 4**
Adressaten Ihrer Anreize könnten sein: entwickelnde Autofirmen bzw. deren Zulieferer, Unternehmen mit Dienstwagenflotten, private Autokäufer.

🅕 Entwickeln Sie Kriterien, nach denen politisch entschieden werden sollte, einzelne Unternehmen oder ganze Branchen direkt finanziell zu subventionieren oder nicht.

Aufgaben

1️⃣ Analysieren Sie die Statistik zum Bestand von Elektroautos in Deutschland vor dem Hintergrund der serienmäßig von deutschen Firmen gefertigten Modelle. (M 12, M 13)

2️⃣ Arbeiten Sie die Argumente der Befürworter und der Gegner der Subventionierung von Elektroauto-Käufen heraus und stellen Sie sie einander gegenüber. (M 14)

3️⃣ Eine Kaufprämie für Elektroautos sollte auch in Deutschland eingeführt werden? Nehmen Sie Stellung zu dieser Forderung.

4️⃣ Entwickeln Sie – ähnlich wie ein Referent im Bundeswirtschaftsministerium – Grundzüge einer Strategie zur Förderung von Elektromobilität in Deutschland (ohne finanzielle Kaufanreize).

Sachverhalte, Thesen und Problemstellungen kategorien- und kriteriengeleitet beurteilen (Urteilskompetenz II)

A) Aufgabenstellung

Thema	Nationale Verkehrs- als Umweltpolitik
Aufgabe	Eine staatliche Kaufprämie für Elektroautos sollte auch in Deutschland eingeführt werden! Erörtern Sie diese Forderung kriteriengeleitet.
Operator	erörtern (AFB III): eine These oder Problemstellung unter Abwägen von Pro- und Kontra-Argumenten hinterfragen und zu einem eigenen Urteil gelangen

B) Hinweise zum Verständnis der Aufgabe

Wesentlich für die erfolgreiche Bearbeitung einer Aufgabe ist das Verständnis der Aufgabenstellung. Daher sollten Sie sich zunächst verdeutlichen, was genau die Aufgabenstellung verlangt.

	Eine staatliche Kaufprämie für Elektroautos sollte auch in Deutschland eingeführt werden! Erörtern Sie diese Forderung kriteriengeleitet.	
Leitfragen	a. Welche Schlüsselbegriffe enthält die Aufgabe?	→ Erörtert werden soll eine staatliche Subvention an Käufer einer ganz bestimmten Produktgruppe („These/Problemstellung" → vgl. Operator). → Nicht erörtert werden soll z. B. eine staatliche Subvention direkt an Unternehmen oder für Käufer von Autos mit verbrauchsarmen Verbrennungsmotoren.
	b. Gibt die Aufgabe Erarbeitungsschwerpunkte vor?	→ Erarbeitungsschwerpunkte sind in diesem Fall nicht vorgegeben.
	c. Enthält die Aufgabe Hinweise zum möglichen Aufbau der Bearbeitung?	→ Verlangt wird eine Argumentation für die eigene Position, die zwingend das Abwägen (also das Darstellen und Entkräften) von Gegenargumenten enthält. → Möglich ist das Anführen von Wertargumenten (s. u.). Sachargumente müssen aber zwingend abgewogen werden. → Argumente müssen durch Belege bzw. logische Schlussfolgerungen gestützt werden. → Der Zusatz „kriteriengeleitet" verweist auf eine Ordnung/Gruppierung von Argumenten (s. u.). Auch wenn dies nicht explizit gefordert wird, steigt die Qualität der Bearbeitung mit sinnvoller Kriterienorientierung. → Verlangt ist eine eindeutige Positionierung.
	d. Was genau verlangt der Operator?	

KOMPETENZEN AUSBILDEN

C) Argumente entwickeln, eine Argumentation strukturieren und formulieren
Zum Nutzen von Kategorien und Kriterien

Neben der Unterscheidung von Sach- und Werturteil sollten Sie auch Kategorien bzw. Kriterien als Hilfsmittel zu Urteilsbildung nutzen. Unter Kategorien versteht man Oberbegriffe. Neben der Werte-Ebene (s. Urteilsbildung 1) sind die beiden zentralen Kategorien der politischen Urteilsbildung die der **Legitimität** (also die *Anerkennungswürdigkeit* einer politischen Position oder Entscheidung) und die der **Effizienz** (also die *Wirtschaftlichkeit im weiteren Sinne* einer politischen Entscheidung oder eines politischen Vorschlags). Kategorien bzw. die unter ihnen versammelten politischen Urteilskriterien können zu zweierlei dienen: Erstens haben sie die Funktion, bisher <u>unbedachte Argumente aufzuspüren</u>. Zweitens können damit <u>Pro- und Kontra-Argumente besser aufeinander bezogen werden</u> (z. B. in einer Pro-Kontra-Debatte oder einer schriftlichen Erörterung); sie helfen also bei der Strukturierung von Gesprächen und Texten.

Vom Sachurteil zum Werturteil →		
Effizienz	**Legitimität**	**Grundwerte**
• Politische Durchsetzbarkeit (Handlungsmöglichkeiten/-beschränkungen politischer Entscheider) • Effektivität, Wirksamkeit • Kosten (Minimalprinzip) • Nutzen (Maximalprinzip) • Schnelligkeit • Genauigkeit • (un)erwünschte Nebenfolgen	• Legalität • Grund- und Menschenrechte, Verfassungsmäßigkeit • Gemeinwohlorientierung • Responsivität (politische Umsetzung der Wählerwünsche) • Repräsentativität • Partizipation (Mitbestimmung) • Transparenz (Nachvollziehbarkeit) • Kontrollierbarkeit • Autonomie (Selbstbestimmung) • Verhältnismäßigkeit der Mittel • Subsidiarität	• Freiheit • Gerechtigkeit (Leistungs-, Egalitäts-, Bedarfsprinzip) • Sicherheit • Solidarität • ökologische Nachhaltigkeit

Beim Umgang mit Wert-Argumenten ist besonders zu beachten, dass **Werte (sogar gleichzeitig) in Bedingungs- und Spannungsverhältnissen zueinander** stehen können. So ist ein Mindestmaß an Sicherheit notwendig (Rechtssystem, staatliches Gewaltmonopol), um Handlungsfreiheit verwirklichen zu können (Bedingungsverhältnis). Aber es besteht tendenziell die Gefahr (insb. bei innenpolitischen Maßnahmen, die der Kriminalitätsprävention dienen sollen), dass die Freiheit der Bürger durch die staatlichen Behörden aus (angeblichen) Sicherheitserwägungen heraus über das notwendige Maß hinaus eingeschränkt wird (Spannungsverhältnis). Genauso kann die (absolute) Freiheit wirtschaftlicher Betätigung aufgrund umweltschädlicher Folgen des Wirtschaftens die ökologische Nachhaltigkeit gefährden.

KOMPETENZEN AUSBILDEN

Herausarbeiten bzw. Entwickeln von Argumenten (mithilfe von Urteilskriterien)

PRO (Kategorie: Kriterium)	KONTRA (Kategorie: Kriterium)
• Senkung der Lärm- und Abgasemissionen (Effizienz: erwünschte Nebenfolgen) • Positive ökologische Effekte bei Verwendung von Ökostrom zum Antrieb (Grundwert: ökologische Nachhaltigkeit) • Ggf. Steigerung der gesamtwirtschaftlichen Leistung/ des BIP, Arbeitsplatzerhalt in zentralem Industriezweig (Effizienz: erwünschte Nebenfolgen; Grundwert: (Beschäftigungs-)Sicherheit) • Senkung von Anschaffungskosten für Neuwagen (Effizienz: Minimalprinzip)	• Innovation hemmendes „Abhängig-Machen" eines Industriezweigs von staatlichen Fördergeldern (Effizienz: unerwünschte Nebenfolgen; Grundwert: faktische Einschränkung der Marktfreiheit) • Ggf. „Nullsummenspiel", da Konsumverzicht der Autokäufer in anderen Bereichen bzw. nur vorgezogene Kaufentscheidungen (Effizienz: Wirksamkeit) • Ggf. volkswirtschaftliche Nachteile beim Kauf ausländischer Fabrikate (Effizienz: unerwünschte Nebenfolgen) • sehr hohe Kosten, die ggf. an anderer Stelle im Staatshaushalt fehlen (Effizienz: Minimalprinzip; Legitimität: Verhältnismäßigkeit) • Förderung von ÖPNV ... ggf. zielführender (Effizienz: Wirksamkeit, Maximalprinzip)

Gewichtung bzw. Identifikation von Hauptargumenten

Nach der Auswahl der notwendigen Kriterien und der Formulierung der entsprechenden Argumente ist es für die abschließende Urteilsbildung hilfreich, diese zu gewichten. Sie sollten auch immer die (je nach Urteilsfrage variierenden) **Gesichtspunkte darlegen**, nach denen Sie Ihr **Hauptargument** ausgewählt haben. Da es sich im Fall von Kaufsubventionierung um eine staatliche Maßnahme mit der Zielsetzung des Umwelt- bzw. Klimaschutzschutzes handelt, sollten Argumente hoch gewichtet werden, die diesen Schwerpunkt betreffen. Fragen von Partikularinteressen (Kauferleichterung, Neuwagenabsatz) oder Förderung der Gesamtwirtschaft treten demgegenüber eher in den Hintergrund. Insofern stünden hier hauptsächlich die erwarteten positiven ökologischen Effekte der Frage gegenüber, ob die Kaufprämie im Sinne des Klimaschutzes im Verkehr die wirksamste Maßnahme wäre.

Gliederungsaspekt der Aufgabenbearbeitung	inhaltliche Anforderungen (inkl. Beispielen)
Einleitung	→ Nennung (und ggf. Einordnung) des Themas („These/Problemstellung") und der folgenden Operation („Bewertung") *„Die Bundesregierung hat sich zum Ziel gesetzt, dass bis 2020 eine Million Elektroautos im Besitz von Deutschen sein sollen. Im Folgenden werde ich die immer wieder zu vernehmende Forderung erörtern, zum Erreichen dieses Ziels eine staatliche Kaufprämie für Elektroautos in Deutschland einzuführen."* → Bereits hier kann die eigene Position genannt/angedeutet werden. → Überleitung zum Argumentationsteil: *„Potenzielle Käufer von E-Autos befürworten sicher eine solche Prämie, da diese ..."*
Argumentationsteil	→ Der Aufbau folgt den bekannten Anforderungen an einen Erörterungsaufsatz entweder im Sanduhrmodell (Pro- und Kontra-Argumente jeweils in zusammenhängenden Blöcken) oder als dialektische Erörterung (jeweils aufeinander bezogene Pro- und Kontra-Argumente abwechselnd). In einer dialektischen Erörterung können die Argumente entweder nach Perspektiven oder nach Urteilskriterien geordnet werden. → Der Argumentationsteil sollte mit dem überzeugendsten Argument enden. → Zudem sollten die Argumente sprachlich miteinander verbunden werden. Dabei sollte das Hauptargument sprachlich hervorgehoben werden.

	Überleitung zwischen zwei Pro- bzw. zwei Kontra-Argumenten	*Dazu kommt noch … / Von noch größerer Bedeutung ist … / Noch wichtiger scheint … / Ergänzend kann gesagt werden … / Hinzuzufügen ist … / In die gleiche Richtung geht der Gesichtspunkt, dass … / Ähnlich Argumentieren lässt sich aus der Perspektive von …, indem …*
	Überleitung von einem Pro- zu einem Kontra-Argument bzw. umgekehrt	*Demgegenüber argumentieren/behaupten/führen aus/ziehen in Zweifel die Gegner/Befürworter einer solchen Maßnahme … / Einwenden lässt sich gegen dieses Argument … / Entkräftet/ relativiert wird diese Begründung durch … /*
	Sprachliche Markierung des Hauptarguments für die eigene Position	*„Meines Erachtens/meiner Ansicht nach ist, trotz der zu erwartenden positiven Effekte für die Umwelt, das Argument von zentraler/ überragender Bedeutung, dass eine Förderung des öffentlichen Personenverkehrs in Kombination mit weniger kostenintensiven Kaufanreizen für E-Autos das wirksamere Maßnahmenbündel wäre, denn eine reine E-Auto-Kaufförderung erscheint als zu einseitige und zu wenig umfassende Strategie."*
		→ Die <u>Kategorien/Kriterien</u>, in die sich die Argumente einordnen lassen, sollten <u>sprachlich kenntlich gemacht</u> werden. → Die Argumentation sollte durchgehend sachlich formuliert sein und keine Befindlichkeitsäußerungen enthalten („Ich finde/fühle/glaube …", „leider/zum Glück …")
Fazit		→ Hier findet sich Ihre klare Positionierung, die sich eindeutig aus dem vorher Gesagten ergibt. *„Daher komme ich zu dem Schluss/gelange ich zu der Überzeugung, dass eine staatliche Kaufprämie für Elektroautos …"* → Es kann auch eine eigene Idee entwickelt werden, die sich aus der geforderten Position zur „These/Problemstellung" ergibt.

D) Die kriteriengeleitete Erörterung überarbeiten

Überprüfen Sie Ihre eigene Darstellung hinsichtlich folgender Kriterien:

Kriterien	+	0	–
Ich erörtere durchgängig den Sachverhalt/die Aussage, der/die in der Aufgabe angegeben ist – keinen anderen.			
Meine Erörterung enthält einen Einleitungsteil, aus dem die These/ Problemstellung exakt deutlich wird.			
Im Argumentationsteil strukturiere ich Pro- und Kontra-Argumente sinnvoll (inkl. Nennung von strukturierenden Urteilskriterien, Verdeutlichung des Hauptarguments).			
Alle angeführten Argumente habe ich belegt bzw. durch logische Schluss- folgerungen plausibel gemacht.			
Ich habe keine „Argumente" allein aus Einzelbeispielen abgeleitet oder Autoritätsargumente genutzt.			
Die Argumente habe ich sprachlich sinnvoll und abwechslungsreich miteinander verbunden. Dabei habe ich das Hauptargument sprachlich hervorgehoben.			
Im Fazit nenne ich meine Position zur These/Problemstellung deutlich. Diese Position ergibt sich erkennbar aus meiner Argumentation			

KOMPETENZEN AUSBILDEN

6.1.5 Umweltfreundlichen Verkehr in der Gemeinde fördern?

M 15 ● Hessisches Pilotprojekt „emissionsfreier Lieferverkehr"

[Ein] Pilotprojekt [der „Umweltallianz Hessen"], zeigt in beispielhafter Weise auf, wie Klimaschutz aktiv umgesetzt wurde: In 2007 wurde das Projekt „Kommunen und
5 Unternehmen testen emissionsfreien Lieferverkehr" offiziell gestartet. In diesem Feldversuch wurden zwei Nullemissions-Kleintransporter (Citroen Berlingo) für eine Dauer von je 20 Monaten zur Verfügung
10 gestellt. Bewerber konnten diese Fahrzeuge jeweils eine Woche kostenlos testen. Die Reichweite beträgt 50 bis 80 Kilometer pro Batterieladung in Abhängigkeit von Fahrweise und Außentemperatur. Der Energie-
15 verbrauch entspricht circa einem Äquivalent von zwei Litern Kraftstoff pro 100 km und Null Gramm CO_2.
Beide Fahrzeuge wurden in insgesamt 40 Städten und Gemeinden aus ganz Hessen
20 [zunächst von kommunalen Mitarbeitern und dann von Gewerbetreibenden aus der Gemeinde] eingesetzt, in der Regel [in einer] vierwöchigen Nutzungsdauer. [...] Jeweils zum Monatswechsel fand ein Treffen
25 statt mit allen Nutzern des abgeschlossenen Versuchszeitraumes. Gemeinsam wurden die Erfahrungen beschrieben sowie Anregungen, Wünsche und Kritik gesammelt. [...]
30 Das elektrische Fahren hat alle begeistert! Es war für die Nutzer ein neues und angenehmes Gefühl fast lautlos, ohne Emissionen und ohne Kuppeln und Ruckeln übers Land, von Ort zu Ort oder auch durch die

Die Stadt Butzbach testet emissionsfreies Elektroauto.

Stadt zu fahren. Alle Einsatzbereiche 35 konnten von den Vorteilen des Elektroautos profitieren.
Natürlich gab es auch Kritik, Unsicherheiten und Missfallen. Zum Glück konnten aber die meisten Fälle durch eine telefoni- 40 sche Klärung der besonderen Nutzungsbedingungen (Ladekabel entnehmen und Ladeklappe schließen vor dem Losfahren, Zündschlüssel bis zum Anschlag umdrehen oder erst den Leerlauf einlegen und dann 45 starten) gelöst werden. [...]
Die Mehrheit der Nutzer waren von der technischen Lösung Elektroauto überzeugt und konnte sich vorstellen, ein Elektroauto zu kaufen. Dabei würden die Meisten einen 50 Kaufpreis in Höhe des Kaufpreises eines konventionellen Autos akzeptieren. Viele wären aber auch bereit ein Elektroauto zu einem höheren Kaufpreis zu erwerben.

Janet Weinig, www.umweltallianz.de, 11.9.2014

M 16 ● Die Umweltallianz Hessen

Die Umweltallianz Hessen ist und bleibt ein Leuchtturmprojekt der Landesregierung.
Es ist ein erfolgreiches Instrument, eine exklusive Kooperation zwischen der Landes-
5 desregierung, der hessischen Wirtschaft und den Kommunen. [...]

Das Ziel, den hohen Umweltstandard in Hessen zu sichern und gleichzeitig die Rahmenbedingungen für eine umweltverträgliche Wirtschaftsentwicklung in Hes- 10 sen zu verbessern, ist aktueller denn je. [...]
Im Mai 2000 wurde die – zunächst auf fünf

Elektromobilitäts-gesetz

Ein im Jahr 2015 verabschiedetes, bis 2030 befristetes Gesetz, das den Kommunen das Recht einräumt, zur Förderung von E-Autos deren Fahrern das Befahren von Busspuren und kostenfreies Parken zu ermöglichen. Viele Gemeinden lehnen das wegen der Auslastung der Spuren, fehlender Nahverkehrsförderung und zurückgehender Einnahmen ab.

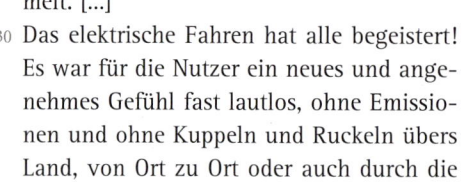

Jahre begrenzte – freiwillige Vereinbarung zwischen der hessischen Landesregierung
15 und der hessischen Wirtschaft geschlossen. [...] Die Teilnehmerzahl im Jahr 2000 betrug 124. Die aktuelle Mitgliederzahl beträgt: 1.100 davon 21 Kommunen
20 [Stand 2010].

Unsere Arbeit hat überzeugt, sodass im Jahr 2005 neue Bündnispartner beitraten: die 3 hessischen
25 kommunalen Spitzenverbände wurden neue Vertragspartner der Kooperation (Hessischer Städtetag, Hessischer Landkreistag, Hessischer Städte- und Gemeindebund). Durch die Einbin
30 dung der Städte, Gemeinden und Landkreise entstehen neue Handlungsspielräume. [...]

• Das Spektrum der Mitglieder reicht von großen internationalen Unternehmen
35 über mittelständische Firmen bis hin zu kleineren Handwerksbetrieben.

• Als Branchen vertreten sind beispielsweise Unternehmen der Chemie- und Automobilindustrie, Betriebe der Metallindustrie, aber auch 40 Schreinereien, Schornsteinfeger und Weinbaubetriebe.

• Gemeinsam mit der Wirtschaft wurden 45 Projekte zum betrieblichen Umweltschutz entwickelt. [...]

• Es wurden feste Arbeits- und Kommunikationsstrukturen geschaf 50 fen. Der Koordinierungskreis steuert und evaluiert [= bewertet im Nachhinein] die freiwillige Vereinbarung. Mitglieder des Koordinierungskreises sind hochrangige Vertreter der Hessischen Landesregierung, 55 der hessischen Wirtschaft und der Kommunalen Spitzenverbände.

Janet Weinigwww.umweltallianz.de, 11.9.2014

M 17 ● Kommunen sollten E-Elite unterstützen!

Als Hauptargument für staatliche Zuschüsse gilt in der Autoindustrie das Ausland, das den Erwerb von Elektroautos mit Prämien [...] fördert. Aus diesem Grund fordert
5 die Nationale Plattform [für Elektromobilität] günstige Kredite, Steuererleichterungen und Privilegien für Dienstwagennutzer. [...] Doch solche Forderungen verkennen die Wünsche der Kundschaft. Marktuntersu
10 chungen haben ergeben: Wer in Deutschland erwägt, in den nächsten Jahren ein Elektroauto zu kaufen, zählt zu einer speziellen Spezies: hohes Einkommen, orientiert an Statussymbolen, gern vorne mit
15 dabei. Ihre Nachfrage dürfte [...] ausreichen, um den Markt für Elektroautos in Deutschland zu entwickeln. Finanzielle Anreize geben bei solchen Leuten jedenfalls nicht den Ausschlag für die Kaufentscheidung. [...]
20 Um statusbewusste Premiumkunden zum Kauf eines E-Autos zu bewegen, würde es demnach reichen, die Nutzung von Busspuren zu gestatten [...]. Auch besondere Parkplätze oder grüne Nummernschilder 25 könnten helfen, eine E-Elite zu entwickeln.

Martin Seiwert, Max Haerder, Florian Zerfaß, Deutschlands Autobauer brauchen keine Elektro-Subventionen, www.wiwo.de, 23.5.2011

Aufgaben

❶ Skizzieren Sie die kommunalen Umweltschutzbemühungen um die Umweltallianz Hessen. (M 15, M 16)

❷ Beurteilen Sie vor dem Hintergrund Ihrer Kenntnisse die Vorschläge von Seiwert/ Haerder/Zerfaß zur flächendeckenden Einführung von Elektroautos. (M 17)

F zu Aufgabe 1
Erläutern Sie, ob bzw. inwieweit es sich beim Projekt „emissionsfreier Lieferverkehr" (M 15) und bei den in M 17 vorgeschlagenen Maßnahmen um Anreize im Sinne des ökonomischen Verhaltensmodells handelt (Kap. 6.2.1).

M Ordnen Sie die Vorschläge auf einer horizontalen Strecke zwischen den Polen „unwirksam" (links) und „sehr wirksam" (rechts) an.

PKW-Verkehr als Problem für die Umwelt und die Ressourcensicherheit
M 1, M 3– M 6

Angesichts des bereits spürbaren Klimawandels und dessen Folgen (vgl. Kap. 5.1) sowie der Endlichkeit fossiler Brennstoffe – hier im Speziellen das für PKW-Kraftstoffe benötigte Erdöl – stellt sich die dringliche Frage, wie nationale Politik den Gesamtverkehr in Richtung ökologischer Nachhaltigkeit und Ressourcenschonung beeinflussen kann. Die schwerwiegenden ökologischen Folgen des Straßenverkehrs kann man als **negative externe Effekte** (= externe Kosten) bezeichnen, da Umwelt- und Gesundheitsschäden nicht oder zumindest keinesfalls vollständig im Preis für die Anschaffung oder den Betrieb eines PKWs eingeschlossen sind und damit faktisch zu Lasten der Allgemeinheit gehen.

Die nationale Mobilitätsstrategie der Bundesregierung
M 9, M 11

Auch angesichts der Bindung gerade der Deutschen an Automobile und der wirtschaftlichen Bedeutung der Automobilindustrie für den Wirtschaftsstandort Deutschland will die Bundesregierung nicht etwa den individuellen PKW-Verkehr einschränken, sondern setzt auf die **Einführung von Elektroautos**, von denen nach eigenem Bekunden bis zum Jahr 2020 eine Million auf deutschen Straßen fahren sollen.

Kritiker bemängeln an diesem Plan nicht nur seine schleppende Umsetzung, sondern vor allem die ihrer Meinung nach einseitige Förderung des Individual- zu Ungunsten des öffentlichen Personen(nah)verkehrs.

Wirtschaftspolitische Mittel von Bund und Gemeinden zur Einführung von Elektroautos
M 12, M 14, M 17

Die Bundesregierung sieht – anders als viele andere europäische Staaten – davon ab, den Erwerb von Batterie betriebenen Autos mit Kaufprämien zu subventionieren. Das hierzulande gängige Erlassen der KFZ-Steuer für zehn Jahre stellt offensichtlich wegen des deutlich höheren Anschaffungspreises von E-Autos gegenüber einem konventionell motorisierten PKW keinen wirklichen Kaufanreiz für die Breite der Bevölkerung dar. Allerdings könnte eine direkte und großzügige Käufersubventionierung auch unerwünschte Nebenfolgen haben (z. B. fehlende staatliche Mittel an anderer Stelle sowie eine „Gewöhnung" an die Förderung, deren Abschaffung den Markt dann zusammenbrechen lassen könnte).

Marktwirtschaftlich orientierte E-Auto-Befürworter sehen in der potenziell günstigen E-Motor-Serienfertigung und „kleinen", nicht-monetären Anreizen (z. B. Nutzung von Busspuren in Innenstädten) Chancen für die Etablierung von Elektrofahrzeugen.

Energiewende ist mehr als nur Elektroautos

Um das Regierungsziel zu erreichen, bis zum Jahr 2050 die CO_2-Emissionen im besten Fall um 95 Prozent gegenüber 1990 zu verringern, müsste der Verkehr fast komplett CO_2-frei werden. Doch genau das Gegenteil ist der Fall: Bisher hat der Verkehrssektor kaum zur Emissionsreduktion beigetragen.

[...] Das Ziel sei [laut einer Studie von vier großen Umweltschutzverbänden] erreichbar, wenn der Energiebedarf im gesamten deutschen Verkehrssektor erheblich sinkt [...]. Zum einen spielen [dabei] der demographische Wandel und sich ändernde, gesellschaftliche Prioritäten dem Ziel, den Verkehr fast frei von CO_2-Emissionen zu machen, in die Hände. Wegen der schrumpfenden und alternden Bevölkerung werde der Personenverkehr bis zum Jahr 2050 um 15 Prozent abnehmen. Außerdem unterstellen die Autoren, dass sich die Zahl der Pkw in Deutschland bis 2050 auf gut 20 Millionen halbiere. „Flexibilität wird wichtiger als der Besitz eines eigenen Fahrzeugs", heißt es in der Studie.

Vor allem in den Ballungszentren fahre man dann mit Pedelecs, nutze einen gut vernetzten öffentlichen Verkehr und Carsharing-Fahrzeuge mit Elektromotor. Längere Strecken würden vor allem mit Bahn und Fernbussen zurückgelegt. Der Pkw-Anteil am Verkehr insgesamt sinke so von heute 59 Prozent auf 35 Prozent im Jahr 2050. Der Fahrradanteil steige von zehn auf 25 Prozent und der Anteil des öffentlichen Verkehrs verdoppele sich auf 16 Prozent [...].

Ohne die Politik aber wird dieser Strukturwandel nicht funktionieren. „Die Verkehrspolitik muss dringend umsteuern", fordert Werner Reh vom BUND. Die Politik müsse viel mehr darauf zielen, Verkehr zu verlagern. Dafür gibt es verschiedene Ideen. Eine entfernungs- und emissionsabhängige Pkw-Maut [= Straßenbenutzungsgebühr] für alle Straßen solle das Autofahren teuer und damit unattraktiv machen, fordern die Verbände.

Dann aber ist entscheidend, wie die Alternativen aussehen. Der Fern- und Nahverkehr muss nach Ansicht der Umweltschützer besser vertaktet werden: Wer am Bahnhof ankommt, der sollte auch gleich einen passenden Anschlusszug oder -bus besteigen können. [...] In Ballungsräumen müssten S-Bahn und Busnetze sowie gute Radwege ausgebaut werden, an Verkehrsknotenpunkten sollen Fahrradstationen eingerichtet werden. Auch ein flächendeckendes Tempo 30 in Städten unterstütze den Wechsel vom Pkw aufs Rad. [...]

Aber auch die Städteplaner müssen umdenken. Um Verkehrswege zu vermeiden, sollten sie konsequenter das Konzept der kurzen Wege durchsetzen, fordern die Studienautoren. Ziel müsse es sein, Ortschaften und Stadtviertel zu schaffen, in denen die Menschen wieder wohnen, arbeiten, einkaufen und ihre Freizeit verbringen, sagt Daniel Rieger vom Nabu. Im besten Fall ganz ohne Auto.

Matthias Breitinger, Energiewende ist mehr als nur Elektroautos, www.zeit.de, 25.6.2014

Aufgaben

❶ Geben Sie die Eckpunkte des „Konzepts Klimafreundlicher Verkehr in Deutschland" in eigenen Worten wieder.

❷ Erläutern Sie, welche Rolle staatliche Subventionen und ordnungspolitische Maßnahmen (Verbote, Grenzwerte ...) bei der Umsetzung eines solchen Konzeptes spielen könnten.

❸ Nehmen Sie Stellung zur der Forderung einer „entfernungs- und emissionsabhängigen Pkw-Maut".

6.2 Wirtschaftlich rationales Handeln? Modelle und Folgen menschlichen Entscheidungsverhaltens

Basiskonzept	Kategorien	Leitfragen
Akteure und deren Dispositionen	Interessen und Bedürfnisse	· Wie lässt sich Verhalten von Menschen in ökonomischen Entscheidungssituationen (modellhaft) erklären?
	Kosten/Nutzen	· Welchen Nutzen für den Einzelnen und welche gesamtwirtschaftliche Folgen haben ökonomische Entscheidungen von Individuen?

6.2.1 Wie lässt sich der Autokauf ökonomisch erklären?

M 1 ● Kaufanreize gesucht

Karikatur: Nel

M 2 ● Wie sollen Anreize wirken?

Weil die Menschen bei Entscheidungen Kosten und Nutzen vergleichen, wird sich ihr Verhalten oft dadurch verändern, dass sich die Kosten oder die Nutzen verändern. 5 Das bedeutet, dass Menschen auf Anreize reagieren. Wenn z. B. der Preis eines Apfels steigt, werden sich die Leute dafür entscheiden, mehr Birnen und weniger Äpfel zu essen, weil die Kosten eines Apfels höher sind. Gleichzeitig werden die Apfel- 10 plantagen mehr Arbeitskräfte einstellen und mehr Äpfel ernten wollen, weil der Stückgewinn aus dem Verkauf eines Apfels höher ist.

15 Die zentrale Bedeutung der Anreize auf die Festlegung wirtschaftlichen Verhaltens ist für jene wichtig, die unsere Wirtschaftspolitik konzipieren. Politische Maßnahmen verändern oft die Kosten und die Nutzen privater Handlungen. Wenn die Politiker 20 nicht in der Lage sind, die von staatlichen Maßnahmen ausgelösten Verhaltensänderungen richtig abzuschätzen, können sich die Maßnahmen in nicht beabsichtigter Art und Weise auswirken. 25

Nach: N. Gregory Mankiw, Mark P. Taylor, Grundzüge der Volkswirtschaftslehre, übersetzt von: Marco Herrmann, Adolf Wagner, 5. Auflage, Stuttgart, 2012, S. 8

M 3 ● Das „ökonomische Verhaltensmodell" – der homo oeconomicus

Was genau ist unter der „ökonomischen Verhaltenstheorie" zu verstehen? Hier sind sechs wesentliche Elemente zu nennen:

1. Die ökonomische Verhaltenstheorie trifft
5 Aussagen über Entscheidungen und Handlungen von Individuen. Dabei bildet sie nicht „jedes beobachtbare Verhalten von Individuen und nicht [das] beobachtete Verhalten jedes einzelnen Individuums" ab.
10 Vielmehr bietet sie Mustererklärungen an, die für sich in Anspruch nehmen, für große Gesamtheiten das übliche Verhalten vieler Menschen (nicht eines Durchschnitts!) zu erklären. [...]

15 2. Die ökonomische Verhaltenstheorie erklärt Entscheidungen und Handlungen von Menschen aus einem Zusammenspiel von (individuellen) Präferenzen – das sind Wünsche, Ziele, Werte usw. – und überin-
20 dividuellen Rahmenbedingungen [...]. Nicht jedes Ziel kann (sofort) erreicht werden. Restriktionen begrenzen den Handlungsraum von Individuen. Nicht immer reicht das Einkommen, um der Tochter den
25 Wunsch nach einem Pferd zu erfüllen [...].

3. Wie wählen Menschen nun aus vielen möglichen Optionen ihre Handlungen aus? Die ökonomische Verhaltenstheorie unterstellt, dass Menschen dies nicht immer
30 wieder willkürlich, sondern nach einem bestimmten Muster tun: Sie entscheiden sich rational unter den Möglichkeiten, die ihnen ins Blickfeld geraten, i. d. R. systematisch für die für sie vorteilhafteste Al-
35 ternative. Aber Achtung: Dies bedeutet nicht, dass die gewählte Handlungsoption objektiv die beste ist: Schon die Lebensweisheit „Hinterher ist man immer schlauer!" zeigt, dass man sich auch trotz (vermeintlich) guter Argumente falsch 40 entscheiden kann. Es kommt also auf die wahrgenommenen (entdeckten) Möglichkeiten und deren Bewertungen durch die Individuen an. Unter diesen wird dann diejenige verfolgt, die die kostengünstigste 45 Erreichung des Ziels verspricht. Dabei bezieht sich „Kosten" nicht nur auf monetär messbare Größen wie Ausgaben, Verlust usw. [...], vielmehr unterstellt die ökonomische Verhaltenstheorie auch die Einbezie- 50 hung immaterieller Größen wie Prestige, Zeit, Macht, Status usw. in die individuelle Nutzenabwägung.

4. Nun haben in der ökonomischen Verhaltenstheorie die beiden Erklärungsvariablen 55 – Präferenzen und Restriktionen – einen unterschiedlichen Rang: Wenn auch beide Faktoren das Handeln beeinflussen, so erklärt die ökonomische Verhaltenstheorie

Info

Opportunitätskosten

Bei Opportunitätskosten handelt es sich um die Kosten (bzw. besser den entgangenen Nutzen), die jeder (ökonomische) Akteur in Kauf nimmt, wenn er eine (wirtschaftliche) Entscheidung für etwas und damit gegen die denkbaren Alternativen trifft (daher: Alternativkosten). Wenn also das Taschengeld für neue Kleidung, die Aufrüstung des PCs oder Konzertkarten eingesetzt und nicht auf einem Bankkonto gespart wird, sind die Opportunitätskosten einerseits die entgangenen Zinsgewinne (möglicher Opportunitätserlös) und andererseits die Möglichkeit, das gesparte Geld später für etwas anderes ausgeben zu können.

Autorentext

60 das Verhalten der Menschen mit den Anreizen, denen diese ausgesetzt sind, und somit auch Verhaltensveränderungen zunächst nicht mit einer Veränderung der Präferenzen, sondern mit Veränderungen

65 der Restriktionen bzw. der (äußeren) Handlungsanreize. [...]

5. Daher untersucht die ökonomische Verhaltenstheorie eher Situationen als Personen: Deren Ziele werden als mittelfristig

70 konstant angesehen. Was dann das Handeln beeinflusst und Handlungsveränderungen hervorruft, sind die (Veränderungen der) Rahmenbedingungen bzw. Anreize in der jeweiligen Handlungssituation.

75 6. Wenn sich die ökonomische Verhaltenstheorie auf individuelle Entscheidungen und Handlungen bezieht [sog. methodologischer Individualismus], welchen Beitrag

kann sie dann zur Erklärung gesellschaftlicher Phänomene, zum Verhalten von 80 Gruppen, von Kollektiven leisten? Der Ansatz der ökonomischen Verhaltenstheorie führt kollektives Verhalten bzw. dessen Auswirkungen (bspw. Umweltbelastungen) stets auf das Verhalten/die Handlungen 85 von Individuen zurück. Parteien, Gewerkschaften, Verbände usw. entscheiden und handeln nicht wie eine Person, sondern Stellungnahmen und das Verhalten dieser Gruppen ergeben sich aus dem Zusammen- 90 spiel des Verhaltens ihrer einzelnen Mitglieder. Diese wiederum, so unterstellt die ökonomische Verhaltenstheorie, folgen auch innerhalb ihrer Verbände rational ihren jeweils eigenen Interessen. 95

Andreas Zoerner, Unterricht Wirtschaft, Heft 22, 2/2005, S. 27

M 4 ● Ökonomisches Verhalten im Experiment

Wir [Forscher des MIT] stellten vor einem großen öffentlichen Gebäude einen Tisch auf und boten zwei Sorten Schokolade an – Lindt-Trüffel und Hershey's Kisses. Über

5 dem Tisch stand auf einem großen Plakat: „Eine Praline pro Kunde." Wenn die potenziellen Kunden näher traten, konnten sie die beiden Sorten und ihren Preis sehen. [...] Die Schokotrüffel von Lindt gelten als

10 besonders hervorragend [...]. Sie kosten in den USA pro Stück etwa 50 (Dollar-)Cent, wenn man sie lose kauft. Die Hershey's Kisses hingegen [...] sind [...] ziemlich gewöhnlich: Hershey produziert davon täg-

15 lich 80 Millionen Stück. [...]

Als wir den Preis für eine Lindt-Trüffel auf 15 ct festsetzten und den für einen Hershey's Kiss auf 1 ct [...], verglichen unsere Kunden den Preis und die Qualität der

20 Hershey-Praline mit dem Preis und der Qualität der Lindt-Trüffel und trafen dann ihre Wahl: Etwa 73 Prozent wählten eine Trüffel und 27 Prozent einen Kiss.

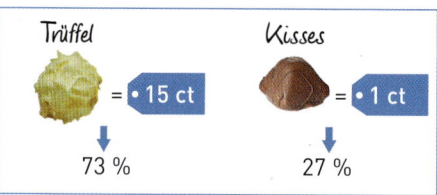

Anschließend [...] boten wir die Lindt-Trüffel für 14 ct und den Kiss gratis an. Würde 25 nun ein anderes Ergebnis herauskommen? [...] An die 69 Prozent unserer Kunden entschieden sich für den Gratis-Kiss, während die Lindt-Trüffel regelrecht abstürzte: Der Anteil der Kunden, die sich für sie ent- 30 schieden, sank von 73 auf 31 Prozent.

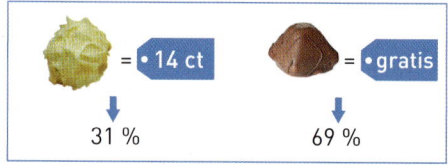

Dan Ariely, Denken hilft zwar, nützt aber nichts, übersetzt von: Gabriele Gockel, Maria Zyback, München 2008, S. 77 f.

M 5 ● Abschied von homo oeconomicus? Die Verhaltensökonomik

Die vielfältigen Forschungsergebnisse der Verhaltensökonomik zeigen immer wieder systematische Abweichungen von dem, was man auf Grund rationaler Entschei-
5 dungsfindung erwarten würde.
Diese Ergebnisse lassen sich in fünf Punkten zusammenfassen. Erstens können Menschen gar nicht perfekt rational entscheiden, weil ihnen in der Praxis die
10 Voraussetzungen dafür fehlen. Sie verfügen weder über alle notwendigen Informationen noch sind ihre Zielsetzungen (Präferenzen) stabil. Bei ihren Entscheidungen orientieren sie sich vielmehr an erprobten
15 und bewährten Heuristiken [vereinfachende Erklärungstechniken], nach denen Verhaltensweisen zustande kommen, die vom Rationalverhalten deutlich abweichen können. Derartige Alltagsheuristiken bestehen
20 darin, dass man sich erstens mit befriedigenden Alternativen anstelle einer optimalen zufrieden gibt (satisficing), man sich an hervorstechenden Merkmalen orientiert (Repräsentativität) oder [...] einfach Verlus-
25 te vermeidet. Menschen streben zweitens nicht immer nur nach Vorteilen, sie zeigen häufig auch ein beachtlich starkes Gefühl der Fairness/Gerechtigkeit. Daraus lassen sich ethisch begründete Abweichungen
30 vom logisch rationalen Handeln ableiten [...], so die Neigung der Menschen, anderen möglichst wenig schaden zu wollen (no

harm). Auch zeigt es sich häufig, dass Menschen einen kurzfristigen, schnell zu erzielenden Nutzen einem langfristigen 35 späteren vorziehen (fixed pie), dass sie sich gerne am Herkömmlichen, am Gewohnten orientieren (status quo), [...]. Darüber hinaus verfügen Menschen drittens nur über ein begrenztes Maß an Selbstkontrolle, so 40 dass sie [...] nur begrenzt längerfristig planen und daher rational entscheiden können. Außerdem unterliegen sie viertens einem hohen Konformitätsdruck, weil sie ihr Verhalten am Verhalten anderer Leute 45 messen und mit diesen „mithalten" wollen. Darin zeigt sich u. a., dass sie fünftens auch andere als rationale Ziele verfolgen und gelegentlich intrinsischen Motivationen, z. B. der sozialen Wertschätzung, den Vor- 50 zug vor rationalen geben.
Diese Beobachtungen und Einwendungen gegen das neoklassische Modell des *homo oeconomicus* dürfen allerdings nicht in dem Sinne missverstanden werden, als ob 55 die Verhaltensökonomik daraus schlussfolgern würde, die Menschen verhielten sich bei ihren ökonomischen Entscheidungen schlichtweg irrational. [...] Menschen handeln in konkreten ökonomischen Situatio- 60 nen nicht irrational, sondern eben beschränkt rational.

Toni Pierenkemper, Geschichte des modernen ökonomischen Denkens, Göttingen, 2012, S. 214 ff.

Aktienkauf

langfristige private Altersvorsorge

täglicher Supermarkteinkauf

Kleidungskauf

Handyvertragsabschluss

Aufgaben

① Analysieren Sie die Karikatur. (M 1)

② Fassen Sie die Grundannahmen der ökonomischen Verhaltenstheorie (homo oeconomicus-Modell) zusammen. (M 2, M 3, Info)

③ Vergleichen Sie Ihre Annahmen über das menschliche Verhalten mit den Erkenntnissen der Verhaltensökonomik. (M 4, M 5)

④ Erläutern Sie mittels der Theorien über menschliches Verhalten in ökonomischen Entscheidungssituationen den bisherigen Absatz von Elektroautos in Deutschland sowie den Vorschlag einer staatlichen Kaufprämie (Kap. 6.1.3).

Ⓗ zu Aufgabe 2
Klären Sie dabei insb. die Fachbegriffe Anreiz, Restriktion, Präferenz und methodologischer Individualismus.

Ⓕ zu Aufgabe 3
Entwickeln Sie möglichst realitätsnahe Annahmen über das ökonomische Verhalten von Menschen in den in der Randspalte angegebenen Situationen.

6.2.2 Sparen, Konsumieren, Investieren –
Was ist gesamtwirtschaftlich wünschenswert?

M 6 ● Eine private ökonomische Entscheidung

Die alleinstehende und kinderlose Anne S. (37) hat gleich nach ihrem Wirtschaftsingenieursstudium begonnen, bei einem großen Automobilhersteller zu arbeiten. In-
5 zwischen ist sie Projektleiterin in der Entwicklungsabteilung an einem Standort des Konzerns und hat regelmäßig Arbeitsgruppen von sechs bis zwölf Mitarbeitern anzuleiten und zu motivieren. In ihrer
10 Freizeit macht Anne gerne aufwändige und sehr teure Fernreisen. Vor zwei Jahren hat sich die stets auffällig elegant gekleidete Ingenieurin einen Bungalow in guter Wohnlage gekauft, den Sie alleine bewohnt. Anne S. denkt nun über wirtschaft- 15 liche Fragen in der näheren und weiter entfernten Zukunft nach:

> Eine weitere wirtschaftliche Option wäre es, das Dach meines Hauses ausbauen zu lassen (u. a. Dämmung und Einbau einer Heizung und eines Badezimmers), um es danach zu vermieten und zusätzliche Einnahmen zu erzielen.

> Um von der Projektleitung in die Abteilungsleitung aufzusteigen, müsste ich einen berufsbegleitenden Master-Studiengang an einer Privatuniversität belegen. Die vier Semester kosten 30.000,- Euro plus Anmelde- und Prüfungsgebühr und müssten von mir alleine getragen werden. Dafür müsste ich auf mindestens drei meiner geliebten Reisen verzichten bzw. mich bei den Reisezielen und -dauern deutlich beschränken. Auch den Kauf der von mir bevorzugten exklusiven Markenkleidung müsste ich für einige Zeit zurückstellen.

> Ich spiele darüber hinaus mit dem Gedanken, jeden nicht unbedingt notwendigen Cent zur Seite zu legen, um mich so bald wie möglich für ein Jahr beurlauben zu lassen und eine luxuriöse Weltreise anzutreten. Der Reiseveranstalter meines Vertrauens hat mir hierzu bereits ein individuelles Angebot ausgearbeitet.

Autorentext

Info

Konsum, Investition, Sparen

Grundsätzlich gibt es für ökonomisch handelnde Individuen drei Einsatzmöglichkeiten für ihre finanziellen Mittel (Produktionsfaktor Kapital, vgl. Kap. 4.2.1): Beim **Konsum** werden Güter (Waren, Dienstleistungen) zum Verbrauch erworben. Das heißt, dass Sie nach einer gewissen Nutzungsdauer verbraucht sind und kein weiterer Wert mit ihnen erzeugt worden ist. Kapital kann aber auch in verschiedener Form für **Investitionen** genutzt werden. Z. B. kann in die Erhöhung der eigenen fachlichen Kompetenzen (Produktionsfak-tor Arbeit) oder in den Kauf oder den Werterhalt von Immobilien investiert werden (Produktionsfaktor Boden). Gemeinsam sind allen Investitionen, dass der Einsatz der Mittel einen höheren Ertrag bzw. eine Wertsteigerung verspricht. Auch **Sparen** wird mit der Absicht vorgenommen, einen finanziellen Ertrag zu erzielen, wenngleich dadurch – anders als bei Investitionen – keine unmittelbare Steigerung des privaten Sachkapitals (Kapitalstocks) erfolgt. Sparen kann man folglich als (zeitweisen) Konsum- und Investitionsverzicht beschreiben, um später eine größere Anschaffung vornehmen zu können („Zwecksparen") oder um vorzusorgen („Vorsorgesparen", z. B. durch private Rentenversicherungen).
Daher ergeben die Konsum- bzw. **Ausgabenquote** (wobei hier nicht zwischen konsumtiven und investiven Ausgaben unterschieden wird) und die **Sparquote** der Bevölkerung zusammen auch immer 100%.

Autorentext

M 7 ● Wie entwickeln sich Sparquote und Vermögen der Deutschen?

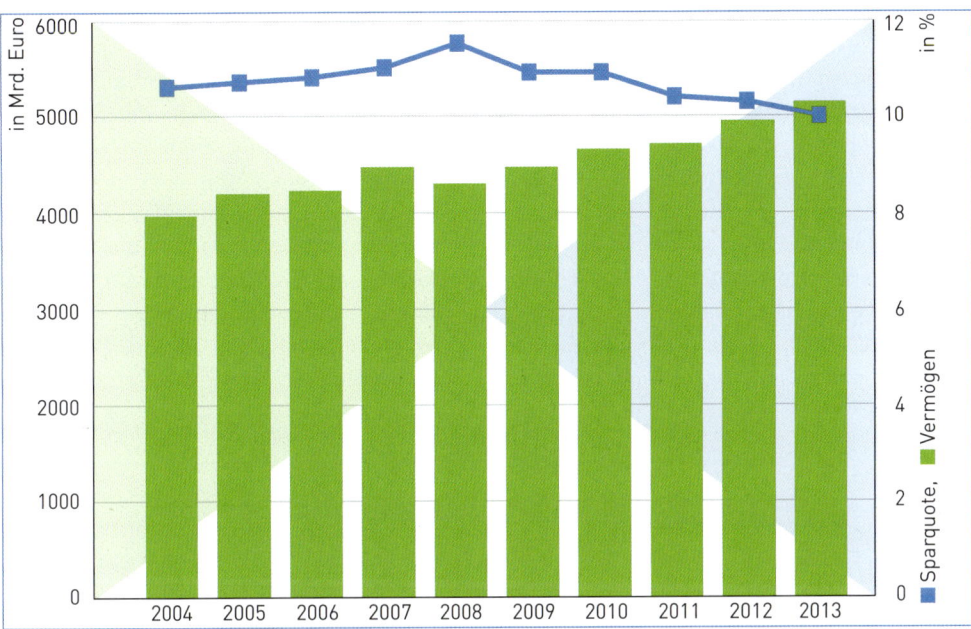

Nach: www.destatis.de, Deutsche Bundesbank

M 8 ● Welche Bedeutung hat die Sparquote gesamtwirtschaftlich?

Die meisten Begriffe des Wirtschaftslebens sind mehr oder weniger eindeutig belegt. Beschäftigung ist gut, Arbeitslosigkeit schlecht. [...] Etwas anders steht es dagegen
5 um die Sparsamkeit. Die kann gut sein, oder auch schlecht. Es kommt ganz auf die Perspektive an. [...]

[V]iele Privatleute [...] legen einen Teil ihres Gehalts zurück, etwa, um sich irgend-
10 wann ein Auto oder Haus zulegen zu können. In welchem Maße die Menschen für die Zukunft leben, drückt sich in der durchschnittlichen „Sparquote" aus. Sie beziffert, welchen Anteil des verfügbaren
15 Einkommens die privaten Haushalte zurücklegen.

In Deutschland liegt die Sparquote etwa bei 0,1. Der Wert schwankt über die Jahre, aber nicht allzu sehr. Das bedeutet, dass die
20 Deutschen ungefähr zehn Prozent ihres regelmäßigen verfügbaren Einkommens sparen, derzeit rund 2.000 Euro pro Jahr. [...]
Ist das jetzt ein Grund, sich selbst auf die Schultern zu klopfen? Das ist schwer zu

sagen. Auf der einen Seite sorgt die deut- 25
sche Sparsamkeit für Stabilität, das zurückgelegte Geld stützt die Wirtschaft in Krisenzeiten. Doch eine hohe Sparquote bedeutet im Umkehrschluss auch eine niedrige Konsumquote. Gerade in unsiche- 30
ren Zeiten neigen Menschen zu erhöhter Sparsamkeit. Und indem sie weniger ausgeben, können sie die Krise selbst mit hervorrufen, die sie fürchten.

Die Sparquote ist nur ein Durchschnitts- 35
wert, sie schwankt tatsächlich erheblich mit der Höhe des Haushaltseinkommens. Geringverdiener oder Hartz-IV-Haushalte sind gezwungen, ihre gesamten Einkünfte immer sofort auszugeben, ihre Sparquote ist 40
zumeist sogar negativ. Haushalte mit einem Nettoeinkommen von 1.500 bis 2.000 Euro haben eine Sparquote von 2,4 Prozent, Haushalte mit über 5.000 Euro netto im Monat sparen 21,8 Prozent und so weiter. 45

Steffen Fründt, Deutschland hat eine hohe Sparquote, www.welt.de, 16.12.2014

M 9 ● Geldentwertung durch Konsum?

In der Regel steigt in Deutschland jährlich das Gesamtniveau der Verbraucherpreise um wenige (Zehntel-)Prozentpunkte an. Andersherum kann man auch von einer
5 moderaten Geldentwertung (Inflation) sprechen, da für die gleiche nominelle Geldsumme weniger Güter als im Vorjahr erworben werden können. Wirtschaftswissenschaftler haben dafür verschiedene Er-
10 klärungsansätze formuliert: Grundsätzlich kann man dabei zwischen monetären (In-

flation vor allem durch eine Ausweitung der Geldmenge durch die Zentralbank) und nichtmonetären Theorien unterscheiden. Die nichtmonetären Erklärungen lassen 15 sich in angebotsseitige (z. B. notwendige Erhöhung der Preise durch Lohnsteigerungen oder verteuerte Importe) und nachfrageseitige (erhöhte Gesamtnachfrage nach Gütern) differenzieren. Das folgende 20 Schaubild zeigt den Grundmechanismus des nachfrageseitigen Ansatzes:

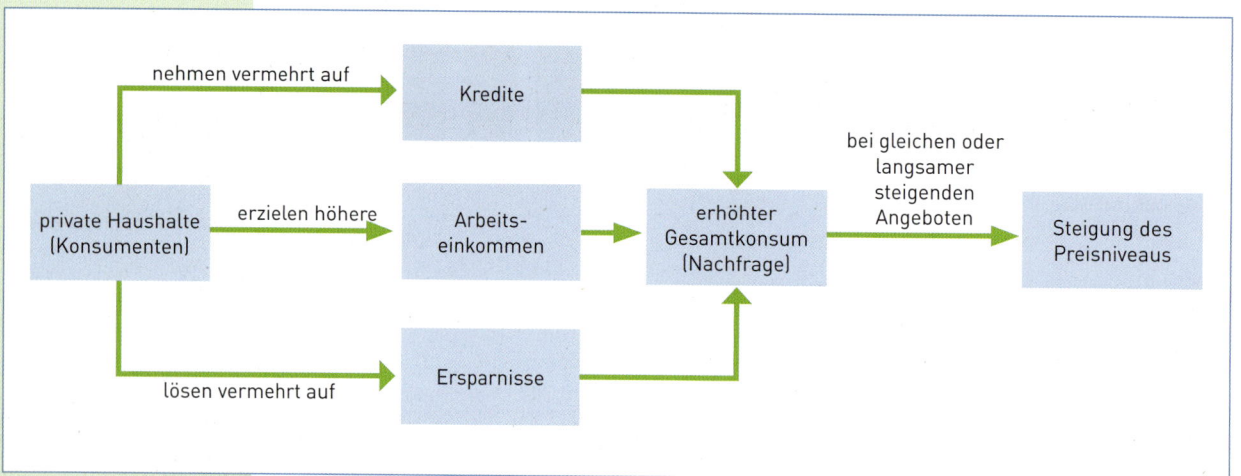

Autorentext und -grafik

M 10 ● Wie nützen Investitionen Betrieben und der Gesamtwirtschaft?

Nettoinvestitionen

Differenz zwischen Bruttoinvestitionen und Wertverlust der vorhandenen Vermögensgegenstände (z. B. Maschinen, Gebäude, Fuhrpark)

[Unter Investitionen versteht man aus volkswirtschaftlicher Sicht den] langfristige[n] Einsatz von Geldmitteln in Sachkapital wie Betriebsgebäuden, Anla-
5 gen, Maschinen oder Werkzeugen zum Zweck der Güterproduktion. Unterschieden wird z. B. zwischen Anlageinvestitionen und Lager- bzw. Vorratsinvestitionen, die in den Unternehmen die Veränderung der
10 Bestände an Roh-, Hilfs- und Betriebsstoffen oder Handelswaren umfassen. [...] Der Bestand an Sachkapital in der Volkswirtschaft, der auch als Kapitalstock bezeichnet wird, erhöht sich innerhalb eines be-
15 stimmten Zeitraums in Höhe der Netto-

investitionen, die in dieser Periode getätigt werden.

In den Unternehmen, in denen sie vorgenommen werden, bewirken Investitionen eine Ausweitung und Verbesserung der 20 Produktionsmöglichkeiten, die als Kapazitätseffekt bezeichnet wird. Investitionen haben aber auch in der Volkswirtschaft positive Auswirkungen, z. B. auf das Volkseinkommen, das sich erhöht, wenn bei stei- 25 genden Investitionen zusätzliche Arbeitsplätze geschaffen werden. In diesem Zusammenhang wird auch vom Einkommenseffekt gesprochen.

Betriebswirtschaftlich beschreiben Investi- 30

tionen die Verwendung finanzieller Mittel zum Erwerb von materiellen Gütern wie Maschinen, Fahrzeugen (Investitionsgüter), Grundstücken, Vorräten und immateriellen

35 Gütern (Patente, Lizenzen); auch Beteiligungen an anderen Unternehmen (Finanzinvestitionen) sind häufig üblich. Es gibt Anfangsinvestitionen bei Gründung oder Kauf des Unternehmens; danach laufende

40 Investitionen; diese können als Ersatz nicht mehr funktionsgerechter Anlagen (Ersatzinvestition) dienen, dem Austausch veralteter, aber noch funktionsfähiger Anlagen, um Kosten zu sparen (Rationalisie-

45 rungsinvestition), und/oder dem Ausbau der Kapazitäten zur Umsatzerweiterung (Erweiterungsinvestition).

Der Verlauf der Konjunktur ist eng mit der Investitionsbereitschaft der Unternehmen

50 verbunden. Konjunkturelle Phasen des Abschwungs sind von verminderten Investitionen begleitet, und Phasen des Aufschwungs und der Hochkonjunktur gehen in der Regel mit einer hohen Investitions-

55 tätigkeit einher. Investitionen führen zu einer Belebung der Konjunktur und bewirken Wirtschaftswachstum. Bei der Durchführung von Investitionen entsteht zunächst zusätzliches Einkommen, das als

60 zusätzliche Nachfrage am Markt wirksam wird (Einkommenseffekt). [...] Die Erhöhung der gesamtwirtschaftlichen Nachfrage wirkt sich auf Beschäftigung und

Konjunktur belebend aus. Die Produktionsmöglichkeiten in der Volkswirtschaft wer- 65 den als Folge der Investitionen [...] vergrößert und verbessert. Investitionen sind somit eine Voraussetzung für gleichmäßiges Wirtschaftswachstum und die Schaffung von Arbeitsplätzen. 70

Duden Wirtschaft von A bis Z: Grundlagenwissen für Schule und Studium, Beruf und Alltag. 5. Aufl. Mannheim, Bundeszentrale für politische Bildung 2013, www.bpb.de, 6.5.2015

Autozulieferer BMG mit neuer Montagehalle

Konjunktur
Zyklisch schwankender Grad der Auslastung des volkswirtschaftlichen Produktionspotenzials (Expansion = Aufschwung; Boom = nahezu Vollauslastung; Rezession = Abschwung; Depression = Auslastungstiefpunkt). Gemessen durch Indikatoren wie z. B. Veränderung des BIP, Auftragslage der Firmen, Preisentwicklung.

Aufgaben

1 a) Benennen Sie Vorzüge und Nachteile der möglichen ökonomischen Entscheidungen für Anna S. (M 6)

b) Arbeiten Sie Chancen und Probleme für die Gesamtwirtschaft heraus, wenn sich eine Vielzahl ökonomisch Handelnder in Entscheidungssituationen ähnlich verhält. Nutzen Sie dabei auch die Begriffe Konsum, Investition und Sparen. (M 6, Info)

2 Analysieren Sie die Entwicklung der Sparquote in Deutschland. (M 7)

3 Erläutern Sie die möglichen betriebs- und gesamtwirtschaftlichen Auswirkungen einer hohen privaten Spar- bzw. Konsumquote sowie hoher Investitionen. (M 8–M 10)

4 Die Sparquote der privaten Haushalte in den USA liegt seit Langem nur bei etwa der Hälfte der in der Bundesrepublik. Erörtern Sie mögliche Vor- und Nachteile einer Sparquote in dieser Höhe.

H zu Aufgabe 3
Erklären Sie u. a., wie niedriger Konsum Wirtschaftskrisen verstärken kann. (M 8)

H zu Aufgabe 4
Berücksichtigen Sie dabei die Frage, wofür private Ausgaben jeweils verwendet werden können.

Der Wirtschaftskreislauf – drei Modelle

Jede Person ist ständig in komplexe wirtschaftliche Austauschprozesse eingebunden. Durch den Kauf eines Smartphones z.B. erhält man gegen die Bezahlung des verlangten Preises von einem **Unternehmen**
5 das Smartphone. Der Konsument – der **private Haushalt** – könnte dazu einen Kredit bei einer **Bank** aufgenommen haben. Der Verkaufspreis des Smartphones beinhaltet die Mehrwertsteuer, die an den **Staat** abgeführt wird, der damit z.B. Infrastrukturmaßnah-
10 men und Schulen finanziert. Das Unternehmen hat das Smartphone höchstwahrscheinlich von einem Hersteller aus dem **Ausland** bezogen. Der Gewinn des Unternehmens wird durch den Staat besteuert. Die Investitionskosten des Unternehmens für Laden-
15 räume etc. hat es sicher zum Teil über Kredite bei Banken finanziert. Banken können Kredite vergeben, da private Haushalte und Unternehmen, aber auch der Staat und das Ausland bei ihnen Geld anlegen (z.B. Sparanlagen).
20 In der Realität laufen solche Prozesse mit einer Vielzahl von Akteuren vielfach miteinander verwoben permanent ab. Will man z.B. vor einer politischen Entscheidung über die Veränderung der Mehrwertsteuer die Auswirkungen dieser Maßnahme ausloten,
25 so muss man diese Prozesse in einem Modell beschreiben. Dabei müssen Prozesse qualitativ und quantitativ erfasst werden. Das Modell des Wirt-

schaftskreislaufs kann hier auf unterschiedlichen Komplexitätsstufen die gegenseitigen Abhängigkeiten der Wirtschaftssubjekte beschreiben. Dem ge- 30 schlossenen Kreislaufmodell liegt die Annahme zugrunde, dass an jedem Akteur (Pol) die Summe der Zuströme gleich der Summe der Abströme ist (z.B. geben die privaten Haushalte ihr gesamtes Einkommen für Konsum oder Sparen aus). Das Statistische 35 Bundesamt verwendet solche Kreislaufmodelle, um die (Geld-)Ströme zwischen den Wirtschaftssubjekten zu messen und so die Wirtschaftsleistung in der Bundesrepublik zu bestimmen.
Jedes der folgenden Kreislaufmodelle vereinfacht die 40 Realität sehr stark, einige (Geld-)Ströme werden grafisch nicht dargestellt, um die Kreislaufmodelle übersichtlich zu halten.

Der einfache Wirtschaftskreislauf (ohne Ausland)

Unternehmen produzieren Konsumgüter und Dienst- 45 leistungen, die von den **privaten Haushalten** gekauft werden. Andererseits stellen die privaten Haushalte den Unternehmen Faktorleistungen (Boden, Kapital, Arbeit) zur Verfügung. Dadurch entstehen Güterströme, denen in gleicher Höhe entgegengesetzte Geld- 50 ströme entsprechen, deshalb wird in der Regel darauf verzichtet, beide Stromarten darzustellen.

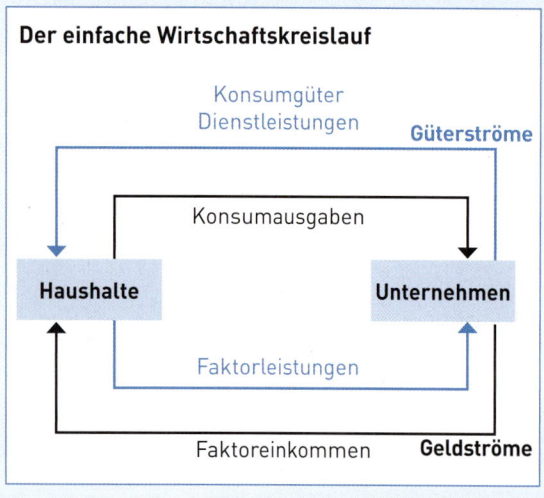

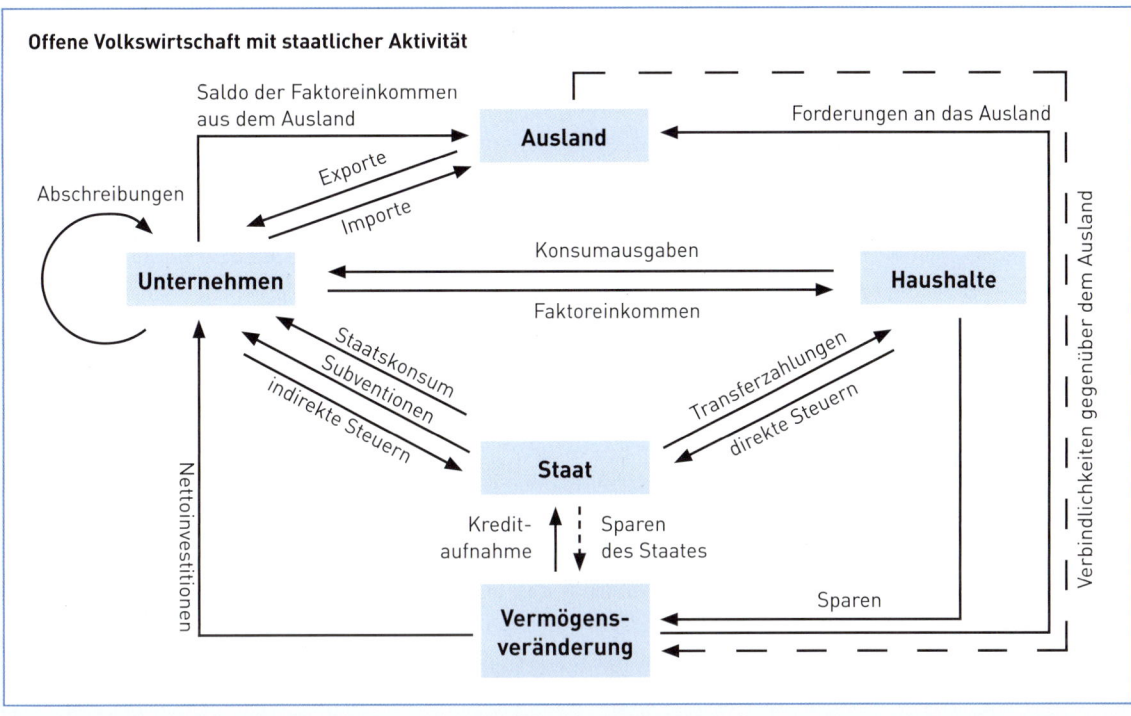

Offene Volkswirtschaft mit staatlicher Aktivität

Der erweiterte Wirtschaftskreislauf

In der Realität geben die Haushalte nicht ihr ganzes Einkommen für Konsum aus, sondern sparen einen Teil. Es werden auch nicht alle Güter verbraucht, sondern zum Teil auch für Investitionszwecke genutzt. Dies wird im erweiterten Wirtschaftskreislauf ebenso berücksichtigt wie der **Staat** als Akteur. Die Ersparnisse der Haushalte, des Staates und der Unternehmen (z.B. Rücklagen) fließen dem Sektor Vermögensveränderung (Bankensystem, Anleihe- und Aktienmarkt, Investmentgesellschaften ...) zu, sie erhalten dafür Zinsen. Vom Sektor der **Vermögensveränderung** werden die Ersparnisse zur Finanzierung von Investitionen an Unternehmen und als Kredite an den Staat weitergegeben. Der staatliche Sektor konsumiert Güter der Unternehmen, stellt öffentliche Güter bereit und leistet Transferzahlungen an Unternehmen und Haushalte (z.B. Subventionen und Sozialleistungen). Dem Staat fließen andererseits Mittel von Unternehmen und Haushalten (z.B. in Form von indirekten und direkten Steuern, Gebühren und Sozialabgaben) zu.

Wirtschaftskreislauf einer offenen Volkswirtschaft

Nimmt man zum erweiterten Wirtschaftskreislauf noch die Transaktionen mit dem **Ausland** in das Kreislaufmodell mit auf, so spricht man vom Wirtschaftskreislauf einer offenen Volkswirtschaft. Haushalte und Unternehmen können z.B. Faktoreinkommen aus dem Ausland beziehen und umgekehrt. Es können Sparleistungen vom Ausland in den Sektor Vermögensveränderung fließen und umgekehrt. Waren und Dienstleistungen können exportiert und importiert werden. Der Kreislauf einer offenen Volkswirtschaft berücksichtigt also auch die Ein- und Ausfuhr von Kapital, Waren und Dienstleistungen.

Autorentext und -grafiken

Aufgaben

① Beschreiben Sie den erweiterten Wirtschaftskreislauf.

② Erläutern Sie gesamtwirtschaftliche Auswirkungen individueller ökonomischer Entscheidungen wie die im Beispiel von Anne S. (Kap. 6.2.2, M 8) mit Hilfe des Wirtschaftskreislauf-Modells.

③ Im Wirtschaftskreislauf-Modell seien nur auf Erwerbsarbeit angewiesene private Haushalte abgebildet, nicht solche, die allein von Kapitalanlagen oder Zinseinkünften leben. Überprüfen Sie diese Kritik.

**Ökonomische
Theorien
menschlichen
Entscheidungs-
verhaltens**
M 2, M 3, M 5

Das **Modell des Homo oeconomicus** ist eine rein theoretische Annahme, die als Ausgangspunkt für die Berechnung bzw. Abschätzung des Verhaltens von Gruppen in ökonomischen Entscheidungssituationen dient. Nach diesem Modell entscheidet sich der ökonomisch handelnde Mensch auf der Basis umfassender Informationen und feststehender Vorlieben rational und maximiert seinen eigenen Nutzen. Durch (wirtschaftspolitische) Restriktionen bzw. Anreize könne also Verhalten gesteuert werden. Viele Sozialwissenschaftler halten dieses lange Zeit vorherrschende Modell für deutlich zu realitätsfern und damit für wirtschaftspolitisch ungeeignet.

Die Schule der sogenannten **Verhaltensökonomik** versucht, (Alltags-)Beobachtungen menschlichen Verhaltens mittels geeigneter Experimente zu überprüfen. Dabei wurden eine Reihe von Verhaltensweisen identifiziert, die sich in drei Kategorien unterteilen und die den Menschen keineswegs nur als rationalen Nutzenmaximierer erscheinen lassen: Erstens arbeiten Menschen in (ökonomischen) Entscheidungssituationen mit Heuristiken. Z. B. orientieren sie sich beim Abschätzen von Mengen an ihrem ersten Richtwert, obwohl das Schätzergebnis objektiv unwahrscheinlich ist. Zweitens kommt es zu kognitiven Verzerrungen. Z. B. neigen Menschen dazu, das Gleiche immer wieder zu tun (etwa beim Kauf eines Produkts), auch wenn dadurch höhere ökonomische Kosten entstehen als bei einer Alternative. Auch der sog. Herdentrieb (sich irrationalen Gruppenentscheidungen anschließen) gehört in diese Kategorie. Drittens sind Fairness und Gerechtigkeitsempfinden kulturell tief verwurzelt, weswegen in ökonomischen Experimenten eigene wirtschaftliche Nachteile in Kauf genommen werden, um andere zu „bestrafen", die sich zuvor unkooperativ zeigten. Nach der Verhaltensökonomik handelt der Mensch ökonomisch also lediglich begrenzt rational.

**Gesamtwirt-
schaftliche
Auswirkungen
individuellen
ökonomischen
Verhaltens**
Info, M 8, M 9,
M 10

Grundsätzlich gibt es die Möglichkeiten, mit seinen (knappen) finanziellen Mitteln in wirtschaftlichen Entscheidungssituationen umzugehen: **Konsumieren** (i. S. von Verbrauchen von Mitteln), **Investieren** (i. S. von Einsetzen von Mitteln zur Erzeugung eines höheren Werts), **Sparen** (zum späteren Einsatz oder zur Vorsorge). Folgende gesamtwirtschaftliche Vorteile bzw. Probleme können sich aus diesen kollektiven Verhaltensweisen ergeben:

	Konsumieren	Investieren	Sparen
Vorteile	höhere Nachfrage → Erhöhung der Produktion → Arbeitsplätze, Steuereinnahmen	Erhöhung der Produktivkraft der Gesellschaft durch Anwachsen der Produktionsfaktoren; siehe Konsumieren	Aggregation von Kapital bei Banken → Kreditvergabe für Investitionen möglich → größerer volkswirtschaftlicher Kapitalstock
Probleme	Kein zwingend nachhaltiges Wachstum; Inflationsgefahr		Verstärkung (krisenhafter) Stagnationstendenzen bei zu großem Konsumverzicht

Was bringt Menschen zum Kühlschranktausch?

Die durchschnittliche Nutzungsdauer von Kühlschränken in deutschen und österreichischen Haushalten liegt bei 14 Jahren, für Kühltruhen sogar bei 17 Jahren. Man
5 ist beinahe mit seinem Kühlschrank verheiratet! In einem solchen Zeitraum werden allerdings deutlich energieeffizientere Geräte entwickelt, deren Kauf sich nach 6 bis 10 Jahren allein durch eingesparte
10 Stromkosten amortisieren würde. Dazu

hätten die Stromeinsparungen einen Umweltschutz-Effekt, da weniger Strom aus Kern- oder Verbrennungskraftwerken benötigt würde. Dennoch hat sich die Nutzungsdauer in den letzten Jahren nicht 15 verringert.

Das österreichische Umweltministerium hat 2009 gemeinsam mit dem Umweltforum Haushalt mit der sogenannten „Trennungsprämie" ein – auch mit Fernsehspots 20 beworbenes – Programm zum energetischen Kühlschranktausch ins Leben gerufen: Der Kauf von stromsparenden Kühlschrankmodellen (Energieeffizienzklasse A++) wurde – je nach Größe des neuen 25 Modells – bei Entsorgung des Altgeräts mit 50 bzw. 100 Euro bezuschusst. Die Entsorgung des alten Kühlschranks musste von den Händlern und kommunalen Sammelstellen kostenlos angeboten werden, die 30 Prämie konnte direkt beim Verkäufer oder über ein Online-Portal beantragt werden. Die Frist für den Erhalt des Zuschusses lief vom 1. September bis zum 31. Dezember 2009. Allerdings endet sie schon früher, 35 wenn die maximal zur Verfügung stehenden 2,5 Millionen Euro zuvor ausgeschöpft wären. Zum Ende der Laufzeit war die Prämie aufgebraucht.

Autorentext

Aufgaben

❶ Beschreiben Sie die wirtschafts- und umweltpolitische „Kühlschrankproblematik" und die österreichische Maßnahme der „Trennungsprämie".

❷ Arbeiten Sie heraus, inwieweit sich das ökonomische Verhaltensmodell („Homo oeconomicus") bzw. dessen Grenzen an diesem Beispiel zeigen.

❸ Beurteilen Sie die „Trennungsprämie". Berücksichtigen Sie dabei das ökonomische Verhaltensmodell und dessen Grenzen sowie den Anreizbegriff.

Erläuterungen zu den Operatoren

Die folgenden Operatoren finden u.a. im Fach Politik und Wirtschaft Verwendung in den Aufgabenvorschlägen zum Landesabitur.

Operator(en)	Definition	Beispiel(e)	AFB
Anforderungsbereich I			
berechnen	anhand vorgegebener Daten durch Rechenoperationen zu einem Ergebnis gelangen und die Rechenschritte dokumentieren	Berechnen Sie den Arbeitnehmer- und Arbeitgeberanteil zur Sozialversicherung.	I–II
beschreiben	Aussagen, Sachverhalte, Strukturen o. Ä. in eigenen Worten strukturiert und fachsprachlich verdeutlichen	Beschreiben Sie die zentralen Merkmale der Epoche des Expressionismus. Beschreiben Sie die in der Rede deutlich werdende Haltung Hitlers gegenüber dem Judentum.	I–II
nennen	zielgerichtet Informationen zusammentragen, ohne diese zu kommentieren	Nennen Sie die zentralen Thesen der Mitleidsethik Arthur Schopenhauers. Nennen Sie die wichtigsten Stationen auf dem Weg zum Potsdamer Abkommen.	I
notieren	Noten und musikalische Zeichen traditionell oder graphisch aufschreiben	Notieren Sie Umkehrung und Krebs der Zwölftonreihe.	I–II
skizzieren	einen Sachverhalt oder Gedankengang in seinen Grundzügen angeben	Skizzieren Sie die Beweggründe des Protagonisten aus dem vorliegenden Romanauszug. Skizzieren Sie den Einfluss der Medien auf die politische Willensbildung.	I–II
wiedergeben	ausgehend von einem Einleitungssatz Informationen aus dem vorliegenden Material unter Verwendung der Fachsprache in eigenen Worten ausdrücken	Geben Sie den Textinhalt des Klavierliedes wieder.	I
zusammen-fassen	ausgehend von einem Einleitungssatz die wesentlichen Aussagen eines Textes in strukturierter und komprimierter Form unter Verwendung der Fachsprache herausstellen	Fassen Sie den vorliegenden Text zur Präimplantationsdiagnostik (PID) in eigenen Worten zusammen.	I–II
Anforderungsbereich II			
analysieren	Merkmale eines Textes, Sachverhaltes oder Zusammenhanges kriterienorientiert bzw. aspektgeleitet erschließen und zusammenhängend verdeutlichen	Analysieren Sie die Liebesbeziehung in Goethes Gedicht auch unter Berücksichtigung sprachlich-formaler Aspekte.	II
anwenden	einen bekannten Sachverhalt oder eine bekannte Methode auf eine neue Problemstellung beziehen	Wenden Sie die Positionen absoluter Strafbegründung auf den vorliegenden Fall an.	II
auswerten	Daten, Einzelergebnisse oder Sachverhalte zu einer abschließenden Gesamtaussage zusammenführen	Werten Sie Material 1 aus, sodass Sie eine Aussage über die aktuellen Probleme des Naturraums treffen können.	II
charakterisie-ren	Vorgänge, Sachverhalte, Personen / Figuren in ihrer jeweiligen Eigenart treffend und anschaulich kennzeichnen und ggf. unter einem bestimmten Gesichtspunkt zusammenführen	Charakterisieren Sie den Protagonisten des vorgegebenen Textauszugs. Charakterisieren Sie die Themen der vorliegenden Komposition. Charakterisieren Sie die Organisation des Staates während der nationalsozialistischen Herrschaft.	II
darstellen	Sachverhalte o. Ä. und deren Bezüge sowie Zusammenhänge aufzeigen	Stellen Sie die Bedeutung der Szene im Kontext der Dramenhandlung dar. Stellen Sie Freuds Menschenbild dar, wie es sich aus dem psychischen Apparat und seiner Trieblehre ergibt.	I–II
einordnen / zuordnen	Texte oder Sachverhalte unter Verwendung von Vorwissen begründet in einen genannten Zusammenhang stellen	Ordnen Sie das Schreiben in die Geschichte der amerikanisch-sowjetischen Beziehungen zwischen 1941 und 1946 ein.	I–II

Operator(en)	Definition	Beispiel(e)	AFB
erklären	Materialien, Sachverhalte o. Ä. in einen Begründungszusammenhang stellen, z.B. durch Rückführung auf fachliche Grundprinzipien, Gesetzmäßigkeiten, Funktionszusammenhänge, Modelle oder Regeln	Erklären Sie die Funktion des Prologs für die Dramenhandlung. Erklären Sie, welche Kraftarten in Ihrer Prüfungssportart vorrangig benötigt werden, um erfolgreich zu sein.	II
erläutern	Materialien, Sachverhalte o. Ä. mit zusätzlichen Informationen und Beispielen verdeutlichen	Erläutern Sie ausgehend vom Text wesentliche Elemente des Modells der repräsentativen Demokratie.	II
gliedern	ein Musikstück begründet in Abschnitte einteilen und diese sprachlich bezeichnen	Gliedern Sie das vorliegende Notenbeispiel.	I–II
herausarbeiten	aus Materialien nicht explizit genannte Sachverhalte erschließen	Arbeiten Sie aus der Szene die Vorgeschichte der beiden Partner heraus.	II
in Beziehung setzen	Zusammenhänge unter vorgegebenen oder selbst gewählten Gesichtspunkten begründet herstellen	Setzen Sie die Grafik in Beziehung zum vorliegenden Text. Setzen Sie Dorothee Sölles Vorstellungen von Jesus Christus in Beziehung zu entsprechenden neutestamentlichen Aussagen.	II
untersuchen	Sachverhalte unter bestimmten Aspekten betrachten und belegen	Untersuchen Sie, inwieweit Büchners Kunstauffassung in diesem Text erkennbar ist.	II
vergleichen / gegenüberstellen	nach vorgegebenen oder selbst gewählten Gesichtspunkten Gemeinsamkeiten, Ähnlichkeiten und Unterschiede begründet darlegen	Vergleichen Sie die Naturschilderungen in den vorliegenden Gedichten von Eichendorff und Heym.	II–III
Anforderungsbereich III			
begründen	einen Sachverhalt bzw. eine Aussage durch Argumente stützen	Begründen Sie Ihr Trainingskonzept.	II–III
beurteilen	zu einem Sachverhalt oder einer Aussage unter Verwendung von Fachwissen und Fachmethoden eine begründete Einschätzung geben	Beurteilen Sie, welche Bedeutung dem in der Textvorlage dargestellten Menschenbild heute zukommt.	III
bewerten / Stellung nehmen	wie Operator ‚beurteilen', aber zusätzlich die eigenen Maßstäbe begründet darlegen	Nehmen Sie Stellung zu der Frage, inwieweit die oben erarbeiteten biblischen Vorstellungen von Gott heutzutage tragfähig sein können.	III
diskutieren / sich auseinandersetzen mit	zu einer Aussage, Problemstellung oder These eine Argumentation entwickeln, die zu einer begründeten Bewertung führt	Diskutieren Sie, ob es angemessen ist, die nationalsozialistische Machtergreifung als Revolution zu bezeichnen.	III
entwickeln	einen eigenen Gedankengang bzw. ein Konzept zu einem Thema entfalten und Schlussfolgerungen ziehen	Entwickeln Sie ein begründetes und nachvollziehbares Übungsprogramm.	III
erörtern	eine These oder Problemstellung unter Abwägen von Pro- und Kontraargumenten hinterfragen und zu einem eigenen Urteil gelangen	Erörtern Sie die These vor dem Hintergrund des Menschenbilds der Aufklärung. Erörtern Sie, inwiefern in einer an der Technik orientierten Gesellschaftsordnung totalitäre Tendenzen, wie sie bei Platon angelegt sind, entstehen können.	II–III
gestalten / entwerfen / verfassen	Aufgabenstellungen kreativ und produktorientiert bearbeiten, z.B. auf der Grundlage eines Materials und seiner inhaltlichen oder stilistischen Gegebenheiten eine kreative Idee in ein selbstständiges Produkt umsetzen	Gestalten Sie auf der Grundlage der vorgegebenen Informationen eine Petition der Gewerkschaftsvertreter an den Innenminister.	III
interpretieren	auf der Grundlage einer Analyse Sinnzusammenhänge aus Materialien methodisch reflektiert erschließen, um zu einer schlüssigen Gesamtauslegung zu gelangen	Interpretieren Sie das vorliegende Gedicht unter Berücksichtigung von inhaltlichen sowie sprachlich-formalen Aspekten. Interpretieren Sie die Statistik in Hinblick auf die Einkommenssituation der Dorfbevölkerung im Jahre 1897.	i.d.R. III
komponieren	ein Musikstück verfassen, ggf. unter Einbeziehung vorgegebener Merkmale	Komponieren Sie unter Verwendung Ihrer Entwürfe den ersten Abschnitt Ihres Werkes.	III
überprüfen	Aussagen auf der Grundlage von Fachkenntnissen kritisch hinterfragen und auf ihre Angemessenheit hin begründet einschätzen	Überprüfen Sie, inwieweit die Stellungnahme des UN-Generalsekretärs mit den „UN-Millenniumszielen" vereinbar ist.	III

Hinweise zur Bearbeitung von Aufgabenstellungen

Bis zum Abitur wird von Ihnen gefordert, mit Operatoren formulierte Aufgaben zu bearbeiten. Im Folgenden werden fünf häufig verwendete Operatoren näher erklärt, um Ihnen die Bearbeitung der Aufgaben zu erleichtern.

zusammenfassen

Sie sollen unter Beweis stellen, dass Sie einen fachspezifischen Text hinsichtlich seiner zentralen Aussagen „verstehen", indem Sie diesen mit eigenen Worten zusammenfassen.

Drei Gesichtspunkte sind hier zentral:
- die **inhaltliche Reduktion**; dabei ist zu beachten, dass oft in den Aufgaben ein Aspekt genannt wird, zu dem die Ausführungen zusammengefasst werden sollen. Alles andere sollte weggelassen werden.
- die **Strukturiertheit**; häufig ist es sinnvoll, sich vom Aufbau des Ausgangstextes selbst zu lösen und eine eigene sinnvolle Struktur für die Zusammenfassung zu finden.
- die **sprachliche Distanzierung**: Verwenden Sie durchgängig eigene Formulierungen (Ausnahme: Fachbegriffe) und grammatische Distanzierungsmittel (insb. Konjunktiv der indirekten Rede)

einordnen

Sie sollen – wie bei allen Aufgaben des Anforderungsbereichs II – fundierte Fachkenntnisse nachweisen, hier indem Sie diese in einem neuen Zusammenhang anwenden. Sie wählen sie bewusst aus und stellen diese nachvollziehbar dar.

Bearbeitungstipp: Stellen Sie sich einen nur wenig vorgebildeten Leser vor! Nichts ist „selbstverständlich", sondern muss diesem Leser genau erklärt werden (Fachbegriffe definieren, Zusammenhänge genau darstellen etc.).

Hier sind zwei unterschiedliche Aufgabenformate vorstellbar: erstens Aufgaben, die genau angeben, in welchen Sachverhalt eine Position eingeordnet werden soll (*„Ordnen Sie die vorgestellten Handlungsansätze zur Gestaltung von gleichen Bildungschancen in ein Schema von sinnvoll bis sehr wirksam ein."*); zweitens – und wahrscheinlicher – eine offenere Aufgabenstellung (*„Ordnen Sie den Markt für Emissionszertifikate in die Marktformen ein."*). Beim zweiten Typus sollten Sie bei der schriftlichen Beantwortung der Aufgabe zunächst kurz darlegen, welche Marktformen Sie zur Einordnung heranziehen. Dann können Sie ähnlich vorgehen wie bei der Aufgabenstellung → „vergleichen".

In beiden Varianten geht es oft darum, die im Material nicht unbedingt explizit geäußerten Grundannahmen etc. Fachkonzepten zuzuordnen und diese Zuordnung erklärend zu belegen.

erläutern

Hier sollten Sie unter Beweis stellen, dass Sie eine im vorliegenden Material nicht weiter begründete, aber allgemein als zutreffend angesehene Aussage („Sachverhalt") auf der Basis fundierten Fachwissens umfassend erklären können. Dadurch zeigen Sie, dass Sie gegebene Aussagen tief zu durchdringen verstehen.

Zwei Hauptschwierigkeiten beinhaltet der Operator „erläutern":

• Zum Ersten weist der Sachverhalt häufig mehrere zu erläuternde Dimensionen auf, die zunächst von Ihnen identifiziert und in der Einleitung zur Aufgabenbearbeitung dargestellt werden müssen. Materialbeispiel: *„Das Problem des anthropogenen Klimawandels stellt eine der Hauptbedrohungen für die Menschheit dar und konnte politisch bislang allerhöchstens in Ansätzen gelöst werden."* Hier finden sich drei zu erläuternde Aspekte, nämlich erstens die Menschengemachtheit der globalen Erwärmung, zweitens die Behauptung, der Klimawandel sei eine globale Hauptbedrohung, und drittens die fehlende politische Lösung.

• Zum Zweiten müssen sinnvolle Beispiele und/oder Theorien zur Verdeutlichung der Aussage angeführt werden.

Materialbeispiel: Das Bedrohungspotential des Klimawandels könnte am Beispiel bereits einsetzender Versteppung und daraus resultierender Nahrungskonkurrenz inkl. Hungermigration verdeutlicht werden. Zusätzlich wäre es möglich, das Nichtzustandekommen umfassender politischer Lösungen (Scheitern von Klimagipfeln) mit der Rational-choice-Theorie systematisch zu analysieren.

vergleichen

Vergleiche sind kein Selbstzweck, sondern dienen in der Regel dazu, die Spezifika eines Sachverhaltes durch die Abgrenzung von einem „verwandten" Sachverhalt zu erhellen.

Bearbeitungstipps: Vergegenwärtigen Sie sich die mögliche Zielsetzung des Vergleichs (Darlegen der Spezifika eines Sachverhalts durch Analogie und Abgrenzung), um eine problemorientierte Einleitung formulieren und tragfähige Vergleichskriterien entwickeln zu können.

Erfahrungsgemäß bereitet die **Kriterienorientierung** des Vergleichs die meisten Schwierigkeiten. Empfehlenswert ist daher in einem ersten Schritt, zur Vorbereitung auf die schriftliche Beantwortung der Aufgabe eine Matrix mit (min.) drei Spalten anzulegen: In der linken Spalte werden Vergleichskriterien festgehalten (die Sie in der Regel selbst finden müssen), zu denen dann die Spalten gefüllt werden.

Beispiel	Kennzeichen der modernen Industriegesellschaft	Kennzeichen der modernen postindustriellen Wissens- und Dienstleistungsgesellschaft
Bevölkerung		
Haushalte		
Bildung		
Erwerbstätigkeit		

Nicht immer müssen miteinander verglichene Gegenstände Gemeinsamkeiten und Ähnlichkeiten und Unterschiede aufweisen. Denkbar ist z. B. auch, dass sich nahezu ausschließlich Unterschiede finden.

Gemeinsamkeiten bzw. Ähnlichkeiten sowie Unterschiede könnten in einem zweiten Schritt farbig markiert werden. Im dritten Schritt kann der eigene Text anhand der Kriterien oder – meist empfehlenswerter – nach Gemeinsamkeiten und Unterschieden strukturiert werden, wobei die stärksten Übereinstimmungen/Unterschiede zuerst bzw. zuletzt genannt werden sollten.

erörtern

In Ihrer Erörterung (und das gilt genauso auch für die Operatoren **„beurteilen"** und **„Stellung nehmen"**) sollen Sie unter Beweis stellen, dass Sie ein gegebenes Problem unter Nutzung Ihres Fachwissens und der Übernahme unterschiedlicher Perspektiven vielschichtig abwägen können. Es wird eine rein sachorientierte Sprachwahl verlangt.

Der erwartete Text unterscheidet sich daher deutlich von sich einseitig und oft polemisch positionierenden (Zeitungs-)Texten, die immer wieder auch Gegenstand des PoWi-Unterrichts sind.

Fünf Punkte sind wesentlich zu beachten:

- Ein politisches Urteil sollte unbedingt kategorial (Legitimität, Effizienz, Grundwerte) erfolgen und diese **Urteilskategorien** sollten je nach Problemstellung in **Kriterien** (z. B. Durchsetzbarkeit, Kosten, Legalität, Repräsentativität, Gleichheit, Freiheit, Sicherheit...) aufgefächert sein. Bei der schriftlichen Entfaltung von Argumenten sollten diese jeweils explizit den Kriterien zugeordnet werden, um dem Leser eine Orientierung zu ermöglichen.
- Der Operator „erörtern" fordert zwingend die Anführung von Pro- und Kontraargumenten.
- Jedes dieser Argumente muss durch einen (empirischen) **Beleg**, ein schlüssiges **Beispiel** oder eine **logische Herleitung** untermauert werden. Grenzen Sie diese umfassend und verständlich ausgearbeiteten Argumente stets durch Absätze ab.
- Die Argumente können auf zweierlei Weise angeordnet werden: Wenn Sie sich klar gewichten lassen, bietet sich das **„Sanduhrenmodell"** an (zuerst die Pro-, dann die Kontragesichtspunkte oder umgekehrt, endend mit dem überzeugendsten Argument für die eigene Meinung). Entkräften sich jeweils einzelne Argumente inhaltlich sinnvoll, ist das Modell **„dialektische Erörterung"** empfehlenswert (abwechselnd jeweils ein Pro- und ein Kontraargument auf der gleichen inhaltlichen Ebene, endend mit dem überzeugendsten Argument für die eigene Meinung).
- Im Schlussteil der Erörterung sollte die **eigene Position eindeutig geäußert** werden.

Bearbeitungstipp: Um Ihre Erörterung stimmig zu gliedern, muss Ihr Schreibziel, also die vertretene Position, im Voraus klar sein.

Hilfreich kann es hierfür sein, die Problemstellung in Form einer Meinungslinie zwischen den Enden „stimme vollauf zu" und „stimme überhaupt nicht zu" zu visualisieren und die eigene Position als Schreibziel darin zu markieren.

Fachbezogene Arbeitstechniken

Karikaturenanalyse

▶ **Ziel:** Entwickeln einer problematisierenden Fragestellung oder Hypothese, die zur Strukturierung der Unterrichtsreihe oder –sequenz genutzt werden kann.

▶ **Ort im Unterricht:** i.d.R. zu Beginn einer Reihe, ggf. zur Ergebnissicherung/-umwälzung am Ende der Stunde/Reihe   → **vgl. Kap. 5.1.2 (S. 146 ff.)**

Statistikanalyse

▶ **Ziel:** Erweiterung der Lesekompetenz, Förderung der Fähigkeit zum kritischen Umgang mit Statistik sowie Einschätzung ihres Gebrauchswertes

▶ **Orte im Unterricht:** Orte im Unterricht: Erarbeitungsphase, ggf. Überprüfen quantitativer Fakten – argumente in der Urteilsbildung   → **vgl. Kap. 1.4.2 (S. 40 f.)**

Textanalyse

▶ **Ziel:** Entnahme wesentlicher Informationen und dadurch Erarbeitung und Vernetzung von (Hintergrund-) Wissen (auch als Voraussetzung für die spätere Urteilsbildung)

▶ **Ort im Unterricht:** i.d.R. zur Erarbeitung eines Themas   → **vgl. Kap. 1.3.3 (S. 30 f.)**

Planspiel

▶ **Ziel:** Erarbeitung, Übernahme und Diskussion der Perspektiven, Interessen und Ziele unterschiedlicher Akteure, dadurch: Erkennen von Zielkonflikten und Diskussion von Lösungsansätzen

▶ **Ort im Unterricht:** je nach Schwerpunkt der Zielsetzung in unterschiedlichen Phasen einsetzbar   → **vgl. Kap. 4.1.1 (S. 116 ff.)**

Erkundung

▶ **Ziel:** Unmittelbares Erleben bzw. Erfahren der Lebenswelt außerhalb der gewohnten Lernumgebung, eigenständige Überprüfung des theoretisch erworbenen Wissens, selbständige Festlegung des Erkundungsziels bzw. des Erkundungsinhaltes, Bewältigung von anfallenden organisatorischen Aufgaben.

▶ **Ort im Unterricht:** Erkundungen eignen sich am besten im Rahmen eines Projektes bzw. im projektförmigen Unterricht.   → **vgl. Kap. 2.3.3 (S. 90 f.)**

Urteilsbildung (kriteriengeleitet, mehrperspektivisch)

▶ **Ziel:** Entwickeln einer eigenen, argumentativ schlüssig begründeten Positionierung zu politisch kontroversen Fragen (auch als Voraussetzung für eigenes politisches Handeln)

▶ **Ort im Unterricht:** i. d. R. am Ende einer Unterrichtsreihe
→ **vgl. Kap. 2.2.3 (S. 74 ff.) und Kap. 6.1.4 (S. 186 ff.)**

METHODENGLOSSAR

Unterrichtsmethoden

Amerikanische Debatte

▶ **Ziele:** Perspektivübernahme, Erarbeitung, Artikulation und Argumentation kontroverser Positionen; kommunikatives Handeln

▶ **Orte im U.:** Phase der Urteilsbildung

▶ **Ablauf:** Variante der Pro-Kontra-Debatte (vgl. S. 218): Die Klasse wird in Pro- und Kontra-Gruppen eingeteilt, die auf der Grundlage von Texten oder des vorangegangenen Unterrichts unterschiedliche Positionen zur Debattenfrage erarbeiten. Die Gruppen bestimmen die jeweiligen Diskutanten, deren Anzahl je nach Klassenstärke unterschiedlich sein kann. Die Diskutanten sitzen gegenüber und der Moderator eröffnet die Debatte und erteilt einer Seite das Wort. Das erste Argument wird genannt, die gegnerische Seite greift das Argument auf, versucht es zu widerlegen und nennt ein weiteres Argument, das wiederum von der anderen Seite aufgegriffen wird (siehe Abbildung). Sollten am Ende der Reihe noch nicht alle Argumente ausgetauscht sein, wird von vorne begonnen.
Der Moderator achtet auf die Einhaltung der Reihenfolge sowie der Redezeit und beendet die Debatte. Die Zuschauer bewerten im Anschluss die Diskussion.

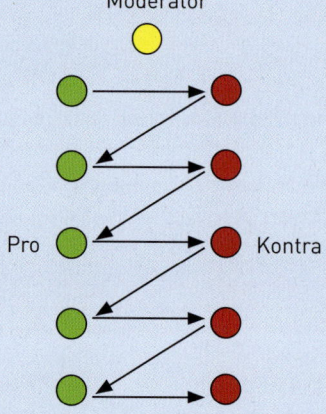

▶ **Unbedingt beachten:** Zuspitzung der Themenstellung auf eine Ja-Nein-Frage (Entscheidungsfrage). Da die Debatte eine hoch formalisierte Form der Diskussion ist, sollten die Regeln unbedingt eingehalten werden. Die Redezeit sollte unbedingt begrenzt werden. Die Amerikanische Debatte ist deutlich anspruchsvoller als die „einfache" Pro-Kontra-Debatte, da die Diskutanten mit jedem Beitrag Bezug auf den Vorredner nehmen müssen. Sie empfiehlt sich vor allem für „starke" Lerngruppen.

Ampelkartenabfrage

▶ **Ziele:** Festlegung auf eine eindeutige eigene Position; Ermittlung eines Meinungsbildes der Gesamtgruppe

▶ **Orte im U.:** erste Meinungsabfrage, Einleitung der abschließenden Urteilsbildung

▶ **Ablauf:** Jeder Teilnehmer erhält eine grüne und eine rote Karte. Zu einer politischen Streitfrage (die als Entscheidungsfrage formuliert ist) oder einer kontroversen These positionieren Sie sich nach kurzer Bedenkzeit auf ein Zeichen des Lehrers, indem Sie entweder die grüne (Zustimmung) oder die rote Karte (Ablehnung) deutlich sichtbar hochhalten. Enthaltungen oder Zwischenpositionen sind nicht zugelassen. Einzelne Teilnehmer (ggf. im Blitzlichtverfahren auch alle) werden aufgefordert, ihre Meinung mit ihrem <u>Hauptargument</u> zu begründen. Dieses Argument kann auch in der Vorbereitungszeit stichwortartig bereits auf der (laminierten) Karte notiert werden.

▶ **Unbedingt beachten:** Alle Teilnehmer müssen sich <u>gleichzeitig</u> positionieren. Ein Meinungswechsel und eine Diskussion sind während der Ampelkartenabfrage nicht vorgesehen.

Fish-Bowl-Diskussion

▶ **Ziele:** Perspektivübernahme, Erarbeitung, Artikulation und Argumentation unterschiedlicher Positionen; kommunikatives Handeln

▶ **Orte im U.:** Phase der Urteilsbildung

▶ **Ablauf:** Eine Kleingruppe diskutiert in einem Innenkreis in der Mitte des Raumes ein Thema, während die übrigen Schüler in einem Außenkreis darum herumsitzen („Fish-Bowl"), die Diskussion genau verfolgen und den Diskutanten im Anschluss eine Rückmeldung zum Diskussionsverhalten und Argumentation geben. Ein Moderator im Innenkreis leitet die Diskussion. In der Diskussionsrunde steht ein Stuhl mehr als es Teilnehmer gibt. Den freien Platz kann jemand aus der Beobachtergruppe einnehmen, um Fragen zu stellen oder seine Meinung einzubringen. Danach verlässt er die Diskussionsrunde wieder.

▶ **Variante:** Der Zuschauer verbleibt in der Diskussionsrunde, dafür verlässt ein anderer Diskutant die Runde und macht seinen Stuhl für einen anderen frei.

▶ **Unbedingt beachten:** Fragestellung sollte möglichst offen sein und in der Diskussion verschiedene Richtungen ermöglichen.

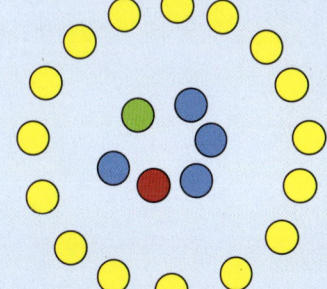

Variante Sitzkreis

🟢 Moderator
🔵 Gruppensprecher
🔴 freier Stuhl
🟡 Schüler

Gruppenpuzzle

Ziele: Arbeitsteilige selbstständige Erarbeitung und Präsentation von (Teil-) Inhalten

Orte im U.: Erarbeitung, Schaffung einer breiten Informationsbasis

Ablauf: Ein Thema wird in unterschiedliche, möglichst gleichwertige Teilthemen/ -aufgaben (= Puzzleteile) unterteilt, die in Gruppen erarbeitet werden. Das Gruppenpuzzle arbeitet mit zwei Gruppenformen (Stamm- und Expertengruppe) und wird in drei Phasen durchgeführt:

1. In der ersten Phase werden die Schüler in Stammgruppen eingeteilt. Jedes Mitglied erhält eine Teilaufgabe (= Puzzleteil) einer Gesamtaufgabe, die es erarbeitet und für die es zum „Experten" wird.

2. In der zweiten Phase treffen sich alle „Experten", die dieselbe Teilaufgabe bearbeitet haben, in den sog. Expertengruppen, tauschen sich aus, klären offene Fragen und vertiefen ihr Expertenwissen.

   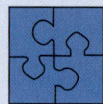

3. In der dritten Phase kehren die Experten in ihre jeweilige Stammgruppe zurück und informieren die Mitglieder der Stammgruppe über ihre Erkenntnisse (=Zusammensetzung der Puzzleteile).

Unbedingt beachten: Nach dieser Phase muss jedes Gruppenmitglied über alle Teilaspekte eines Themas (= Puzzleteile) informiert sein. Die Teilergebnisse sollten zu einem Gesamtergebnis zusammengeführt werden.

Mindmap

▶ **Ziele:** Anschauliche Strukturierung von Informationen oder Themen; Entfaltung eines Themas und Vernetzung mit bereits bestehendem Vorwissen

▶ **Orte im U.:** Einstieg, (Beginn der) Erarbeitung eines Themas; Entfaltung eines Themengebiets, z.B. bei der Vorbereitung eines Referats, ggf. systematische Sicherung der Kernergebnisse einer Unterrichtsreihe

▶ **Ablauf:** 1. Verwenden Sie ein unliniertes Blatt DIN-A4 (oder größer), legen Sie es quer und schreiben Sie das Thema Ihrer Arbeit groß in die Mitte des Blattes.

2. Sammeln Sie wesentliche Aspekte zu Ihrem Thema und schreiben diese von den Hauptästen abgehend auf Ihr Blatt. Überlegen Sie genau, welche (Schlüssel-) Begriffe Sie hier verwenden, denn durch diesen Schritt strukturieren Sie Ihr Thema grundlegend.

3. Ergänzen Sie nun weitere Informationen zu den Teilaspekten, indem Sie kleinere Äste auf der zweiten (oder dritten) Gedankenebene anlegen.

4. Vervollständigen Sie abschließend Ihre Mindmap, indem Sie an jedem Ast passende Begriffe und Ideen ergänzen.

▶ **Unbedingt beachten:** Um das Mindmapping zu erlernen, empfiehlt es sich, in der vorgeschlagenen Weise vorzugehen. Entwickeln Sie dann mit der Zeit Ihren eigenen Stil.

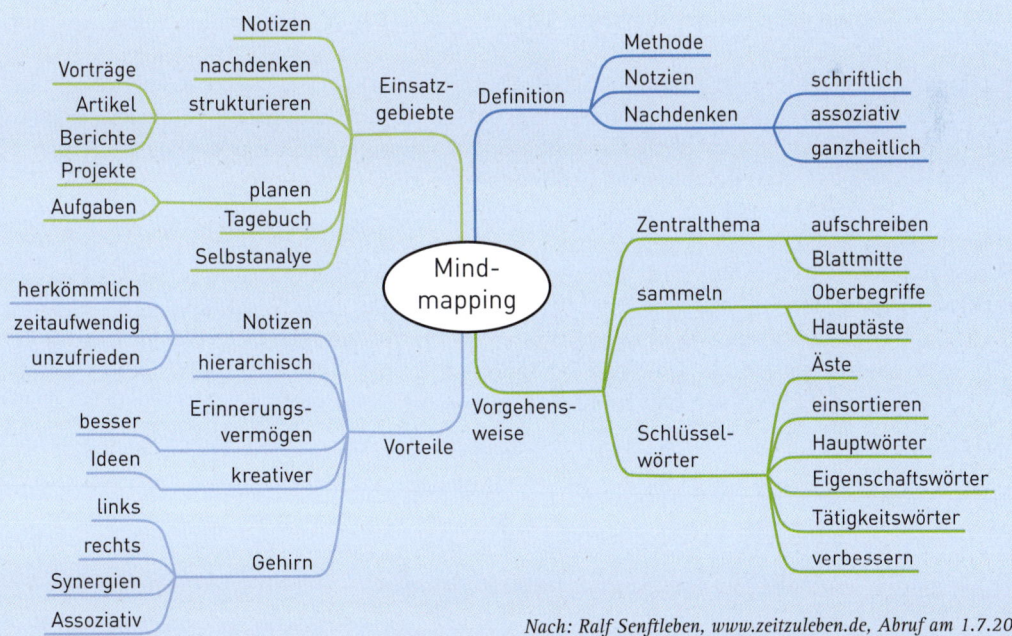

Nach: Ralf Senftleben, www.zeitzuleben.de, Abruf am 1.7.2015

Morphologischer Kasten

Ziele: Entwickeln einer kohärenten Gesamtlösung (als eine Kombination von Teillösungen) für ein politisches Problem

Orte im U.: im Rahmen der Möglichkeitserörterung, am Ende einer Unterrichtsreihe oder in Vorbereitung auf eine schriftliche Aufgabenlösung (Operator „entwickeln")

Ablauf: **Phase 1** – Die Problemstellung wird möglichst genau beschrieben (Verursacher, Betroffene, Problemfolgen). Dabei ist schon die Problemauswahl zu beachten. Ein politisches Problem zeichnet sich im Gegensatz zu anderen Problemen zumindest durch folgende Merkmale aus: Es ist von mehr oder weniger existenzieller Bedeutung für eine Bevölkerungsgruppe, eine Problemlösung ist dringlich (kann also nicht beliebig lange aufgeschoben werden), es muss genau definiert werden und es weist divergierende Bewältigungsmöglichkeiten auf.

Phase 2 – Die einzelnen Problemursachen werden bestimmt, d. h. alle Teilaspekte des Problems werden festgelegt, die die Lösung beeinflussen können. Diese Teilaspekte müssen analytisch möglichst klar voneinander trennbar sein.

Phase 3 – Zunächst ohne weitere Prüfung (etwa auf Legitimität oder Effektivität) werden zu den Teilursachen des Problems Lösungsmöglichkeiten entworfen. Zu jeder Teilursache können unterschiedlich viele Lösungen vorgeschlagen werden.

Phase 4 – Lösungsmöglichkeiten für die Teilursachen des Gesamtproblems werden kombiniert. Diese Kombinationen müssen vorurteilsfrei vorgenommen werden, wobei darauf geachtet werden sollte, dass die entstehende Kombination keine widersprüchlichen Teillösungen integriert.

Phase 5 – Die aus der Kombination entstandenen Lösungsalternativen werden bewertet, um die geeignetste begründet auswählen zu können. Dies geschieht mit den bekannten Kategorien Legitimität und Effizienz (bzw. geeigneten Unterkriterien → s. Urteilsbildung).

Unbedingt beachten: Beim Entwickeln von Teillösungen (Schritt 3) ist Offenheit gefragt. Insbesondere an dieser Stelle sollten nicht bereits Ideen wegen ihrer (vermeintlichen) politischen Nichtdurchsetzbarkeit von vornherein verworfen werden. Auch bei der Auswahl der stimmigsten Lösung (Phase 5) können – z. B. im Klassengespräch – noch Optimierungen auf Ebene der Teillösungen vorgenommen werden.

Problem:	Der Ausstoß von CO_2 in Deutschland ist noch immer zu hoch, wodurch der Klimawandel vorangetrieben wird.				
Teilursachen	Denkbare Ansätze für Teillösungen (Auswahl)				
Zu hoher Verbrauch fossiler Brennstoffe beim Heizen	Anreize für Hausdämmung (z. B. zinsgünstige staatliche Kredite, steuerliche Absetzbarkeit der Sanierungskosten)	(Erhöhung der) Energienutzungssteuern und damit Verteuerung der Energieträger (Gas, Heizöl)	Gesetzlicher Zwang zur Hausdämmung/zur Einhaltung hoher Energienutzugsstandards		
Individualmobilität zumeist mit Hilfe von Verbrennungsmotoren	Anreize zur Nutzung schadstoffarmer/ -loser PKWs (z. B. kostenfreie Sonderparkplätze/ -spuren)	Anreize zum Erwerb schadstoffarmer/ -loser PKWs (z. B. direkte Kaufsubventionierung durch staatliche Mittel)	Erhebung einer Straßennutzungsgebühr (Maut) → Einnahmen zu Verwendung für Klimaschutzmaßnahmen an anderer Stelle	Staatliche Bezuschussung von Forschung und Entwicklung schadstoffarmer/ -loser PKWs	Ausbau des öffentlichen Personen(nah)-verkehrs und ggf. Preissenkung durch staatliche Zuschüsse
Stromerzeugung noch zu sehr mit fossilen Brennstoffen	Förderung der Entwicklung effizienter Stromspeicher	Ausbau des Stromtransportnetzes von Nord nach Süd	Schrittweises Verbot der Stromerzeugung aus fossilen Brennstoffen	Staatliche Förderung der Weiterentwicklung effizienter Stromerzeugung durch fossile Brennstoffe	

Podiumsdiskussion

▶ **Ziele:** Perspektivübernahme, Erarbeitung, Artikulation und Argumentation unterschiedlicher Positionen; kommunikatives Handeln

▶ **Orte im U.:** Phase der Urteilsbildung

▶ **Ablauf:** Zur Vorbereitung werden unterschiedliche Positionen zu einer bestimmten Thematik (in Gruppenarbeit) erarbeitet (Rollenübernahme). Ein Moderator (in der Regel die Lehrperson) führt thematisch in die Diskussion ein, stellt die teilnehmenden Figuren und ihre jeweilige Position kurz vor. Darüber hinaus gibt er die Regeln bekannt: Zunächst soll jeder Diskutant seine Position in einem kurzen Statement (max. zwei Minuten) vorstellen. Nach Abschluss dieser ersten Runde können die übrigen Teilnehmer darauf Bezug nehmen. Der Moderator wahrt absolute Neutralität, stellt im Verlauf der Diskussion Gemeinsamkeiten und Unterschiede in den Positionen heraus, fragt nach, präzisiert, macht auf Widersprüche aufmerksam und setzt neue Impulse oder provoziert, um die Diskussion weiterzuentwickeln. Er achtet auf eine gleichmäßige Verteilung der Redeanteile und zieht am Ende der Diskussion eine Bilanz.

▶ **Variante:** Die Zuschauer erhalten Rollenkarten und bewerten aus ihrer jeweiligen Position heraus die Diskussion.

▶ **Unbedingt beachten:** Da die Moderatorenrolle äußerst anspruchsvoll ist, sollte sie nur in erfahrenen Lerngruppen an einen Schüler übertragen werden. Auf ein entsprechendes Setting (Podium, Bühne) achten.

Pro-Kontra-Debatte

▶ **Ziele:** Perspektivübernahme, Erarbeitung, Artikulation und Argumentation unterschiedlicher Positionen; kommunikatives Handeln

▶ **Orte im U.:** Phase der Urteilsbildung

▶ **Ablauf:** Einteilung der Klasse in Pro- und Kontra-Gruppen und Erarbeitung der jeweiligen Positionen. Die Gruppen benennen einen Diskutanten. Moderator gibt das Thema bekannt und führt im Publikum eine erste Abstimmung durch. Jeder Debattenteilnehmer stellt seine Position in einem Kurzstatement vor (max. 2 Minuten). Hier empfiehlt sich ein Wechsel zwischen den Pro-Kontra-Positionen. In dieser Phase wird noch nicht aufeinander Bezug genommen. In der folgenden freien Aussprache (max. 10 Minuten) tauschen die Teilnehmer ihre Argumente aus, nehmen aufeinander Bezug. Am Ende sollen Mehrheiten für eine bestimmte Position gewonnen werden. Nach der freien Aussprache geben die Diskutanten ein Schlussplädoyer (max. 1 Min.) ab und werben noch einmal für ihre Position. Im Anschluss wird eine Schlussabstimmung im Publikum, den Adressaten der Debattenteilnehmer, durchgeführt.

▶ **Unbedingt beachten:** Zuspitzung der Themenstellung auf eine Ja-Nein-Frage (Entscheidungsfrage)
Da die Debatte eine hoch formalisierte Form der Diskussion ist, sollten die Regeln unbedingt eingehalten werden. (Zeitmanagement)

METHODENGLOSSAR

Positionierung im Raum, Meinungslinie

▶ **Ziele:** Festlegung auf eine eindeutige eigene Position; Ermittlung eines Urteilsbildes der Gesamtgruppe; ggf. Erhebung von Vorausurteilen (Meinungslinie)

▶ **Orte im U.:** abschließende, kriteriengeleitete Urteilsbildung; ggf. Einleitung der Urteilsbildung

▶ **Ablauf:** Der Unterrichtsraum wird durch zwei vorgestellte (oder auch mit Krepp-Band markierte) Koordinatenachsen durchschnitten; der Ursprung dieses Koordinatensystems liegt in der Mitte des Raumes. Jeweils eine der Achsen repräsentiert entweder die übergeordneten Urteilskategorien Legitimität und Effizienz oder aber themenrelevante Teilkriterien dieser Kategorien (→ Urteilsbildung, Kap. 6.1.4) wie z. B. Wirksamkeit und Nebenfolgen (Effizienz) sowie Partizipation (Legitimität). Nach einer Vorbereitungszeit positionieren sich alle Teilnehmer gemäß ihres eigenen Urteils im Koordinatensystem (z. B. bei voller Zustimmung zu Effizienz und Legitimität in der äußersten Ecke des entsprechenden Quadranten im Raum; z. B. bei hoher Legitimität und mittlerer Effizienz auf der Legitimitätsachse ganz an der Raumseite „hohe Legitimität"). Einzelne Teilnehmer werden aufgefordert, ihre Meinung mit ihrem Hauptargument zu begründen.

▶ **Variante:** Bei der Meinungslinie entfällt (a) entweder die Zuordnung zu Kategorien oder es wird (b) lediglich abgefragt, ob eine politische Maßnahme o. ä. entweder als (il)legitim oder als (in)effizient anzusehen ist.

▶ **Unbedingt beachten:** Alle Teilnehmer müssen sich gleichzeitig positionieren. Alle Positionen im Raum sind zugelassen. Ein Meinungswechsel und eine Diskussion sind während der Positionierung im Raum nicht mehr vorgesehen. Die Raumaufteilung sollte im Vorfeld visuell verdeutlicht werden.

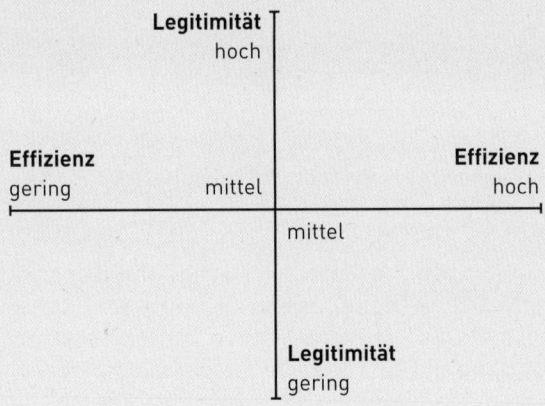

Strukturierte Kontroverse

Ziele: Intensive Vorbereitung der Urteilsbildung vor allem durch Perspektivübernahme

Orte im U.: Einleitung von Urteilsbildungsphasen

Ablauf: **Phase 1** – Materialgebunden werden zu einer politischen Entscheidungsfrage Argumente (inkl. Belegen, Beispielen) für die eigene Position erarbeitet. Zudem wird (in Partner- oder Kleingruppenarbeit) eine möglichst überzeugende Argumentationsstrategie entwickelt.
Phase 2 – Ein (ggf. moderiertes) Streitgespräch zwischen Pro- und Kontra-Gruppen wird mit wechselseitigem Rederecht durchgeführt.
Phase 3 – Die entgegengesetzte Position wird, allerdings ohne erneute Materialauswertung, eingenommen und aus dieser wird vor dem Hintergrund der ersten Diskussion eine geeignete Argumentationsstratege gegen die eigene Meinung entwickelt.
Phase 4 – Ein erneutes Streitgespräch wird – in der neuen Rollenverteilung – durchgeführt. Im Anschluss werden die Rollen verlassen, die Teilnehmer können sich kurz über die Erfahrungen innerhalb des Settings austauschen und es wird zur Urteilsbildung übergeleitet.

Variante: Die Diskussionen müssen nicht im oder vor dem Plenum, sondern können auch parallel im Unterrichtsraum stattfinden (Redelautstärke beachten!).

Unbedingt beachten: Die ungewohnte Fremdposition sollte mit Ernsthaftigkeit vertreten werden. Die Argumente und Strategien sollten (ggf. durch Protokollanten) festgehalten werden, um sie in der anschließenden Urteilsbildung ggf. klären und gewichten zu können.

Tableset / Placemat

Ziele: Erhebung von Vorkenntnissen/Vorstellungen, Entwicklung von Ideen

Orte im U.: Vor der eigentlichen thematischen Erarbeitung, im Rahmen der Möglichkeitserörterung

Ablauf: Es werden 4er-Gruppen gebildet. Jede dieser Gruppen erhält ein quadratisches Papier (mindestens A3-Breite). Knapp die Hälfte der Fläche des Blattes wird durch ein aufgedrucktes Quadrat eingenommen, dessen Seiten immer den gleichen Abstand zum Blattrand aufweisen. In diesem Quadrat steht ein Begriff, eine Frage oder eine Aussage (zu Begriffen kann assoziiert, Fragen können beantwortet, Aussagen können erklärt oder beurteilt werden).
Phase 1 – Jede/r Schüler/in bearbeitet die gegebene Aufgabe für sich selbst und trägt seine Lösung in das vor ihr/ihm liegende Seitenfeld des Papiers leserlich (stichpunktartig) ein.
Phase 2 – Das Quadrat wird im Uhrzeigersinn gedreht, sodass jedes Gruppenmitglied die Ansätze der anderen zur Kenntnis nehmen kann.
Phase 3 – In der Gruppe können Nachfragen gestellt und Klärungen herbeigeführt werden.

Phase 4 – Die Gruppe entwickelt auf der Grundlage ihrer Ideen aus Phase 1 bis 3 eine gemeinsame Lösung für die Aufgabe, die sie gut lesbar im inneren Quadrat festhält. Diese kann im Anschluss präsentiert und mit den anderen Gruppenergebnissen verglichen werden.

▶ **Variante:** Die Gruppen können auch unterschiedliche Aufgaben erhalten. In Phase zwei können die Gruppenmitglieder bereits Fragen oder weiterführende Ideen mit einer anderen Farbe in den anderen Feldern eintragen.

▶ **Unbedingt beachten:** Während Phase eins und zwei wird nicht gesprochen. Für die Phasen müssen klare Zeitvorgaben gegeben werden, damit sinnvoll in die jeweils nächste Phase übergeleitet werden kann.

Table-Set für 4 Personen

World Café

▶ **Ziele:** Herausarbeiten von für die Teilnehmer zentralen Fragen zu einem politischen bzw. gesellschaftlichen Thema; Entwickeln von Ansatzpunkten für teilnehmerorientierte Lösungen politischer Fragen

▶ **Orte im U.:** Auftakt von Unterrichtseinheiten (Fragen formulieren); Einleitung der Möglichkeits-erörterung (Lösungen andenken)

▶ **Ablauf:** **Phase 1** – Die Teilnehmer werden in Gruppen mit ca. vier bis fünf Schülern aufgeteilt. Sie erhalten entweder die Aufgabe, zu einem festgelegten Problembereich für sie zentrale Fragen zu formulieren, oder zu einer (arbeitsgleich) oder mehreren zentra-len Fragen (arbeitsteilig) Lösungsideen zu entwickeln. Ihre Fragen/Ideen notieren die Teilnehmer auf der „Tischdecke" (Flipchart-Bögen o.ä.) ihres „Cafétisches" (lockere Gruppentischanordnung im Unterrichtsraum).
Phase 2 – Die Gruppen mischen sich selbst neu (oder werden neu gemischt), wobei jeweils ein Gruppenmitglied aus Phase 1 zur Einführung der „Neuen" am Tisch sitzen bleibt. An den Cafétischen ergeben sich neue Konstellationen, die die bisherigen Vorschläge ergänzen oder auch vor dem Hintergrund ihrer eigenen Überlegungen aus Phase 1 weiterentwickeln (und die Ergebnisse ebenfalls auf der Tischdecke notieren).
Phase 3 – Die moderierte Abschlussreflexion hat zum Ziel, die interessantesten Ergebnisse herauszustellen, um sie im Unterrichtsverlauf weiter bearbeiten zu können. Außerdem kann auf individueller Ebene von überraschenden, Gewinn bringenden Diskussionen oder Ideen berichtet werden.

▶ **Unbedingt beachten:** An den Cafétischen muss eine offene Atmosphäre herrschen, der thematische Fokus muss aufrecht erhalten bleiben (Beliebigkeit vermeiden!). Themenbezogene Ideen sollen frei geäußert, miteinander verknüpft und diskutiert werden. Notizen, Zeich-nungen, Schaubilder... auf den Tischdecken sind dabei außerordentlich erwünscht. Beim Wechseln der Gruppen können je nach Bedarf mehrere Runden durchgeführt werden. Dabei ist „Pärchenbildung" aber unbedingt zu vermeiden; erwünscht sind also immer ganz neue Gruppenkonstellationen aus Personen, die sich bisher noch nicht (gut) kennen.

Register

2-Grad-Ziel – 152

A
Äquivalenzeinkommen – 40
Altersstruktur – 10, 19
Angebot (ök.) – 166 f.
Anreiz (ök.) – 194
Arbeit → Produktionsfaktoren
Arbeitsmigration – 20
Armut – 39 ff.
  - relative – 39, 45
  - absolute – 39, 45

B
Backloading – 165, 172
Behavioural economics (Verhaltensökonomik) –
  197, 204
Beschäftigung – 129
Betreuungsgeld – 60 ff.
Bildungsexpansion – 106, 112
BIP (Bruttoinlandsprodukt) – 132 ff., 138
Boden → Produktionsfaktoren
Bruttoinlandsprodukt (BIP) – 132 ff., 138
Bruttonationalglück – 137
Bruttosozialprodukt (bzw.
  Bruttonationaleinkommen) – 132

C
Chancenungleichheit – 45
Clique – 100
CO2-Äquivalent – 182

D
Degrowth – 136
Demografie – 17 f.
Demografischer Wandel – 10 ff., 19
Differenzierung – 23, 34
Domestizierung – 24, 34

E
Einwanderungsland – 20
Elektromobilität – 181 f.
Emissionen – 162 ff.
Emissionshandel – 162 ff., 170, 172
Emissionszertifikate – 166, 172
Energiewende – 193
Entwicklungsländer – 151, 159
externe Effekte – 124
  - negative – 125, 127
  - positive – 125
externe Kosten → externe Effekte, negative

F
Familie – 58 f.
Familienpolitik – 60, 64

G
Geburtenentwicklung – 10, 19
Geldentwertung → Inflation
Gemeinde → Kommune
Gemeinnutzen
Gemeinschaft – 9
Geschlechterquote – 71 f., 78
Gesellschaft – 8 ff.
Gini-Koeffizient – 37 –
Gleichgewicht (ök.)
Gleichberechtigung – 68 f.
Gruppe – 101
  - formelle – 101, 104
  - informelle – 101, 104
  - soziale – 101, 104

H
Habitus (soz.) – 177
Homo oeconomicus – 195, 204

I
Individualisierung – 24, 34
Individualnutzen
Industriegesellschaft – 22 f.
Industrieländer – 150, 159
Inflation – 200
Integration – 80, 83, 87 ff., 92
Investition/Investieren – 198, 200, 204
IPCC (Intergovernmental Panel on Climate
  Change) – 144

J
Jahreswohlstandsbericht – 136

K
Kapital → Produktionsfaktoren
Klassengesellschaft – 46 ff.
Klimabilanz – 181
Klimaflüchtlinge – 144
Klimagipfel – 160
Klimakonferenz, international;
  Weltklimakonferenzen – 146, 150, 159
Klimapolitik → Umweltpolitik
Klimaschutz – 173
Klimawandel – 142 ff., 153, 159
Kommune – 190 f.
Konjunktur – 201

Konsum/Konsumieren – 198, 204
Konsumgut – 127
Kyoto-Protokoll – 152 ff., 159

L

Lebensformen – 58, 64
- Pluralisierung – 56

M

Magisches Viereck/Sechseck
  → Ziele, wirtschaftspolitische
Markt – 166
  - vollkommener – 168
Marktformen – 169
Marktkoordination – 172
Marktmechanismus – 127
Marktversagen – 124, 127
Medianeinkommen – 40
Mediensozialisation – 97
Migration – 14 ff., 80 ff., 92
Migrationshintergrund – 15, 86
Milieu, soziales – 50 f.
Mobilität – 176, 181
Modernisierungstheorie – 34
Monopol – 169

N

Nachfrage (ök.) – 166 f.
Nachhaltigkeit – 134
  - ökologisch – 131
  - soziale – 131
Nationaler Wohlfahrtsindex
  – 138
Normen – 26

O

Oligopol – 169
Opportunitätskosten – 195

P

Peak-Oil – 179 f.
Peer-group – 100, 104
Planspiel – 116
Politikversagen – 125
Polypol – 169
Postwachstum – Postwachstumsökonomie – 136
Präferenz (ök.)
Preisbildung – 166
Preisfunktion – 168
Produktionsfaktoren – 121, 127, 129

R

Rationalisierung – 24, 34

S

Schichtmodell – 49
Schwellenländer – 151, 159
Soziale Ungleichheit – 36 f., 45
Sozialisation – 96 ff., 104
Sozialisationsinstanz – 97, 104
Sozialisationsphasen – 97, 104
Sozialisationsprozess – 97 f.
Sparen – 198, 204
Sparquote – 199
Stabilitäts- und Wachstumsgesetz → Ziele,
  wirtschaftspolitische
Strommix – 181
Strukturwandel – 25
Subventionen – 185

T

Treibhausgase – 135, 142 f.

U

Umweltpolitik – 146, 162, 170 f.
Umweltschutz – 116, 121, 124, 127

V

Verhaltensmodell (ök.) → homo oeconomicus
Verhaltensökonomik (behavioural economics) –
  197, 204
Verkehrspolitik – 176 ff.
Vermögen – 199
Verteilungsungleichheit – 45
Verursacherprinzip,
Verursacher (Klimawandel) – 124 f., 143
Volkswirtschaft, offene – 203

W

W3-Indikator – 135
Werte – 26 f.
Wirtschaftsindikator – 132
Wirtschaftskreislauf – 202 f.
Wirtschaftswachstum – 116, 127, 128 f., 173
Wissensgesellschaft – 23
Wohlstand – 128

Z

Zertifikatehandel → Emissionshandel
Ziele, wirtschaftspolitische – 130 f., 138
Zielkomplementarität – 130, 138
Zielkonflikt – 130
Zielneutralität – 130

akg-images / Waldemar Abegg, Berlin – S. 81; Kjell Aleklett, Uppsala – S. 180

Baaske Cartoons / Christian Born, Müllheim – S. 103; - / Gerhard Mester – S. 87, 93, 146; - / Thomas Plaß-mann – S. 25, 26, 54, 71, 93 (2); - / Jan Tomaschoff – S. 17, 54, 83; © Berlin-Institut – S. 11; © Bundeszentrale für politische Bildung 2010, Bonn – S. 68

cartoonexpress.ch / Martin Guhl – S. 28; CartoonStock / Joseph Farris, Bath – S. 96; CDU Bundesgeschäftsstelle, Berlin – S. 128 DER FREITAG, Mediengesellschaft GmbH & Co.KG, Felix Verlasco für DER FREITAG, Berlin – S. 134; dpa Infografik, Frankfurt – S. 10 (2), 33, 62, 69, 70, 129, 133, 142, 143 (2), 144, 154; dpa Picture-Alliance / AP / Anupam Nath, Frankfurt – S. 155; - / CHROMORANGE / Sandra Finger – Einband; - / EPA / Michael Nelson – S. 140; - / Arved Gintenreiter – S. 155; - / landov / JUAN PEREZ – S. 140; - / Kyodo – S. 33; - / MTI / epa MTI Vegh –S. 155; - / Stephanie Pilick – S. 36; - / R4200 – S. 153; - / Boris Roessler – S. 60; - / ROPI / Newspress – S. 80; - / Christoph Schmidt – S. 79; - / Zentralbild / Waltraud Grubitzsch – S. 89; - / Zentralbild / Patrick Pleul – S. 60; - / Zentralbild / Wolfgang Thieme – S. 201; DIZ / Süddeutscher Verlag / Bilderdienst / SZ-Photo – S. 179

© Fachhochschule Dortmund – S. 85; Feggo, New York – S. 148; Fotolia / Tom Bayer – S. 171; - / elen 31 – S. 150; - / Liddy Hansdottir – S. 56; - / scusi – S. 94

Prof. Dr. Reiner Geißler, Kreuztal-Eichen – S. 46; Getty Images / AFP / Henny Ray Abrams – S. 32; - / AFP / Ken Shimizu – S. 32; - / Apic / Kontributor – S. 176; - / Feng Li / Staff – S. 156; - / Image Source – S. 53; - / Ralph Orlowski – S. 33; - / Patrick Shollarz – S. 32; - / Universal History Archive / Kontributor – S. 73

Hays AG, Nürnberg – S. 71; Hessisches Ministerium für Umwelt, Klimaschutz, Landwirtschaft und Verbraucherschutz, Wiesbaden – S. 191; Horst Haitzinger, München – S. 147; Michael Herdlein, München – S. 8

ifeu – Institut für Energie- und Umweltforschung Heidelberg – S. 182

Jürgen Janson, Landau – S. 146, 158

© Otto Kasper – S. 164

Till Mette, Hamburg – S. 147; mitmischen.de – S. 132

NEL, Erfurt – S. 194

Polyp, Manchester – S. 180

Statisa GmbH, Köln – S. 157, 199; Stefan Roth, Attenweiler – S. 54; © SINUS Markt- und Sozialforschung GmbH, Heidelberg – S. 47; Stadt Butzbach – S. 190; Klaus Stuttmann, Berlin – S. 39, 107, 108, 149

Thinkstock / DigitalVision / Alexander Hassenstein – S. 161; - / Getty Images / Photos.com – S. 46; - / Hemera / Mikhail Dudarev – S. 114; - / Ingram Publishing – S. 6; - / iStockphoto – S. 6 (2), 14; - / iStockphoto / Anest – S. 140; - / iStockphoto / James Capeland – S. 160; - / iStockphoto / Ryszard Filipowicz – S. 114; - / iStockphoto / gatito33 – S. 140; - / iStockphoto / michal kodym – Einband, S. 165; - / iStockphoto / Lucky Business – S. 105; - / iStockphoto / ppart – S. 205; - / iStockphoto / Rawpixel Ltd – S. 174; - / iStockphoto / Sablin – S. 105; - / iStockphoto / skifserg – S. 111; - / iStockphoto / Ints Vikmanis – Einband, S. 8; - / iStockphoto / weerapatkiatdumrang – S. 160; - / jupiterimages / Polka Dot – S. 6; - / Purestock – S. 14; - / Kraig Scarbinsky – S. 60; - / Top Photo Group – S. 114; - / Wavebreak Media – S. 6

ullstein bild / HDG, Bonn – S. 66

Wikimedia / Anghy / CC-BY-SA 3.0 – S. 176; - / burts / CC-BY-SA 3.0 – S. 176; - / Pat Durkin / CC-BY-SA 2.0 – S. 176; - / IFCAR / CC-0 – S. 177, 183; - / Jwh / CC-BY-SA 3.0 – S. 184; - / M93 / CC-BY-SA 3.0 – S. 177, 183; - / Motorblog / CC-BY 2.0 – S. 183; - / NASA / Goddard Scientific Visualization Studio and adapted for NASA's Global Climate Change website http://climate.nasa.gov/ / CC-0 – S. 33; - / Conrad Nutschan / CC-BY-SA 3.0 – S. 177; - / Royal Family of Buthan / CC-BY-SA 3.0 – S. 136; - / Sven Storbecker / GPL 2.0 – S. 177; - / Rudolf Stricker / CC-0 – S. 177; - / Rudolf Stricker / CC-BY-SA 3.0 – S. 177; - / TTTNIS / CC-1.0 – S. 183; - / allen watkin / CC-BY-SA 2.0 – S. 177; www.insm-oekonomenblog.de – S. 166; www.static.zukunft-mobilitaet.net – S. 183; www.stopphubbing.com – S. 99